PSICOLOGIA AMBIENTAL

Dados Internacionais de Catalogação na Publicação (CIP)
(Câmara Brasileira do Livro, SP, Brasil)

Psicologia ambiental : conceitos para a leitura da relação pessoa-ambiente / Sylvia Cavalcante, Gleice A. Elali, (organizadoras). – Petrópolis, RJ : Vozes, 2018.

Vários autores.
Bibliografia.
ISBN 978-85-326-5679-7

1. Psicologia ambiental I. Cavalcante, Sylvia. II. Elali, Gleice A.

17-11108   CDD–155.9

Índices para catálogo sistemático:
1. Psicologia ambiental   155.9

**SYLVIA CAVALCANTE
GLEICE A. ELALI**
(ORGS.)

PSICOLOGIA AMBIENTAL

CONCEITOS PARA A LEITURA DA RELAÇÃO PESSOA-AMBIENTE

© 2018, Editora Vozes Ltda.
Rua Frei Luís, 100
25689-900 Petrópolis, RJ
www.vozes.com.br
Brasil

Todos os direitos reservados. Nenhuma parte desta obra poderá ser reproduzida ou transmitida por qualquer forma e/ou quaisquer meios (eletrônico ou mecânico, incluindo fotocópia e gravação) ou arquivada em qualquer sistema ou banco de dados sem permissão escrita da editora.

CONSELHO EDITORIAL

Diretor
Gilberto Gonçalves Garcia

Editores
Aline dos Santos Carneiro
Edrian Josué Pasini
Marilac Loraine Oleniki
Welder Lancieri Marchini

Conselheiros
Francisco Morás
Ludovico Garmus
Teobaldo Heidemann
Volney J. Berkenbrock

Secretário executivo
João Batista Kreuch

Editoração: Eliana Moura Carvalho Mattos
Diagramação: Mania de criar
Revisão gráfica: Nilton Braz da Rocha / Nivaldo S. Menezes
Capa: Ygor Moretti
Ilustração de capa: Contrapeso, 1926. Wassily Kandinsky (1866/1944).

ISBN 978-85-326-5679-7

Editado conforme o novo acordo ortográfico.

Este livro foi composto e impresso pela Editora Vozes Ltda.

Agradecimentos

A produção desta coletânea foi um trabalho conjunto e, sem dúvida, uma experiência extremamente rica, visando oferecer aos leitores uma abordagem mais consistente sobre o objeto em foco – no caso, a Psicologia Ambiental. Como organizadoras, para além do aprendizado sobre os diferentes temas tratados, fomos agraciadas com o aprofundamento de nossas relações, cuidadosamente regadas durante o período de concepção e elaboração da obra.

Assim, primeiramente agradecemos aos colegas brasileiros que acreditaram neste projeto – Ada, Alessandra, Ana Rosa, Ângela, Ariane, Beatriz, Bernardo, Bettieli, Claudia, Fernanda, Gustavo, Hartmut, Igor, Isolda, José (Zé), Karla Patrícia, Lana, Mara Ignez, Maria Inês, Natália, Patrícia, Raquel, Roberta, Terezinha, Victor Hugo, Zenith e Zulmira –, sem cujo estímulo e participação o presente livro não seria possível.

Também somos gratas à atenção e à confiança dos colegas estrangeiros Jean-Paul Thibaud, Patsy Owens e Robert Sommer, que são referências em muitos de nossos estudos e aceitaram fazer-se presentes nesta obra.

Impossível não destacar nosso afeto e agradecimento ao colega e amigo Antonio Celiomar Pinto de Lima, a quem recorremos em dúvidas de redação e gramática e com quem contamos para a leitura de vários destes textos e mesmo para a revisão da tradução do texto em francês. Mais do que um revisor competente, Celiomar é um mestre, cujo legado permanece e dá frutos, pois o que aprendemos com ele levamos para outros contextos e multiplicamos no trabalho com alunos.

Agradecemos, ainda, a Vitoria Rodrigues da Silva, bolsista do Laboratório de Estudo das Relações Humano-Ambientais – Lerha, pela ajuda na fase final.

Ademais, queremos expressar nossa gratidão à Editora Vozes pela confiança nas potencialidades da Psicologia Ambiental, possibilitando-nos divulgar parte do conhecimento produzido nesta área no Brasil, que esperamos tornar-se leitura obrigatória aos cidadãos do mundo que desponta no início deste novo milênio.

As organizadoras

Sumário

Apresentação, 9

1 Ambiência, 13
   Jean-Paul Thibaud

2 Conscientização, 26
   Lana Nóbrega; Terezinha Façanha Elias; Karla Patrícia Martins Ferreira

3 Crenças e atitudes ambientais, 36
   Claudia Marcia Lyra Pato; Maria Inês Gasparetto Higuchi

4 Docilidade ambiental, 47
   Isolda de Araújo Günther; Gleice Azambuja Elali

5 Emoções e afetividade ambiental, 60
   Zulmira Áurea Cruz Bomfim; Zenith Nara Costa Delabrida; Karla Patrícia Martins Ferreira

6 Enraizamento, 75
   Gustavo Martineli Massola; Bernardo Parodi Svartman

7 Escala e experiência ambiental, 89
   José de Queiroz Pinheiro

8 Escolha ambiental, 101
   Zenith Nara Costa Delabrida; Victor Hugo de Almeida

9 Espaço defensável (*Defensible space*), 114
   Ariane Kuhnen; Bettieli Barboza da Silveira

10 Espaço pessoal, 119
   Robert Sommer

11 Justiça ambiental, 127
   Victor Hugo de Almeida; Fernanda Fernandes Gurgel

12 Mobilidade, 141
   Sylvia Cavalcante; Ada Raquel Teixeira Mourão; Karla Patrícia Martins Ferreira

13 *Open spaces* (Espaços livres públicos), 149
Ariane Kuhnen; Ana Rosa Costa Picanço Moreira; Patrícia Maria Schubert Peres

14 Paisagem, 159
Beatriz Maria Fedrizzi; Patsy Owens

15 Perambular, 167
Sylvia Cavalcante; Ada Raquel Teixeira Mourão; Hartmut Günther

16 Percepção de risco, 177
Ariane Kuhnen; Alessandra Sant'anna Bianchi; Roberta Borghetti Alves

17 Permacultura, 186
Raquel Diniz; Ângela Maria da Costa Araújo

18 Privacidade, 197
Sylvia Cavalcante; Natália Parente Pinheiro

19 Responsabilidade socioambiental, 204
Fernanda Fernandes Gurgel; Victor Hugo de Almeida

20 Sustentabilidade, 217
Maria Inês Gasparetto Higuchi; Claudia Marcia Lyra Pato

21 Territorialidade(s), 228
Maria Inês Gasparetto Higuchi; Igor José Theodorovitz

22 Validade ecológica, 237
Mara Ignez Campos-de-Carvalho; Gleice Azambuja Elali

23 *Wayfinding* (Navegando o ambiente), 250
Gleice Azambuja Elali; José de Queiroz Pinheiro

Sobre os autores, 261

Apresentação

No momento sócio-histórico em que vivemos a problemática ambiental tem se tornado cada vez mais evidente em nossa vida cotidiana, precisando ser considerada em todos os níveis, desde o modo como nos alimentamos e nos movemos até o local que escolhemos para morar ou a postura que adotamos diante das demandas políticas, sociais e econômicas da atualidade.

Nas várias áreas de conhecimento, esse tipo de discussão tem indicado com clareza que as chamadas "questões ambientais" precisam ser entendidas como "questões humano-ambientais" (Pol, 1993), sendo essencial que, em seu estudo, sejam consideradas as relações que as pessoas estabelecem com os ambientes nos quais estão inseridas ou com os quais mantêm contato, direta ou indiretamente. É justamente a partir dessa lacuna que a Psicologia é chamada a contribuir, o que acontece especialmente a partir dos estudos desenvolvidos no campo da Psicologia Ambiental, entendida como área ou subárea de conhecimento que, interessada pelas relações bidirecionais entre pessoas e ambientes, volta-se para a compreensão do modo como os espaços influenciam o comportamento dos indivíduos, os significados atribuídos a eles e os processos psicossociais subjacentes a cada situação (Moser, 2009; Sime, 1999; Soczka, 2005; Sommer, 2000; Stokols, 1995). Em geral, esses processos e manifestações permanecem ocultos ou inconscientes (Hall, 1966/2005). As pessoas são tocadas, sentem de alguma maneira os estímulos que recebem, mas, na maior parte das vezes, não atentam para o que acontece em seu interior e menos ainda reconhecem isso como causa de sua ligação com os ambientes.

Os conceitos explicitados neste livro, bem como no anterior – *Temas básicos em Psicologia Ambiental* (Cavalcante & Elali, 2011) –, visam permitir uma leitura mais aprofundada da relação pessoa-ambiente. Essas duas coletâneas são iniciativas do Grupo de Pesquisa em Psicologia Ambiental vinculado à Associação Nacional de Pesquisa e Pós-Graduação em Psicologia (GT-PA/Anpepp), composto por docentes e pesquisadores de universidades brasileiras. As duas, publicadas pela Editora Vozes, dão sequência a outros trabalhos do grupo (Günther, Pinheiro & Guedes, 2004; Pinheiro & Günther, 2008) que têm sido muito bem recebidos em nosso campo de estudos por esclarecerem alguns importantes conceitos, ilustrando-os com investigações realizadas em nosso país.

Quando, recorrendo aos diferentes conceitos da Psicologia Ambiental, explicitamos as consequências que os ambientes exercem sobre as pessoas, não só os estudiosos se beneficiam, mas também os leigos se entusiasmam com a força que daí emana. De fato, a consciência desses processos pode levar a uma mudança de atitude que transforme positivamente a qualidade de vida tanto dos indivíduos diretamente implicados quanto da sociedade em seu conjunto.

Os temas tratados nos dois livros compõem um conjunto de 48 conceitos fundamentais aos estudos desenvolvidos na área das inter-relações pessoa-ambiente, de interesse para pesquisadores vinculados à Psicologia e a campos correlatos, como Arquitetura e Urbanismo, Ciências Sociais, Design, Ecologia Humana, Ergonomia, Geografia e Pedagogia. Definida a partir de seu objeto de estudo – a relação pessoa-ambiente –, a Psicologia Ambiental tem como característica principal poder articular-se com os mais diversos campos do conhecimento. Ademais, ela conduz o olhar dos estudiosos para a subjetividade e as especificidades do humano que se revelam nessa relação.

A importância desse tipo de publicação se mostra a partir do destaque que as questões ambientais vêm ganhando no mundo atual e da ainda escassa bibliografia existente em português na área da Psicologia Ambiental. Em geral, os livros publicados em nosso idioma são traduções de obras estrangeiras, apresentações de trabalhos realizados em outros contextos ou exposições de resultados de pesquisas realizadas em nosso país, mas sem uma explicitação dos conceitos fundamentais dessa área de conhecimento.

Como em uma espécie de manual, cada capítulo do presente livro se sustenta por si mesmo: apresenta um tema a partir da identificação de seus principais estudiosos, procura estabelecer paralelos com outras noções, indica leituras complementares para o aprofundamento do assunto – nesta obra, na obra anterior ou em outras fontes – e comenta pesquisas brasileiras nesse campo, apontando nossas peculiaridades e caminhos para novas investigações. Além disso, no início de cada capítulo consta um resumo do tópico apresentado, sob o título de "Entendimento geral", o qual, à semelhança de um dicionário, expõe brevemente o significado do tópico, auxiliando o leitor tanto na compreensão do tema em suas linhas gerais quanto em sua decisão de prosseguir a leitura.

Além da chancela dos membros do GT-PA/Anpepp, docentes reconhecidos nacionalmente nesse campo e pesquisadores formados por programas de pós-graduação brasileiros, a nova obra conta com a participação de três colegas estrangeiros: Robert Sommer, Jean-Paul Thibaud e Patsy Owens. Os dois primeiros apresentam capítulos individuais, traduzidos por professores atuantes na área, nos quais os autores revisitam conceitos, hoje clássicos, cunhados por eles próprios; a última trabalhou de modo colaborativo com uma professora brasileira. Um resumo das biografias dos participantes pode ser encontrado ao final da obra, informando o leitor sobre nosso grupo de trabalho e dando indicações iniciais sobre a relação desses pesquisadores com os temas expostos.

Os 23 capítulos aqui reunidos estão apresentados em ordem alfabética. Observando-os enquanto conjunto, e repetindo a estratégia classificatória utilizada na obra anterior, os temas aqui tratados podem ser subdivididos em três grupos:

1) Temas amplamente discutidos em outros campos de conhecimento e cuja compreensão a partir da Psicologia Ambiental tem se mostrado importante para o desenvolvimento de novos olhares para as pesquisas realizadas: justiça ambiental, mobilidade, paisagem, permacultura, sustentabilidade.

2) Temas trabalhados nas ciências humanas e sociais, na consolidação dos quais a Psicologia Ambiental pode contribuir significativamente: ambiência, conscientização, escolha ambiental, enraizamento, espaço defensável, *open spaces*, perambular, percepção de risco, territorialidade, *wayfinding*.

3) Temas que têm origem na Psicologia Ambiental e se desenvolvem a partir dela: crenças e atitudes ambientais, docilidade ambiental, emoções e afetividade ambiental, escala e experiência ambiental, espaço pessoal, privacidade, responsabilidade socioambiental, validade ecológica.

Essa diversidade temática reflete a riqueza da Psicologia Ambiental enquanto campo de estudos, indicando, ainda, a possibilidade de as investigações realizadas a partir dela serem aplicáveis a pesquisas em outras áreas, o que justifica nossa preocupação em aumentar sua visibilidade, contribuindo para sua instauração e divulgação em nosso país.

Finalizando esta apresentação, é com tristeza que registramos o falecimento da nossa amiga Mara Ignez Campos-de-Carvalho, acontecido em novembro/2017. Aliando sua competência como pesquisadora à alegria e à espontaneidade ímpares, Mara tem um extenso trabalho em nossa área, sendo uma das pioneiras no estudo da relação entre a Psicologia Ambiental e a Piscologia do Desenvolvimento Humano no Brasil. Como uma das fundadoras do GT-PsiAmbiental da Anpepp, participou de todas as nossas edições anteriores, também se fazendo presente agora, ao assinar um dos capítulos. A ela dedicamos este livro. Saudades.

Gleice Azambuja Elali

Sylvia Cavalcante

Referências

Cavalcante, S., & Elali, G. A. (Orgs.). (2011). *Temas básicos em Psicologia Ambiental*. Petrópolis: Vozes.

Günther, H., Pinheiro, J. Q., & Guedes, M. C. (Orgs.). (2004). *Psicologia Ambiental: entendendo as relações do homem com seu ambiente*. São Paulo: Alínea.

Hall, E. T. (1966/2005). *A dimensão oculta*. São Paulo: Martins Fontes.

Moser, G. (2009). *Psychologie environnementale: Les relations home-environnement*. Bruxelas: De Boeck.

Pinheiro, J. Q., & Günther, H. (Orgs.). (2008). *Métodos de pesquisa nos estudos pessoa-ambiente*. São Paulo: Casa do Psicólogo.

Pol, E. (1993). *Environmental Psychology in Europe: from architectural psychology to green psychology*. Aldershot, England: Avebury.

Sime, J. (1999). What is Environmental Psychology? Texts, content and context. *Journal of Environmental Psychology, 19*, 191-2.006.

Soczka, L. (2005). As raízes da Psicologia Ambiental. In L. Soczka (Org.). *Contextos humanos e Psicologia Ambiental* (pp. 39-66). Lisboa: Fundação Calouste Gulbenkian.

Sommer, R. (2000). Discipline and field of study: a search for clarification. *Journal of Environmental Psychology, 20*, pp. 1-4.

Stokols, D. (1995). The paradox of Environmental Psychology. *American Psychologist, 50*(10), pp. 821-837.

1
Ambiência*

Jean-Paul Thibaud

Entendimento geral

O objetivo deste capítulo é colocar em evidência os elos estreitos entre a noção de ambiência e a percepção. Que modelo de inteligibilidade da percepção permite precisar e clarificar a noção de ambiência? Mostramos que um dos imperativos essenciais para a noção de ambiência é uma reavaliação do caráter situado, sensível e prático da percepção. Três argumentos principais são assim desenvolvidos: a ambiência pode ser caracterizada como a qualidade de uma situação, apoiando-se sobre uma abordagem ecológica, como uma estimulação motora, apoiando-se sobre uma abordagem praxeológica e, como um pano de fundo sensível, apoiando-se sobre uma abordagem fenomenológica.

Introdução

A percepção está no coração da Teoria das Ambiências. Longe de ser um domínio de pesquisa entre outros, ela perpassa o conjunto de trabalhos que reivindicam refletir sobre as ambiências. Então, que modelo de inteligibilidade da percepção permite precisar e esclarecer a noção de ambiência? Inversamente, em que as ambiências arquiteturais e urbanas nos conduzem a renovar nossa forma de problematizar a percepção ordinária?

O objetivo deste capítulo é o de considerar a ligação estreita que existe entre a ambiência e a percepção. Para fazer isso, nós mostramos que um dos desafios da noção de ambiência é pensar de maneira nova o caráter situado, sensível e prático da percepção. Tal questionamento em termos de ambiên-

---

* Tradução de Sylvia Cavalcante.

cia supõe igualmente ultrapassar uma abordagem estritamente visual do meio urbano. É assim que o corpo e os sentidos reencontram o direito à cidadania, levando em conta conjuntamente a diversidade de registros sensoriais e o reconhecimento da importância da experiência corporal. No caso da ambiência, não se trata apenas de perceber uma paisagem ou de apreender visualmente um ambiente, mas de experienciar o conjunto de situações.

A situação qualificada

Observemos de antemão que a ambiência coloca o observador exatamente dentro do mundo que ele percebe, e confere mais importância ao envolvimento do que à relação de exterioridade[1]. Se a ambiência nos envolve e se nela imergimos, ela requer necessariamente uma "percepção do interior" que questiona a possibilidade de uma retirada do sujeito do meio no qual ele se inscreve. Como indica a linguagem corrente, pode-se estar dentro de uma ambiência, mas jamais diante dela; pode-se colaborar com a ambiência ou experienciá-la, mas não se pode propriamente falar de contemplá-la ou de observá-la a distância. Dito de outra forma, a ambiência nos coloca de imediato em contato com a globalidade de uma situação e requer, consequentemente, uma abordagem ecológica da percepção. Um tal argumento conduz a afirmar que a percepção não está dissociada das condições concretas a partir das quais ela acontece. Ela está necessariamente encaixada em dispositivos construídos (edificações), em qualidades ambientais (fenômenos sensíveis) e em ações em curso (atividade prática) que a tornam possível. Em suma, na vida cotidiana, quando eu percebo, estou sempre em algum lugar, exposto àquilo que me circunda e fazendo alguma coisa. Longe de ser simples epifenômenos, essas dimensões contextuais são inteiramente constitutivas da atividade perceptiva. Assim, proceder de maneira exclusivamente analítica, tratando esses parâmetros uns depois dos outros ou independentemente uns dos outros não possibilita dar-se conta daquilo que faz uma situação ser uma totalidade coerente e unificada. Portanto, não se trata somente de reconhecer essa heterogeneidade de condições da percepção, mas de perguntar como se opera a integração desses diversos fatores nas situações de todos os dias. Como pensar então a unidade de uma situação? Nós levantamos a hipótese de que é precisamente a ambiência que agrega e unifica os múltiplos

---

1. O termo "ambiência" vem do latim *ambire*, que significa "circundar", "contornar".

componentes de uma situação. Ela procede de um movimento de conjunto que confere a cada situação uma fisionomia particular.

A fim de desenvolver essa primeira hipótese, inicialmente é necessário precisar o que se entende por "situação". Se existem numerosas abordagens de tal noção, aquela desenvolvida por John Dewey é, sem dúvida, a que melhor nos permite introduzir a questão da ambiência. Aqui se faz necessária uma breve digressão por sua filosofia da experiência. Para Dewey, a situação constitui a unidade de base de toda experiência, e pode ser definida como um "mundo ambiental experienciado":

> O que a palavra "situação" designa não é um objeto ou aconteci-
> mento isolado, nem um conjunto isolado de objetos ou de acon-
> tecimentos. Pois nós nunca experienciamos nem nunca formamos
> julgamentos a propósito de objetos ou de acontecimentos isolados,
> mas somente em conexão com um todo contextual. Este último é o
> que se chama uma "situação" (Dewey, 1993, p. 66).

Assim uma situação não pode ser reduzida a uma série de elementos isolados e decomponíveis; ela supõe necessariamente uma unidade que dá sentido ao conjunto.

Definir a situação em termos de um todo contextual conduz a interrogar sobre o que unifica uma situação. Para responder a tal pergunta, Dewey (1931, 1934, 1938/1993) introduz a noção de "qualidade difusa", que nos interessa muito particularmente na medida em que não deixa de ter relação com a ambiência. Talvez seja mesmo uma maneira particular de designá-la. Com efeito, os três elementos definidores da qualidade difusa se aplicam muito precisamente à própria noção de ambiência.

A qualidade como unidade

Em primeiro lugar, para que haja situação, é necessário que todos os componentes de um contexto estejam integrados em uma só qualidade, pois sem ela a experiência se confundiria em uma série de percepções confusas e incoerentes. Se a filosofia empirista tem o costume de distinguir as "qualidades primárias" (forma, número, movimento, solidez) das "qualidades secundárias" (cor, som, odor, gosto), Dewey opta pelo que Santayana (apud Dewey, 1931, 1934) chamava de "qualidades terciárias". Enquanto as duas primeiras evocam aspectos particulares de uma experiência, a terceira se aplica ao conjunto de uma experiência. Em outras palavras, a qualidade difusa une os elementos de uma situação em um todo coerente e confere a cada situação um caráter específico. Nos termos de Dewey (1931) toda situação é, ao mesmo tempo, "qualitativa" e "qualificativa": qualitativa no sentido de que a qualidade "faz de cada situação uma situação individual, indivisível e induplicável", e qualificativa no sentido de que essa mesma qualidade "penetra e colore todos os objetos e acontecimentos que estão materialmente implicados em uma experiência".

Esse primeiro argumento relativo à qualidade difusa poderia aplicar-se à ambiência. Uma ambiência pode ser descrita com a ajuda de um qualificativo que não se aplica a um ou outro componente da situação, mas à situação em seu conjunto. Diz-se de uma ambiência que ela é alegre ou triste, angustiante ou prazerosa, agradável ou deprimente etc. A ambiência não se reduz em nenhum caso a uma soma de objetos pontuais, de sinais discretos, de sensações sucessivas ou de comportamentos individuais; ela unifica e especifica a situação colorindo a totalidade do entorno.

A qualidade como afecção

Em segundo lugar, a qualidade difusa é uma qualidade captada em sua "imediatez", sentida antes de ser pensada ou analisada. Ela se relaciona consequentemente ao caráter concreto e vivido da situação. Desse ponto de vista, é menos o conhecimento da experiência que está em jogo do que a própria experiência efetiva. Insistindo sobre essa distinção, Dewey se opõe a uma posição demasiadamente intelectualista que reduz a realidade a um mero objeto do saber ou da cognição. A qualidade difusa convoca a dimensão pré-reflexiva da experiência. Ela opera aquém da linguagem articulada e resulta mais da compreensão que da interpretação. Sendo ela da ordem do sentimento imediato e da sensação corporal permite fazer valer a vertente estética da experiência ordinária.

Ademais, esse argumento não deixa de lembrar o que se poderia dizer a propósito da ambiência. Com efeito, se confiamos na linguagem corrente, a ambiência "se experimenta" ou "se sente" mais do que "se percebe". Ela é sempre revestida de emoção e de sensibilidade, propriedade que distingue precisamente o ser vivo de uma simples máquina. Colocando-nos em uma certa disposição corporal e afetiva, ela nos lembra que a percepção jamais é desencarnada ou desprovida de afecção. Dito de outra maneira, a ambiência não é em nenhum caso redutível a um puro ato de entendimento; ela confere um valor ao que aparece e exprime a tonalidade afetiva do instante. Além disso, a respeito de uma ambiência, a gente diz que ela nos "imerge", nos "impregna" ou nos "apreende". Se ela invade o espaço por toda parte, pode-se dificilmente localizá-la ou circunscrevê-la, dando-lhe um lugar determinado e um limite claramente identificável. O mundo olfativo ou térmico é particularmente significativo quanto a isso. A impossibilidade de delimitar precisamente um odor ou o calor não impede, no entanto, de sentir sua presença no contexto. É uma presença que permanece difusa e disseminada, mas que, mesmo assim, é sentida mais ou menos intensamente segundo o que precede e o que se segue. Finalmente, se a ambiência procede desse caráter imediato e pré-reflexivo da experiência, é porque ela leva em conta uma lógica do vago[2] distinta daquela que se aplica ao mundo dos objetos ou das coisas materiais.

A qualidade como dinâmica

Em terceiro lugar, o caráter qualitativo da situação é fundamentalmente temporal e teleológico. Com efeito, uma situação consiste na resolução de um problema de ordem prática. Para isso, ela deve ser objeto de uma "pesquisa" (*inquiry*), isto é, de um processo de transformação de uma situação problemática ou indeterminada em uma situação determinada. A pesquisa não deve ser compreendida, entretanto, como uma atividade estritamente intelectual ou cognitiva; ela se apoia sobre um conjunto de operações perceptivas e motoras (seleção e configuração dos elementos pertinentes para a ação em curso, ajustamento e coordenação de gestos etc.). Ela engaja a transação entre um organismo e seu ambiente e deve permitir passar de um estado inicial de desequilíbrio a um estado final de equilíbrio. A esse respeito, a qualidade difusa é precisamente o que motiva a pesquisa e dá uma coerência interna à situação, conferindo-lhe um sentido e uma orientação determinada:

> A pesquisa é a transformação controlada ou dirigida de uma situação indeterminada em uma situação que é tão determinada em suas distinções e relações constitutivas que converte os elementos da situação original em um todo unificado. A situação original indeterminada não é somente "aberta" à pesquisa, ela é aberta

---

2. A respeito da lógica do vago, convém reportar-se ao artigo precursor de Peirce: Peirce, C. (1878). How to make our ideas clear. *Popular Science Monthly*, 12, pp. 286-302. Segundo Charles Peirce, a ambiência se classificaria no nível da primeiridade (*firstness*), isto é, como a categoria relevante da qualidade e do sentimento. A lógica do vago é aplicada às ambiências no artigo: Cauquelin, A. (1995). Paysage et environs, une logique du vague. *Critique*, 577-578, pp. 449-457.

à pesquisa porque seus elementos constitutivos não formam um conjunto. Por outro lado, a situação determinada, enquanto objetivo da enquete, é uma situação, um "universo da experiência" fechado e, por assim dizer, acabado (Dewey, 1993, pp. 104-105).

Assim, a qualidade difusa não resulta somente de uma recepção passiva, mas engaja também o plano da ação. Ela não é localizada nem dentro do organismo do sujeito que percebe, nem dentro dos objetos do ambiente, mas se aplica à própria situação, isto é, a um campo de atividade definido pela interação entre um organismo e seu ambiente.

Como nós desenvolveremos com mais detalhes adiante, a ambiência tem relação com nossa maneira de agir e de nos comportar. Por enquanto nós nos contentamos em mostrar que ela também resulta de uma dinâmica e que essa dinâmica participa das atividades sociais em curso. Quando nós dizemos que uma ambiência "se instala", "pega", "atinge seu auge", "se desagrega" ou "se deteriora", nós não revelamos somente seu caráter temporal, mas também sublinhamos o fato de ela emergir e se desenvolver em certo sentido e segundo uma orientação determinada. Uma ambiência não é necessariamente um estado estável e invariável, mas, antes, um processo dinâmico composto de diferentes fases que se encadeiam umas após as outras. Além disso, essa dinâmica da ambiência se origina de um movimento de conjunto que exprime e condiciona maneiras de ser e de agir coletivas. Segundo o estado de uma ambiência em um momento dado, a situação será mais ou menos tensa ou relaxada, conflitual ou consensual, problemática ou desembaraçada. Dando uma forma às atividades em curso, a ambiência influencia o modo como uma situação se desenvolve.

Essa retomada do pensamento de John Dewey nos permite formular uma primeira proposição relativa à ambiência. Apoiando-nos na noção de qualidade difusa, nós definimos a ambiência como a qualidade da situação. Assim, perceber não consiste somente em interpretar o mundo, é também integrar uma situação, quer dizer, unificar os diversos elementos de um contexto em um todo coerente e, ao mesmo tempo, engajar-se de forma prática em atividades.

A atividade em potência

Insistamos agora sobre o fato de que o sujeito percebedor não é alheio ao mundo que ele percebe. Ao contrário, ele é sempre engajado em situações que o solicitam e o mobilizam mais ou menos fortemente. Quanto a isso, a ambiência põe o corpo em certo estado de tensão e convoca nossa capacidade de agir, fazendo parte assim de uma abordagem praxeológica da percepção. Muitos trabalhos atuais desenvolvem essa problemática e procuram dar conta da relação estreita entre perceber e agir. Assim, certos encaminhamentos das ciências cognitivas propõem que se pense a percepção em termos de "simulação de ação" (Berthoz, 1997) ou de *enaction* (engajamento) (Varela, Thompson & Rosch, 1993). Por sua vez, a psicologia ecológica propõe a noção de *affordance* (Gibson, 1979) para mostrar como o ambiente funciona como um conjunto de recursos para a ação. Enfim, a etnometodologia se interessa pela "ação em situação" (Suchman, 1987) e defende a ideia de que cada um de nossos modos de perceber possui potencialidades práticas específicas (Coulter & Parsons, 1990). Certamente esses trabalhos são de natureza muito diferente e se inscrevem em campos disciplinares que não são os mesmos. Entretanto, cada um à sua maneira, eles defendem a ideia de que a percepção é estreitamente ligada à ação e de que ela mobiliza as propriedades do ambiente. Além disso, a maior parte dessas pesquisas sublinha a dimensão sensório-motora de nossa interação efetiva com o ambiente.

A capacidade de agir

Como a ambiência se inscreve em tal problemática? De que maneira ela participa efetivamente das atividades em curso? A fim de trazer elementos para responder a essas questões, notemos de antemão que a ambiência tem consequências sobre nossa conduta e nosso estado corporal. Uma ambiência pode, com efeito, nos "estimular" ou nos "relaxar", nos "captar" ou nos "impelir", nos "transportar" ou nos "paralisar" etc. O uso de tais verbos indica que a ambiência não é somente sentida, mas que ela também faz apelo ao plano do movimento. Em outras palavras, a sensibilidade e a motricidade constituem duas vertentes indissociáveis de um mesmo fenômeno, sem que se possa dar qualquer prioridade a uma ou a outra. Como nos mostrou Kurt Goldstein em sua Teoria do Campo Sensório-Tônico, "nós podemos admitir que a toda impressão sensorial corresponde uma tensão determinada da musculatura" (Goldstein, 1951). Ele identificava assim o que chamava de "fenômenos tônicos". Seguindo esse argumento, pode-se considerar a ambiência como um sistema energético que se manifesta, ao mesmo tempo, no âmbito dos sinais físicos enviados pelo ambiente e no âmbito do tônus do ser vivente. Desse ponto de vista, não existe corte radical entre ser vivente e seu meio. À sua maneira, a ambiência nos lembra que o ser vivo e seu meio formam uma unidade. Mas, dizendo que a ambiência corresponde a certo estado de tensão do corpo, nós introduzimos a ideia de que ela intervém também em nossa capacidade de agir. Certas ambiências – como, por exemplo, aquelas das festas populares, das grandes manifestações esportivas ou das casas noturnas – são particularmente estimulantes e concebidas para nos mergulhar em tal estado de tensão e de excitação que dificilmente nos deixa inativos. Outras ambiências – como, por exemplo, aquelas dos museus, das igrejas ou dos hospitais – tendem, ao contrário, a nos apaziguar e a nos convidar à contemplação ou ao recolhimento. Certamente esses casos são extremos; entretanto, eles nos permitem mostrar que uma ambiência pode aumentar ou reduzir nossa capacidade de agir, nos colocando em certa disposição corporal e afetiva. Enquanto nós temos o costume de considerar a ação como um dado inevitável da existência, a ambiência nos conduz a interrogar sobretudo o que pode suscitá-la ou neutralizá-la.

Os estilos de motricidade

Acabamos de ver que a ambiência não é desconectada das atividades práticas. Cabe-nos agora precisar o sentido deste argumento. Para fazer isso, indicamos de antemão que a ambiência opera sobre todo tipo de ação, qualquer que seja ela. Ela remete menos à natureza da atividade (o "quê" da ação, o que está sendo feito) do que às suas modalidades de execução (o "como" da ação, a forma como ela se realiza). Com efeito, pondo o corpo em certo estado de tensão, a ambiência dá a medida a nossos movimentos e modula nossas maneiras de nos movermos[3]. Em outras palavras, ela convoca a ação em seu nível mais elementar, a saber, aquele do gesto. Ora, se o gesto dá suporte à ação, ele, entretanto, não se confunde com ela.

Com efeito, o gesto é, ao mesmo tempo, da ordem da função (ação) e da forma (expressão). Ele permite não apenas realizar uma ação, ele a realiza de certo modo. Por exemplo, a ação de andar se faz de mil e uma maneiras: pode-se andar de forma lenta ou rápida, fluida ou agitada etc.

---

3. No mesmo sentido deste argumento, alguns trabalhos de psicologia experimental mostram que a experiência sensorial procede dos modos de fazer – mais precisamente, ela consiste em "exercer um controle das contingências sensório-motoras" (*to exercise mastery of sensorimotor contingencies*). O'Regan, & Noë, J. K., & Noé, A. (2001). What it is like to see: a sensorimotor theory of perceptual experience. *Synthese, 129*(1), pp. 79-103.

Essas qualidades do movimento não são, todavia, próprias dessa ação, elas podem também se atualizar em todas as outras atividades (abrir uma porta, descer escadas...). Uma mesma ação pode tomar formas diferentes, bem como ações diferentes podem ter qualidades de movimentos idênticos. Pode-se dizer, então, que não há qualquer coerência ou lógica na maneira como uma ação se realiza?

Uma primeira resposta consiste em situar-se em um nível estritamente individual. Desse ponto de vista, cada ser humano se caracterizaria por uma maneira de se mover que lhe é própria. Esse estilo corporal próprio de cada um constituiria de alguma forma uma marca do sujeito[4]. Por mais interessante que seja, essa proposição não é suficiente. Com efeito, se os estilos corporais fossem exclusivamente individuais, seria difícil compreender como eles podem coexistir em um mesmo espaço. A partir do momento em que um lugar é frequentado por várias pessoas é necessário que suas condutas possam se sincronizar e se ajustar mutuamente, isto é, compartilhar um mesmo ritmo.

Uma segunda resposta é, portanto, necessária. Ela consiste em situar-se em um nível local e coletivo. Dito de outra forma, nós levantamos a hipótese de que a cada ambiência corresponde um estilo de motricidade, e que esse estilo é compartilhado pelo conjunto dos participantes engajados nessa ambiência. Nossas maneiras de nos movimentarmos seriam assim informadas pelo lugar no qual elas se atualizam. Elas exprimiriam não somente uma maneira de ser em um ambiente, mas também uma maneira de estar junto (Merleau-Ponty, 1964). Evidentemente, isso não significa que as diferenças individuais sejam apagadas ou neutralizadas, mas, antes, que elas participam de um movimento de conjunto que não pode ser reduzido à soma de seus componentes. O gesto e a ambiência seriam consubstanciais na medida em que ambos conferem uma forma definida à ação em curso. Em síntese, procedem de uma articulação entre o eu, o mundo ambiental e o outro.

Para resumir, a introdução da ação na problemática das ambiências nos conduz a uma segunda proposição. Definimos agora a ambiência como uma solicitação motora, no sentido que nela ativa os esquemas sensório-motores a partir dos quais nos engajamos no mundo. A esse respeito, perceber não pode ser reduzido a uma simples contemplação passiva do mundo, é mais precisamente movimentar-se de certa maneira.

---

4. Pensemos, p. ex., nos personagens representados por Charlie Chaplin ou Jacques Tati.

A percepção segundo a ambiência

Agora precisamos tentar explicitar mais diretamente a relação entre a ambiência e a percepção. Para isso, cabe-nos fazer uso de uma abordagem fenomenológica da percepção. O interesse de tal abordagem é sublinhar o caráter sensível da percepção e pôr em questão a ideia segundo a qual toda percepção seria necessariamente percepção de objeto. Com efeito, perceber não é somente um ato objetivante que permite apreender o mundo como um conjunto de coisas distintas e reconhecíveis. Como então encontrar uma alternativa a essa concepção largamente dominante, herdada de Descartes?

O meio como terceiro termo

Por em questão a percepção como pura intelecção não implica necessariamente adotar uma posição empirista que a pensa como uma soma de sensações distintas. De fato é a distinção entre perceber e sentir que é preciso esclarecer. O argumento principal desta última parte é que a ambiência não é, em nenhum caso, um objeto da percepção; nós diremos todavia que ela fixa os termos da percepção. Dito de outra forma, nós não percebemos a ambiência, nós percebemos segundo a ambiência.

Observemos de início que os objetos que nós apreendemos pela percepção não são jamais separados, mas estão sempre em relação, sempre dispostos e arrumados uns em relação aos outros. Uma coisa pode, por exemplo, mascarar uma outra ou encobri-la parcialmente. Como bem mostrou a Psicologia da Forma, captamos mais ou principalmente as configurações, os conjuntos articulados do que os objetos isolados. E ainda, os objetos não deixam inalterado o meio sensível no qual eles se inscrevem. De certa maneira, eles irradiam para as circunvizinhanças, projetando suas qualidades para além deles mesmos, e colorem a totalidade do campo ambiental[5]. Basta retirar ou colocar um objeto em um local para se notar que ele não se limita a produzir ou a preencher um vazio, mas que ele modifica fundamentalmente a composição global daquilo que nos é dado a ver. Temos como prova os problemas encontrados nas pesquisas atuais em simulação de ambiências luminosas. Inserindo objetos virtuais em fotografias de locais reais, esses trabalhos são, de fato, obrigados a integrar as interações luminosas que não dei-

---

5. A esse respeito, Merleau-Ponty (1964) fala da "existência atmosférica" da cor, mostrando como esta transborda de si mesma para tornar-se cor de luminosidade.

xariam de se produzir *in situ* entre os edifícios velhos e os novos. A dificuldade consiste então em calcular o mais precisamente possível as "inter-reflexões difusas entre superfícies", pois sem elas a imagem final perderia todo realismo que pudesse ser experimentado naquele lugar[6].

Essa breve digressão em torno da visão permite colocar em evidência a importância do meio como componente fundamental da percepção. Assim, o objeto percebido se apresenta sempre sob certas condições de luminosidade e supõe necessariamente uma estrutura luminosa que especifica seu modo de aparição[7]. Mesmo a visão, enquanto sentido da objetivação (se ela o for), não pode ser compreendida sem referência à luz ambiente. Esta constitui de fato um terceiro termo, assegurando o elo entre o sujeito que percebe e o mundo percebido. O que acaba de ser dito a propósito da percepção visual aplica-se *a fortiori* às outras modalidades da percepção. A percepção sonora, olfativa ou térmica não é assimilável à identificação de uma fonte pontual ou de um sinal distinto; ela supõe sempre um campo de aparição a partir do qual os fenômenos emergem e se dotam de propriedades específicas. Em suma, a introdução do meio como terceiro termo da percepção permite pensar o mundo sensível em termos de fenômenos, desvelando suas condições e modos de aparição.

O suporte da percepção

Para terminar, que consequência podemos deduzir do argumento que precede? Se a ambiência distingue-se do mundo dos objetos, é precisamente porque ela é da ordem do meio. É assim que nós falamos de "ambiências luminosas", "ambiências sonoras", "ambiências olfativas" ou "ambiências térmicas". Esses qualificativos designam bem a natureza de um meio. Mais ainda: caracterizando a ambiência dessa forma, nós dizemos também que ela não é percebida ela mesma, mas que torna possível a percepção, especificando um campo de aparição de fenômenos. Com efeito, nós nunca percebemos a integralidade daquilo que se apresenta a nossos sentidos. Como bem mostrou Merleau-Ponty (1968, p. 12): "Toda percepção só é percepção de alguma coisa se também for uma relativa impercepção de

---

6. Sem dúvida, não é por acaso que o modelo de cálculo utilizado é chamado de "radiosidade" (Perrin & Fasse, 1998).

7. James Gibson (1979) propõe a noção de "rede ambiental óptica" para analisar a maneira como um campo luminoso se estrutura.

um horizonte ou de um fundo que ela implica, mas que não tematiza". Se o fundo não é percebido como tal, é justamente porque é, ele mesmo, o suporte da percepção; é a partir dele que os fenômenos e os acontecimentos se individualizam e se diferenciam. Esse argumento permite operar uma distinção entre "perceber isso" e "perceber segundo isso" (Garelli, 1992). No primeiro caso, supõe-se a percepção de um objeto determinado por um sujeito que percebe. A percepção é então pensada em termos transitivo e pontual: transitivo no sentido de que uma relação direta é estabelecida entre um sujeito e um objeto; pontual no sentido de que o que é percebido pode ser claramente identificado, localizado e delimitado. No segundo caso, supõe-se uma atitude em relação a uma coisa qualquer, sem pressupor um objeto a perceber. A percepção é então pensada em termos intransitivo e diferencial: intransitivo no sentido de que o meio se dá como um termo intermediário entre o objeto e o sujeito; diferencial no sentido de que o mundo sensível se configura por diferenciação e tensionamento dos diversos elementos que o compõem. Será necessário esclarecer que, de nosso ponto de vista, a ambiência ressalta essa problemática de fundo, como foi definida por esta segunda abordagem?

Para resumir, essa abordagem fenomenológica da percepção nos conduz enfim a definir a ambiência como um fundo sensível que especifica a cada vez as condições de emergência e de aparição dos fenômenos. Desse modo, perceber não consiste somente em distinguir os objetos do ambiente, mas é também experienciar o estado de um meio em um momento dado.

Neste capítulo tentamos indicar alguns argumentos de base que permitem especificar a noção de ambiência. Tratava-se de mostrar que esta noção não é equivalente ou assimilável à noção mais clássica de ambiente. Para fazer isso, levantamos a hipótese de que a ambiência implica uma concepção particular da percepção situada, mobilizando conjuntamente uma abordagem ecológica, praxeológica e fenomenológica da percepção.

Referências

Berthoz, A. (1997). *Le sens du mouvement*. Paris: Odile Jacob.

Coulter, J., & Parsons, E. D. (1990). The praxiology of perception: visual orientations and practical action. *Inquiry. An Interdisciplinary Journal of Philosophy*, *33*(3), 251-272.

Dewey, J. (1934). *Art as experience*. Nova York: Minton, Balch & Co.

_____ (1931). Qualitative thought. In *Philosophy and civilisation* (93-116). Nova York : Minton, Balch & Co.

_____ (1993). *Logique. La théorie de l'enquête*. Paris, PUF. (Primeira edição: 1938).

Garelli, J. (1992). Voir ceci et voir selon. In *Merleau-Ponty. Phénoménologie et expériences – textes réunis par Marc Richir et Etienne Tassin* (79-99). Grenoble: Jérôme Million.

Gibson, J. J. (1979). *The ecological approach to visual perception*. Boston: Houghton Mifflin.

Goldstein, K. (1951). *La structure de l'organisme*. Paris: Gallimard.

Merleau-Ponty, M. (1964). *Le Visible et l'Invisible*. Paris: Gallimard.

_____ (1968). *Résumés de cours*. Paris: N.R.F.

Perrin, J. J., & Fasse, I. (1998). Simulation d'architectures en synthèse d'image. *Les cahiers de la recherche architecturale, 42/43*, 105-115.

Suchman, L. (1987). *Plans and situated actions*. Cambridge: Cambridge University Press.

Varela, F., Thompson, E., & Rosch, E. (1993). *L'inscription corporelle de l'esprit*. Paris: Seuil.

Leia também neste livro os capítulos 21 Territorialidade(s); 5 Emoções e afetividade ambiental.

2
Conscientização

Lana Nóbrega
Terezinha Façanha Elias
Karla Patrícia Martins Ferreira

Entendimento geral

Desenvolvido por Paulo Freire, o conceito de conscientização está relacionado ao agir no mundo, permitindo-nos compreender melhor os temas tratados no campo da Psicologia Ambiental. Na visão de Freire (1980), conscientização representa o aprofundamento da tomada de consciência, ou seja, o desenvolvimento de uma consciência crítica a respeito dos temas e situações cotidianos, assim como o compromisso histórico com a construção de uma nova realidade. O processo de conscientização, na esfera da Psicologia Ambiental, possibilita pensar a relação pessoa-ambiente numa dimensão transformadora, considerando os diversos elementos que compõem tal relação. Ele faz com que o sujeito se veja como parte integrante do meio com o qual interage de forma reflexiva e comprometida, percebendo-se como ator histórico que, inevitavelmente, tem um papel fundamental no equilíbrio dos ecossistemas e na preservação do meio ambiente natural e construído. Assim, se combinada a outros conceitos trabalhados na Psicologia Ambiental – como os de ambiente, comportamento ecológico, compromisso pró-ecológico, apego ao lugar, apropriação, entre outros –, a conscientização nos permite analisar e intervir de modo mais consistente sobre a realidade.

O conceito de conscientização

O termo "conscientização" foi criado por uma equipe de professores do Instituto Superior de Estudos Brasileiros (Iseb) durante a década de 1960 (Freire, 1980), mas foi o educador brasileiro Paulo Freire que desenvolveu este conceito, integrando-o à sua proposta pedagógica. Para ele, a educação é não apenas um ato de conhecimento, mas uma leitura e uma aproximação crítica da realidade, além da subjetivação da prática da liberdade.

O próprio ato da leitura – e aqui podemos entender o significado de leitura como apreensão e percepção de mundo – é formador de si, ou seja, é elemento construtor na composição cognitiva e socioafetiva de um indivíduo e, consequentemente, modula a sua relação consigo mesmo, com os outros e com o meio. Para Freire (2015), "a leitura verdadeira me compromete de imediato com o texto que a mim se dá e a que me dou e de cuja compreensão fundamental me vou tornando também sujeito" (p. 29).

O processo de conscientização é fundamental para a ação educativa, uma vez que ao promover o posicionamento crítico sobre si e o mundo permite uma nova forma de leitura da realidade cotidiana, assim como promove a inserção das pessoas nos processos de renovação da sociedade, transformando não apenas a esfera mais íntima da vida de cada sujeito, como também a esfera social mais ampla. Dessa forma, Freire (1980) defende que, para compreender o nosso lugar no mundo, devemos partir não apenas de uma consciência da nossa própria existência, mas também da realidade da qual fazemos parte. Segundo o autor, essa percepção não pretende assinalar uma separação entre nossa consciência subjetiva e nossa consciência de mundo; pelo contrário, traz a necessidade de nos entendermos como peça constitutiva e transformadora do mundo no qual estamos inseridos. Para tal, é necessário que percebamos a conscientização como compromisso histórico, como atitude crítica e contínua, como um processo infindável de desvelamento e de recriação da realidade.

> A conscientização implica, pois, que ultrapassemos a esfera espontânea de apreensão da realidade, para chegarmos a uma esfera crítica na qual a realidade se dá como objeto cognoscível e na qual o homem assume uma posição epistemológica. [...] Por esta mesma razão, a conscientização não consiste em "estar diante da realidade" assumindo uma posição falsamente intelectual. A conscientização não pode existir fora da "práxis", ou melhor, sem o ato ação-reflexão (Freire, 1980, p. 26).

Portanto, o processo de conscientização representa uma evolução na percepção da realidade, na tomada de consciência. Referindo-se ao pensamento de Paulo Freire, Jorge (1981) analisa três tipos ou níveis de consciência que se manifestam dependendo das condições sociais, políticas, econômicas, culturais e educacionais de uma sociedade: semi-intransitiva, transitiva ingênua e crítica. Nas sociedades fechadas predomina a consciência semi-intransitiva, que se caracteriza pela pouca capacidade reflexiva sobre os temas da realidade, pelo funcionamento direcionado para a esfera vital da sobrevivência, pelas explicações mágicas e pela falta de implicação de si mesmo na análise e resolução dos problemas. Em sociedades em processo de abertura, teria-se a consciência transitiva ingênua, voltada para as questões sociais mais gerais, mas ainda apegada às explicações fabulosas, mágicas, apresentando, portanto, um compromisso social pouco consistente. Em sociedades mais abertas, teria-se o desabrochar da consciência crítica, capaz de tecer reflexões mais profundas sobre a realidade, analisando causalidades múltiplas, abrindo-se ao diálogo com outras consciências e comprometendo-se efetivamente com a transformação social. Para Paulo Freire, a consciência crítica evolui infinitamente e está sempre disposta a novas aprendizagens. Esses três momentos de evolução da consciência podem estar presentes numa mesma sociedade, e pode-se registrar a predominância de um ou outro a depender, em certa medida, das condições gerais em que as pessoas vivem, das oportunidades que desfrutam para a construção de um pensamento crítico e da liberdade de participação. Sobre esta relação consciência-mundo o mestre argumenta: "Consciência e mundo não podem ser entendidos separadamente, dicotomizadamente, mas em suas relações contraditórias. Nem a consciência é a fazedora arbitrária do mundo, da objetividade, nem dele puro reflexo" (Freire, 2001, p. 12).

Além disso, em obra anterior (Freire, 1980), ele se refere à práxis como aspecto central do existir humano no mundo, como unidade indissolúvel entre a ação e a reflexão, defendendo ainda que o homem tem a possibilidade, por meio do processo de conscientização, de assumir uma posição utópica diante do mundo, denunciando as estruturas opressoras e desumanas, anunciando uma nova realidade e comprometendo-se a construí-la. Dessa forma a utopia não seria algo idealista ou do plano do irrealizável, mas algo possível mediante as atitudes de denúncia, anúncio e compromisso. O conceito de utopia para Paulo Freire é fundamental e nos instiga à reflexão crítica sobre a realidade objetiva, lançando-nos também na tarefa de projetar a realidade desejável, implicando-nos ainda em sua concretização. A atitude utópica nos permite também unir passado, presente e futuro, uma vez que a análise das situações vividas no passado nos oferece subsídios para agirmos no presente a fim de construir o futuro desejado, permitindo tomarmos consciência da nossa historicidade.

Os conceitos aqui tratados nos levam a refletir sobre os estudos desenvolvidos no campo da Psicologia Ambiental, como, por exemplo, os trabalhos de David Uzzell e colaboradores (Uzzell, 2004) sobre a consciência, as atitudes e as ações das pessoas em relação ao ambiente no que diz respeito à sustentabilidade. Essas pesquisas revelam a dificuldade de as pessoas associarem os desafios globais às questões locais e agirem no plano local tendo em vista transformações mais gerais. A nosso ver, isso mostra uma fragilidade no processo de conscientização, conforme pensado por Paulo Freire.

A atitude de reflexão sobre a realidade nos possibilita captar as problemáticas que fazem parte do nosso dia a dia, ou seja, os temas geradores, assim como as situações-limites a eles associadas. Estas se referem a situações de impasse entre a condição do que se é no presente e do que se pode vir a ser no futuro, ou seja, do "ser" e do "ser mais". As situações-limites são verdadeiras fronteiras que nos desafiam a uma atitude de superação e de experimentação do novo. Poderíamos neste momento nos referir aos grandes temas tratados no âmbito da Psicologia Ambiental nos últimos anos e às situações-limites que se apresentam a todos nós como desafios a serem enfrentados. Lembramos, por exemplo, a questão da escassez e degradação dos recursos naturais, o acúmulo de resíduos sólidos, as formas de mobilidade urbana, as condições precárias de moradia, entre outros temas.

Segundo Freire (1980), os desafios captados através do processo de conscientização exigem respostas criativas que transformem não só a realidade circundante, mas também o próprio homem, e de modo sempre diferente. Neste momento vale a pena registrarmos o conceito de "cultura" de Freire (1980) como "todo resultado da atividade humana, do esforço criador e recriador do homem, de seu trabalho por transformar e estabelecer relações de diálogo com outros homens" (p. 38). Daí resulta que, ao construir suas casas, seus espaços de trabalho, de lazer, suas cidades, as pessoas estão criando cultura, independentemente do formato que tenham.

O diálogo é um elemento fundamental no pensamento de Paulo Freire e se constitui, invariavelmente, como condição essencial para que se efetive o processo de conscientização. Para Freire (1980, p. 82), "o diálogo é o encontro entre homens, mediatizados pelo mundo, para designá-lo", ou seja, não é simplesmente um intercâmbio de ideias, uma discussão ou uma transmissão de conhecimento; ele exige amor pelos homens e pelo mundo; exige também fé, esperança e humildade, pois é essencialmente transformador.

Acreditamos que as ideias colocadas em torno do conceito de conscientização possam nos instrumentalizar para trabalhar no âmbito da Psicologia Ambiental, no sentido do aprofundamento dos temas emergentes e da compreensão da relação pessoa-ambiente, considerando as influências recíprocas e a perspectiva de transformação contidas nessa relação. Queremos, agora, adentrar outros aspectos do pensamento de Paulo Freire, os quais nos ajudam a dimensionar o valor da sua obra para os estudos da inter-relação pessoa-ambiente, assim como a fazer uma articulação com alguns conceitos trabalhados em Psicologia Ambiental.

A inter-relação pessoa-ambiente em Paulo Freire

Para que possamos trabalhar com o conceito de conscientização na perspectiva freireana e em torno da inter-relação pessoa-ambiente, é necessário explicarmos como o conceito de ambiente foi apresentado por Paulo Freire e como ele compreendia o papel da ação humana e do ambiente, por ele chamado de "mundo" ou "contexto", nessa relação dialética.

O termo usado por Paulo Freire para referir-se a ambiente é "mundo", que significa na perspectiva freireana o lugar da presença e da ação humana, caracterizado por seus aspectos naturais, biofísicos, por seus aspectos socioculturais e tudo o que se faz presente (Brandão, 2005). Essa compreensão de "mundo" está em consonância com o conceito de "ambiente" como o compreendemos na Psicologia Ambiental: "Conceito multidimensional, compreendendo o meio físico concreto em que se vive, natural ou construído, o qual é indissociável das condições sociais, econômicas, políticas, culturais e psicológicas daquele contexto específico" (Carvalho, Cavalcante & Nóbrega, 2011, p. 28).

Em diversas passagens de sua obra, Paulo Freire nos chama a atenção para o fato de que devemos pensar sempre na relação humano-mundo, que associamos neste texto à inter-relação pessoa-ambiente, como estudado em Psicologia Ambiental. Para o educador não se pode pensar o ser humano fora de seu contexto, que se refere ao local onde as pessoas estão juntas e aprendem a viver juntas (Brandão, 2005), abrigando a natureza e os aspectos sociais. Nessa perspectiva, o ser humano é compreendido em sua essência como um ser relacional, intimamente ligado ao mundo/ambiente, não podendo ser pensado de forma descontextualizada, apartado do chão em que se encontra. Os humanos apresentam ainda a capacidade de ter consciência do mundo e de si mesmos, o que implica uma responsabilidade ética para com a realidade-ambiente (Dickmann & Carneiro, 2012).

A importância da inter-relação pessoa-ambiente para a formação humana pode ser observada em toda a obra de Paulo Freire. No livro *A importância do ato de ler* (1989), o autor faz um belo relato sobre seu próprio processo de alfabetização, precedido pela leitura do mundo/ambiente à sua volta; relata sua relação com a casa onde cresceu e tudo o que fazia parte desse ambiente, presenteando-nos com o que identificamos como uma rica autobiografia ambiental, descrevendo, por exemplo, a relação com o quintal da velha casa, com seu mundo/ambiente imediato e seus elementos: cores, cheiros, sons, sensações, crenças e costumes, como segue:

> Os "textos", as "palavras", as "letras" daquele contexto se encarnavam no canto dos pássaros [...], na dança das copas das árvores sopradas por fortes ventanias que anunciavam tempestades, trovões, relâmpagos; as águas da chuva brincando de geografia: inventando lagos, ilhas, rios, riachos. Os "textos", as "palavras", as "letras" daquele contexto se encarnavam também no assobio do vento, nas nuvens do céu, nas suas cores, nos seus movimentos; na cor das folhagens, na forma das folhas, no cheiro das flores [...], no corpo das árvores, na casca dos frutos [...]. Daquele contexto faziam parte igualmente os animais [...]. Daquele contexto – o do meu mundo imediato – fazia parte, por outro lado, o universo da linguagem dos mais velhos, expressando as suas crenças, os seus gostos, os seus receios, os seus valores. Tudo isso ligado a contextos mais amplos que o do meu mundo imediato e de cuja existência eu não podia sequer suspeitar (Freire, 1989, pp. 12-14).

Em outro momento fala da relação dos seres humanos com o ambiente na esfera da cidade, destacando o processo educacional embutido neste vínculo:

> A Cidade se faz educativa pela necessidade de educar, de aprender, de ensinar, de conhecer, de criar, de sonhar, de imaginar que todos nós, mulheres e homens, impregnamos seus campos, suas montanhas, seus vales, seus rios, impregnamos suas ruas, suas praças, suas fontes, suas casas, seus edifícios, deixando em tudo o selo de certo tempo, o estilo, o gosto de certa época. A Cidade é cultura, criação, não só pelo que fazemos nela e dela, pelo que

criamos nela e com ela, mas também é cultura pela própria mirada estética ou de espanto, gratuita, que lhe damos. A Cidade somos nós e nós somos a Cidade (Freire, 2001, p. 23).

Como podemos observar, encontramos na obra de Paulo Freire a preocupação com a relação ser humano-mundo (humano-ambiental) como um tema central, no qual esta relação é apresentada considerando o ser humano e o mundo como inacabados e em constante processo de formação. Nesse processo formador, ambos se influenciam mutuamente e permanentemente. Alguns conceitos da Psicologia Ambiental podem nos ajudar a compreender essa relação, como, por exemplo, os de apego/vínculo com o lugar e o de apropriação do espaço. O primeiro trata da relação afetiva que as pessoas estabelecem com um determinado lugar (Elali & Medeiros, 2011), e o segundo refere-se ao processo pelo qual as pessoas se projetam no espaço, fazendo-o uma extensão de si mesmas, criando, assim, o lugar como seu (Cavalcante & Elias, 2011).

A afetividade também é condição essencial para a implicação do sujeito em relação ao ambiente e para o desenvolvimento de uma postura de cuidado, o que pode ser melhor compreendido ao estudarmos os conceitos de comportamento ecológico, caracterizado como "a ação humana que visa contribuir para proteger o meio ambiente ou para minimizar o impacto ambiental de outras atividades" (Pato & Campos, 2011, p. 122), e o conceito de compromisso pró-ecológico, definido como a "relação cognitiva e/ou afetiva, de caráter positivo, que as pessoas estabelecem com o meio ambiente ou parte do mesmo, responsabilizando-se e interessando-se por ele"(Gurgel & Pinheiro, 2011, p. 159). Logo, a conscientização está no cerne dos processos constitutivos da inter-relação pessoa-ambiente, em especial dos processos que tratam da relação afetiva, da cognição e da percepção ambiental, tornando-se essencial para a formação de comportamentos voltados para o cuidado com o ambiente.

A conscientização, enquanto processo de relação do sujeito com o mundo, é permeada pelo posicionamento subjetivo no espaço-tempo humano. Para Freire, é por meio dela que o ser humano percebe-se a si mesmo e a seu ambiente concreto, tornando-se comprometido a intervir na realidade para modificá-la. A conscientização seria então um convite à vocação ontológica humana de ser sujeito, possibilitando uma reflexão sobre as condições espaçotemporais, como podemos observar:

> Os homens enquanto "seres-em-situação" encontram-se submersos em condições espaçotemporais que influem neles e nas quais

eles igualmente influem. Refletirão sobre seu caráter de seres situados na medida em que sejam desafiados a atuar. [...] Não existem senão homens concretos ("não existe homem no vazio"). Cada homem está situado no espaço e no tempo, no sentido em que vive numa época precisa, num lugar preciso, num contexto social e cultural preciso. O homem é um ser de raízes espaçotemporais (Freire, 1980, p. 19).

Ainda de acordo com o educador, um dos pressupostos para o processo de conscientização é o entendimento e a apreensão da realidade a ponto de captar os temas específicos do contexto do qual o indivíduo faz parte. Numa perspectiva ambiental, podemos pensar que na conscientização há uma apropriação cognitiva e afetiva das peculiaridades do ambiente ou contexto, e é por meio da conscientização que o ser humano age diretamente na realidade de forma comprometida e ética, valorizando a vida em todas as suas expressões, sendo assim agente de transformação e, logo, protagonista dos caminhos históricos daquele espaço físico e social.

Preocupar-se com o processo de conscientização é, portanto, voltar-se para a desmistificação da realidade, é trazer para si a percepção da sua relação com o mundo, compreendendo, em um viés perspectivo e referencial, a sua própria relação ambiental. Ao conscientizar-se, a pessoa reformula a sua visão e relação com a realidade, uma vez que a conscientização "é o processo pelo qual aqueles que antes haviam estado submersos na realidade começam a sair, para se reinserirem nela com uma consciência crítica" (Freire, 1980, p. 39).

Dessa forma, "a realidade não pode ser modificada, senão quando o homem descobre que é modificável e que ele pode fazê-lo" (Freire, 1980, p. 22), de modo que a ação humana só pode ser comprometida, só pode ser contínua, só pode ser crítica se for alicerçada pela conscientização.

Considerações finais

A conscientização é um dos pilares essenciais de toda a obra de Paulo Freire, por ele próprio apontado como conceito central de suas ideias sobre educação, estando intimamente ligado à sua proposta de alfabetização e surgindo como fundamento para a ação do ser humano no mundo. De acordo com a concepção do autor, o ser humano pertence ao mundo--natureza como unidade interdependente, só podendo ser compreendido integrado ao mundo onde vive. Dessa forma, o autor reafirma, em toda a sua obra, a indissociabilidade entre sociedade e natureza, homem-mundo, superando qualquer visão dicotômica. Algo que ilustra fortemente o que aqui apresentamos é a maneira como ele declarou que gostaria de ser lembrado em sua última entrevista, pouco antes de sua morte: "Eu gostaria de ser lembrado como alguém que amou o mundo, as pessoas, os bichos, as árvores, a terra, a água, a vida" (Ferreira, 2011, p. 151).

Considerando os aspectos tratados neste texto a respeito do conceito de conscientização e de outros conceitos aqui apresentados, podemos afirmar a importância da obra de Paulo Freire para os estudos e intervenções realizados, tendo como base a Psicologia Ambiental. A compreensão sobre o processo de conscientização consolida as reflexões sobre os grandes temas estudados nesta área do saber e torna efetiva a perspectiva de transformação apontada no campo das inter-relações pessoa-ambiente, uma vez que se une conceitualmente a vários outros temas trabalhados no âmbito da Psicologia Ambiental, proporcionando-nos um arcabouço teórico capaz de oferecer sustentação à compreensão dos desafios que hoje se apresentam em nossa realidade.

Referências

Brandão, C. R. (2005). *Paulo Freire, o menino que lia o mundo: uma história de pessoas, de letras e palavras*. São Paulo: Ed. Unesp.

Campos-de-Carvalho, M. I., Cavalcante, S., & Nóbrega, L. M. A. (2011). Ambiente. In S. Cavalcante & G. A. Elali (Orgs.). *Temas básicos em Psicologia Ambiental* (pp. 28-43). Petrópolis: Vozes.

Cavalcante, S., & Elias, T. F. (2011). Apropriação. In S. Cavalcante & G. A. Elali (Orgs.). *Temas básicos em Psicologia Ambiental* (pp. 63-69). Petrópolis: Vozes.

Dickmann, I., & Carneiro, S. M. M. (2012). Paulo Freire e educação ambiental: contribuições a partir da obra Pedagogia da Autonomia. *Rev. Educ. Públ.*, Cuiabá, *21*(45), pp. 87-102, jan./abr.

Elali, G. A., & Medeiros, S. T. F. (2011). Apego ao lugar. In S. Cavalcante & G. A. Elali (Orgs.). *Temas básicos em Psicologia Ambiental* (pp. 53-62). Petrópolis: Vozes.

Ferreira, K. P. M. (2011). Paulo Freire et sa pédagogie sensible à l'humanisation d'autrui. *Chemins de formation au fil du temps*. 16, oct.

Freire, P. (1980). *Conscientização – Teoria e prática da libertação: Uma introdução ao pensamento de Paulo Freire*. São Paulo: Moraes.

_____ (1989). *A importância do ato de ler: em três artigos que se completam/Paulo Freire*. São Paulo: Cortez.

_____ (2001). *Política e educação*. São Paulo: Cortez, Coleção Questões da Nossa Época, vol. 23.

_____ (2015). *Pedagogia da autonomia: saberes necessários à prática educativa*. Rio de Janeiro: Paz e Terra.

Gurgel, F. F., & Pinheiro, J. Q. (2011). Compromisso pró-ecológico. In S. Cavalcante & G. A. Elali (Orgs.). *Temas básicos em Psicologia Ambiental* (pp. 159-173). Petrópolis: Vozes.

Jorge, J. S. (1981). *A ideologia de Paulo Freire*. (2a ed. rev. e amp.). São Paulo: Loyola.

Pato, C. M. L., & Campos, C. B. (2011). Comportamento Ecológico. In S. Cavalcante & G. A. Elali (Orgs.). *Temas básicos em Psicologia Ambiental* (pp. 122-143). Petrópolis: Vozes.

Uzzell, D. (2004). A Psicologia Ambiental como uma chave para mudar atitudes e ações para com a sustentabilidade. In E. Tassara, E. Rabinovich & M. Guedes (Eds.). *Psicologia e Ambiente* (pp. 363-388). São Paulo: Educ.

Leia também neste livro os capítulos 5 Emoções e afetividade ambiental; 11 Justiça ambiental; 19 Responsabilidade socioambiental.

3
Crenças e atitudes ambientais

Claudia Marcia Lyra Pato
Maria Inês Gasparetto Higuchi

Entendimento geral

Crenças e atitudes são conceitos centrais na Psicologia Ambiental, apresentando numerosas publicações nos principais periódicos internacionais da área. Apesar da diversidade de estudos, há consenso na literatura sobre tais conceitos carecerem de definições claras e precisas, o que se reflete na diversidade de medidas e definições para seus instrumentos (Castro, 2003). Crenças ambientais têm sido compreendidas como constituintes de um sistema psicológico estruturado que corresponde ao conceito de visão de mundo alusivo ao modo de perceber a relação da pessoa com o meio ambiente (Corral-Verdugo, 2001, Stern, Dietz, Kalof & Guagnano, 1995, Rokeach, 1981). Por sua vez, atitudes ambientais são opiniões ou avaliações de um objeto social que predispõe respostas ou ações a ele relacionadas. Os entendimentos são divergentes ao se tentar elucidar a relação entre crenças e atitudes envolvendo dois modelos básicos. No modelo tridimensional de conceituação de atitudes, que envolve três componentes – cognitivo, afetivo e comportamental –, as crenças são parte das atitudes, constituindo, especificamente, sua dimensão cognitiva. No modelo unidimensional, mais utilizado, as atitudes correspondem ao componente afetivo-emocional, como sentimentos favoráveis ou desfavoráveis em relação ao objeto atitudinal, diferenciando-se, portanto, das crenças (Hernández & Hidalgo, 2000).

Conceitos de crenças e atitudes ambientais

Embora a literatura aponte as crenças ambientais como antecedentes das atitudes e dos comportamentos ecológicos específicos, esse tema ainda se encontra bastante nebuloso e confuso, sendo tratado, algumas vezes, como visão de mundo e de homem e, em outras, como atitude. No geral, as crenças ambientais são consideradas como um sistema que permite explicar as ações humanas na relação das pessoas com o ambiente.

O conceito de crenças ambientais está baseado na literatura da Psicologia Social sobre crenças, geralmente abordado a partir do modelo teórico de Fishbein e Ajzen (1975), segundo o qual as crenças estão subjacentes ao comportamento das pessoas nos mais diversos âmbitos da realidade. Sob esse ponto de vista, a medida mais comum utilizada é o Novo Paradigma Ambiental – NPA (tradução do inglês, *New Environmental Paradigm* – NEP), de Dunlap e Van Liere (1978). Essa mesma medida também tem sido utilizada para investigar atitudes ambientais, o que evidencia a confusão conceitual entre esses dois construtos.

O conceito de crenças e, especificamente, o de crenças ambientais, é fundamental para a compreensão da maneira como as pessoas agem em relação ao meio ambiente. Se uma pessoa acredita, por exemplo, que jogar papel na rua é inofensivo ao meio ambiente ou, ainda, que esse tipo de ação contribui para a manutenção do emprego de funcionários do serviço de limpeza urbana, ao receber um panfleto que não lhe interessa há grande probabilidade de jogá-lo no chão, sobretudo se não visualizar facilmente uma lixeira por perto.

Rokeach (1972) considera que crenças, atitudes e valores se organizam para formar uma estrutura cognitiva funcional integrada, de modo que a alteração ocorrida em um dos aspectos provocaria impacto nos demais. De acordo com o autor, as crenças não existem de maneira isolada; ao contrário, elas estariam dispostas em um sistema "com propriedades estruturais descritíveis e mensuráveis, com consequências comportamentais observáveis" (p. 1), definido como "uma representação psicológica organizada, não necessariamente lógica, das crenças de uma pessoa em torno de sua realidade física e social" (p. 2). O autor ainda indica três pressupostos que suportam os tipos de crenças existentes: 1) nem todas as crenças são igualmente importantes para o indivíduo; 2) quanto mais central for uma crença, mais ela resistirá à mudança; 3) quanto mais central for a crença mudada, mais amplas serão as repercussões dessa mudança no restante do sistema de crenças.

Segundo Rokeach (1972), as crenças podem ser originadas pelo contato direto com o objeto ou derivadas de outras crenças (ou seja, aprendidas de maneira indireta, pelo contato com pessoas ou grupos).

As primeiras são chamadas de crenças primitivas, enquanto as demais são consideradas não primitivas, secundárias ou derivadas. As crenças primitivas são mais centrais e, portanto, mais difíceis de ser modificadas. Por sua vez, as derivadas teriam menor consequência e, possivelmente, seriam mais fáceis de modificar.

Para Fishbein e Ajzen (1975), as crenças formadas com base na observação direta (descritivas) tendem a ser razoavelmente verídicas. Esses autores afirmam que existe pouca evidência de que fatores pessoais como crenças, desejos, atitudes ou características de personalidade tenham qualquer efeito sistemático sobre a formação dessas crenças descritivas. Já nas crenças formadas de maneira indireta (inferenciais), os fatores pessoais desempenhariam um papel principal, agindo na formação dos processos inferenciais, que podem ser baseados em outras crenças sobre um objeto, uma pessoa ou uma ação. Essas ideias centrais fundamentam o modelo de crenças proposto pelos autores, cuja estrutura conceitual estabelece uma relação entre crenças, atitudes, intenções e comportamentos, apresentando um tipo de interdependência entre esses elementos. Segundo eles, as crenças sobre um determinado objeto (material, situação ou evento) implicam uma determinada atitude que, por sua vez, promove uma intenção relativa a esse objeto e, por conseguinte, leva a pessoa a manifestar um determinado comportamento com relação a ele. Uma atitude formada pode, por sua vez, influenciar na constituição de novas crenças, assim como um comportamento que já se manifestou poderá contribuir com informações, que também poderão influenciar na formação de novas crenças (Siqueira, 2002).

Crença é a probabilidade da pessoa estabelecer uma relação entre o objeto que a promove e algum outro objeto, valor, conceito ou atributo. Portanto, ela estabelece uma relação (que pode ser de associação ou de dissociação) entre dois elementos do sistema cognitivo e constitui a base das atitudes em direção ao objeto, em função do valor conferido a seus atributos (Fishbein & Ajzen, 1975). Nesse sentido, uma pessoa desenvolveria suas crenças a respeito de algo baseando-se em suas experiências diretas ou indiretas com as propriedades do objeto em questão (Hernández & Hidalgo, 2000).

A literatura nesse campo indica que estas são variáveis disposicionais, ou seja, correspondem à (pre)disposição de um indivíduo de se comportar de uma ou de outra maneira. Além disso, Corral-Verdugo (2001) alerta que, como sistemas relacionais em que o indivíduo associa situações, as crenças tomam como referência o grupo social, o contexto cultural ou a experiência pessoal. O sistema de crenças serve como uma estrutura ou mapa que guia os processos cognitivos e motivacionais, contribuindo para a compreensão do modo como os valores, as atitudes e os comportamentos são organizados e das condições sob as quais permanecem estáveis ou se transformam (Grube, Mayton & Ball-Rokeach, 1994).

Corral-Verdugo (2001) define crenças como tendências a relacionar objetos, eventos ou situações empregando critérios convencionais ou experiência prévia como marcos de referência. Nessa perspectiva, Stern, Dietz e Guagnano (1995) salientam que as crenças ambientais têm sido estudadas como um sistema de crenças (ou visão de mundo), entendendo-se que os seres humanos são uma peça a mais no complicado sistema de relações do ecossistema.

De acordo com Van der Pligt (1995 apud Hernández & Hidalgo, 2000), existem três núcleos de crenças relacionadas com os problemas do meio ambiente: 1) as crenças sobre os possíveis benefícios ou prejuízos econômicos diretos e indiretos; 2) as crenças sobre os perigos para a saúde que possam implicar uma determinada intervenção; 3) as crenças sobre as ameaças estéticas e físicas para o entorno. Esses núcleos de crenças podem estar relacionados com o que Schultz (2001) chama de preocupação com o *self*, com o outro e com a biosfera. O autor apresenta evidências empíricas sólidas para essa classificação tripartida da preocupação com o meio ambiente.

Hernández e Hidalgo (2000), em seu estudo sobre crenças ambientais, estabelecem uma relação entre crenças e atitudes, e apresentam dois modelos de definição de atitudes: o unidimensional, que restringe o termo "atitudes" ao componente afetivo (sentimento favorável ou desfavorável ao objeto de atitude), sendo, consequentemente, um construto separado do de crenças ou de intenção de comportamento; o tridimensional, que define atitude como uma "predisposição a responder a alguma classe de estímulo com certas classes de respostas" (Rosemberg & Hovland, 1960 apud Hernández & Hidalgo, 2000, p. 310), as quais podem ser afetivas (sentimentos de agrado ou desagrado), cognitivas (crenças e opiniões) e de conduta (intenções de comportamento ou ações manifestas).

Para esses autores a atitude seria um conceito global formado por três componentes relacionados entre si: o cognitivo, o afetivo e o comportamental. Assim, as atitudes com relação à conservação do meio ambiente estariam compostas pelas crenças ou cognições que mantemos a esse respeito, o afeto que sentimos com relação ao entorno natural e o comportamento ecológico. Os autores optam por esse segundo modelo e consideram crenças ambientais como uma dimensão das atitudes ambientais, que seria um construto mais abrangente.

Nessa linha, Schultz, Shriver, Tabanico e Khazian (2004) definem atitudes ambientais como o conjunto de crenças, afetos e intenções comportamentais que uma pessoa mantém sobre atividades e questões ambientais. Complementando, Hawcroft e Milfont (2010) consideram atitudes ambientais como tendência psicológica expressa pela avaliação do ambiente natural, com algum grau de favor ou desfavor.

Apesar da diversidade e da variedade de estudos, com definições e medidas distintas, alguns avanços têm sido propostos nos estudos sobre atitudes ambientais. Milfont, Duckitt e Wagner (2010) afirmam que, muito embora existam diversos pesquisadores utilizando o conceito de atitudes ambientais como unidimensional, parece haver um consenso de que esse construto é multidimensional. Para esses autores, essa multidimensionalidade, que representaria a diversidade de tipos de atitudes em relação ao meio ambiente, estaria organizada em uma estrutura horizontal. E propõem que uma estrutura vertical representaria a natureza hierárquica das atitudes, revelando os fatores de ordem superior ou de segunda ordem, que organizariam a diversidade de tipos de atitudes em categorias distintas.

Milfont e Duckitt (2010) confirmaram que as atitudes ambientais seriam compostas por dez fatores de primeira ordem e dois fatores de segunda ordem, chamados de preservação e utilização. Preservação refere-se à dimensão biocêntrica, que reflete conservação e proteção ambiental e é compatível com a visão ecocêntrica. Já a utilização refere-se ao uso dos recursos naturais e reflete a dimensão antropocêntrica (Milfont & Duckitt, 2006). Para Gooch (1995), a maneira de investigar as crenças ambientais pauta-se pela noção de paradigma social, tomando como referência um olhar sobre o mundo e a visão de paradigma proposta por Kuhn (1970 apud Gooch, 1995). O Novo Paradigma Ambiental – NPA (*New Environmental Paradigm* – NEP) proposto por Dunlap e Van Liere (1978) apresenta uma visão de interdependência entre as espécies que compõem um ecossistema; nele os seres humanos são considerados como parte integrante da natureza e sujeitos a suas regras.

O conceito básico do NPA é a metáfora da Terra como uma nave espacial. A Terra é vista como sendo delicada e limitada em seus recursos; as possibilidades de crescimento econômico do homem são restritas, e acredita-se que os esforços do homem para dominar o ambiente físico provocam sérios problemas ambientais (Gooch, 1995, Gooch & Biel, 2001). Essa visão subjacente ao NPA pressupõe que o homem e a natureza estão interligados e que as ações humanas provocam impacto no meio ambiente, resultando em consequências positivas ou negativas, dependendo do tipo de ação que se manifestou. Essa visão é também chamada de ecocêntrica. Refere-se à ideia de sustentabilidade, visando o equilíbrio entre os dois polos da relação pessoa-ambiente, de maneira a evitar a saturação e o esgotamento do patrimônio (recursos) natural em prol do desenvolvimento econômico.

O grau de adesão dos indivíduos aos postulados desse paradigma – ou visão de mundo e de homem – é a medida de crenças ambientais usada pelos pesquisadores para investigar os antecedentes da problemática ambiental. Contraposto a essa visão está o que os autores denominaram "Paradigma Social Dominante" (PSD), que apresenta uma visão do homem independente da natureza, na qual a natureza existe para ser explorada pelo homem, que a domina e lhe é superior. Essa visão é concebida como antropocêntrica. Em contraponto, na visão ecocêntrica (NPA), a natureza tem um valor intrínseco e a sua preservação é obrigatória – na visão antropocêntrica (PSD), a conservação do ambiente é vista como um meio de satisfazer as necessidades humanas (Corral-Verdugo, 2001). Crenças ambientais podem indicar, portanto, como as pessoas se relacionam com o meio ambiente e sua predisposição para agirem de uma maneira mais ou menos ecológica, podendo contribuir para a compreensão do comportamento ecológico e de seus diversos modos de manifestação.

Logo, crenças e atitudes são construtos latentes que não podem ser observados diretamente, precisando ser inferidos. Para tanto, os estudos neste campo utilizam principalmente o *survey*, envolvendo autorrelatos ou escalas sociais, a fim de deduzir crenças e atitudes a partir das respostas dos participantes.

Medidas de crenças ambientais

A revisão da literatura sobre crenças ambientais aponta para medidas gerais e específicas, sendo estas últimas bastante diversificadas.

Steg e Sievers (2000), por exemplo, desenvolveram uma escala de crenças ambientais específicas sobre o uso de automóvel particular *versus* o uso de outros meios de transporte, utilizando uma escala tipo Likert para que os participantes indicassem o grau de concordância com as afirmativas. Essa escala possui 12 afirmativas sobre o uso de automóvel particular e as consequências para o usuário e para o meio ambiente (Ex.: o uso do carro é um problema da sociedade; eu me sinto culpado quando uso meu carro frequentemente). Além disso, os autores perguntaram aos respondentes quantas vezes ao ano eles usavam o próprio carro para viajar (como condutores) e solicitaram que relatassem o número de vezes em que usavam o seu carro particular, em comparação com outros meios de transporte (1 = sempre uso o carro e 7 = nunca uso o carro). Tais medidas serviram para investigar a relação entre as crenças que as pessoas tinham sobre o uso do automóvel, seu impacto ambiental e a frequência do comportamento de uso do automóvel particular. Concluíram que aqueles que acreditam que o automóvel contribui para a poluição ambiental e que se sentem corresponsáveis pela solução ou diminuição desse problema utilizam mais outros meios de transporte.

Por sua vez, Dunlap e Van Liere (1978) elaboraram a já mencionada NPA, escala para medir a aceitação social da nova visão ecológica do mundo, que tem sido amplamente utilizada em pesquisa na área, apresentando ajustes conforme a realidade investigada. Esse instrumento contém 12 afirmações e utiliza uma escala tipo Likert. Quanto mais os sujeitos concordam com as afirmativas, mais revelam visão ecológica do mundo, indicando aprovação do novo paradigma; quanto mais discordam, mais revelam sintonia com o paradigma vigente, chamado pelos autores de "Paradigma Social Dominante" (PSD). A pesquisa foi realizada nos Estados Unidos e o grau de aceitação dos itens foi de 53 a 95%, o que revelou alto grau de adesão dos participantes aos postulados do NPA. A análise fatorial indicou a existência de duas visões de mundo consideradas opostas: a antropocêntrica, caracterizada pelo PSD, segundo a qual homem e natureza são distintos e independentes; e a ecocêntrica, caracterizada pelo NPA (homem e natureza são interligados e interdependentes).

Essa medida de crenças ambientais gerais (NPA) tem sido tratada como calibre da visão ecológica do mundo, e vem sendo amplamente utilizada pelos pesquisadores, inclusive servindo de inspiração para o desenvolvimento de medidas mais específicas, como, por exemplo, a de Steg e Sievers (2000) relatada anteriormente. Apesar de o instrumento baseado no Novo Paradigma Ambiental desenvolvido por Dunlap e Van Liere (1978) ser frequentemente utilizado, a literatura sugere que as medidas de crenças ambientais gerais apresentam diferenças culturais no que se refere à sua dimensionalidade, revelando estruturas fatoriais diferentes em contextos distintos e com amostras diversas.

Gooch (1995) replicou o estudo de Dunlap e Van Liere (1978) com suecos e habitantes dos países bálticos e encontrou uma estrutura bifatorial semelhante a desses autores, caracterizada pelas visões do PSD e do NPA.

Bechtel, Corral-Verdugo e Pinheiro (1999) realizaram um estudo transcultural para investigar as crenças ambientais de estudantes universitários nos Estados Unidos, México e Brasil. Os resultados indicaram que na amostra americana a escala de crenças manteve a estrutura dos dois fatores encontrada no original: antropocentrismo (PSD) e ecocentrismo (NPA). Já no México e no Brasil os resultados indicaram uma estrutura de três fatores, chamados pelos autores de equilíbrio natural, limites (para o crescimento) e Paradigma da Exceção Humana – HEP (correspondente ao PSD de Dunlap & Van Liere, 1978). A amostra mexicana se aproxima da visão americana, embora apresente três fatores; os autores sugerem que nessa amostra o NPA se subdividiu, parecendo indicar a existência de um fator de segunda ordem. Entretanto, na visão dos mexicanos não há relação do NPA com o HEP (PSD) como há para os brasileiros. Os autores indicam que, na amostra brasileira, equilíbrio natural e limites para o crescimento são diferentes, mas essas crenças pró-ecológicas são significativa e positivamente relacionadas ao HEP. O estudo brasileiro apresentou resultados diferentes sugerindo aparente contradição ou paradoxo, uma vez que os participantes indicaram a coexistência de crenças postuladas para serem opostas, refletindo aparente harmonia entre elas. Logo, essa realidade deve ser mais bem investigada para que se possa compreendê-la melhor.

Medidas de atitudes ambientais

As medidas de atitudes ambientais também são diversificadas e, como já mencionado, muitas vezes confundidas. De acordo com Milfont e Duckitt (2006), quando se concebe atitudes ambientais como um construto unidimensional, que abrange dimensões bipolares, indo de totalmente despreocupado a muito preocupado com as questões ambientais, a medida utilizada nas pesquisas é a NEP (NPA), a mesma usada para crenças ambientais. Por sua vez, a abordagem que concebe atitudes ambientais como multidimensionais centra-se nas orientações de valores, podendo ter de duas a três dimensões. Com duas dimensões, caracteriza-se por ecocêntrica ou antropocêntrica. Nessa perspectiva, geralmente é investigada com o uso da escala de Thompsom e Barton (1994). Quando se considera três dimensões, baseia-se no modelo de Stern e Dietz (1994), que compreende as atitudes ambientais com base nas orientações egoísticas, social-altruístas ou biosféricas.

Milfont e Duckitt (2006) propuseram e testaram o Inventário de Atitudes Ambientais, composto de 120 itens distribuídos em 12 escalas com 10 itens cada, que medem, respectivamente: prazer da natureza, suporte para políticas de conservação intervencionistas, movimento de ativismo ambiental, conservação motivada por preocupação antropocêntrica, confiança na ciência e tecnologia, ameaça ambiental, alteração da natureza, comportamento pessoal de conservação, domínio humano sobre a natureza, utilização humana da natureza, preocupação ecocêntrica e suporte para políticas de crescimento populacional.

Conclusão

Em resumo, crenças e atitudes são conceitos que nos servem para explicar a interação pessoa-ambiente e, com outros aspectos, podem indicar um construto teórico importante para aprofundarmos a compreensão do comportamento humano. Apesar da diversidade teórica e metodológica encontrada entre os pesquisadores, fica claro a necessidade de continuidade dos estudos que contemplem a complexidade da relação pessoa-ambiente, objeto central da Psicologia Ambiental.

Referências

Bechtel, R., Corral-Verdugo, V., & Pinheiro, J. (1999). Environmental beliefs U.S., Brazil and Mexico. *Journal of Cross-cultural Psychology, 30*, 122-128.

Castro, P. (2003). Pensar a natureza e o ambiente – alguns contributos a partir da Teoria das Representações Sociais. *Estudos de Psicologia, 8*(2), 263-271.

Corral-Verdugo, V. (2001). *Comportamiento proambiental: una introducción al estudio de las conductas protectoras del ambiente*. Santa Cruz de Tenerife, Espanha: Resma.

Dunlap, R. E., & Van Liere, K. D. (1978). The "New Environmental Paradigm": a proposed measuring instrument and preliminary results. *Journal of Environmental Education, 9*, 10-19.

Fishbein, M., & Ajzen, I. (1975). *Belief, attitude, intention, and behavior: an introduction to theory and research*. Reading, MA: Addison-Wesley.

Gooch, G. D. (1995). Environmental beliefs and attitudes in sweden and the baltic states. *Environment and Behavior, 27*(4), 513-539.

Gooch, G., & Biel, A. (2001). The importance of beliefs and purchase criteria in the choice of eco-labeled food products. *Journal of Environmental Psychology, 21*, 405-410.

Grube, J. W., Mayton, I. D. M., & Ball-Rokeach, S. J. (1994). Inducing change in values, attitudes, and behaviors: belief system theory and the method of value self-confrontation. *Journal of Social Issues, 50*(4), 153-173.

Hawcroft, L. J., & Milfont. T. L. (2010). The use (and abuse) of the new environmental paradigm scale over the last 30 years: a meta-analysis. *Journal of Environmental Psychology, 30*, 143-158.

Hernández, B., & Hidalgo, M. C. (2000). Actitudes y creencias hacia el medio ambiente. In J. I. Aragonés & M. Amérigo (Coords.). *Psicología Ambiental* (pp. 309-330). Madri: Pirámide.

Milfont, T. L., & Duckitt, J. (2006). Preservation and utilization: understanding the structure of environmental attitudes. *Medio Ambiente y Comportamiento Humano, 7*(1), 29-50.

_____ (2010). The environmental attitudes inventory: a valid and reliable measure to assess the structure of environmental attitudes. *Journal of Environmental Psychology, 30*, 80-94.

Milfont, T. L., Duckitt, J., & Wagner, C. (2010). The higher order structure of environmental attitudes: a cross-cultural examination. *Revista Interamericana de Psicología, 44*(2), 263-273.

Rokeach, M. (1972). *Beliefs, attitudes and values – A theory of organization and change*. Londres: Jossey-Bass.

_____ (1981). *Crenças, atitudes e valores*. Rio de Janeiro: Interciências.

Schultz, P. W. (2001). The structure of environmental concern: concern for self, other people, and the biosphere. *Journal of Environmental Psychology, 21*, 327-339.

Schultz, P. W., Shriver, C., Tabanico, J. J., & Khazian, A. M. (2004). Implicit connections with nature. *Journal of Environmental Psychology, 24*, 31-42.

Siqueira, M. M. M. (2002). Metodologia para análise de ações no trabalho. In M. M. M. Siqueira, S. G. Júnior & A. F. Oliveira. *Cidadania, justiça e cultura nas organizações* (pp. 53-66). São Bernardo do Campo: Umesp.

Steg, L., & Sievers, I. (2000). Cultural theory and individual perceptions of environmental risks. *Environment and Behavior, 32*(2), 250-269.

Stern, P. C., & Dietz, T. (1994). The value basis of environmental concern. *Journal of Social Issues*, *50*, 65-84.

Stern, P. C., Dietz, T., Kalof, L., & Guagnamo, G. A. (1995). Values, beliefs, and proenvironmental action: attitude formation toward emergent attitude objects. *Journal of Applied Social Psychology*, *25*(18), 1.611-1.636.

Thompson, S. C. G., & Barton, M. A. (1994). Ecocentric and anthropocentric attitudes toward the environment. *Journal of Environmental Psychology*, *14*, 149-157.

Leia também neste livro os capítulos 2 Conscientização; 11 Justiça ambiental; 19 Responsabilidade socioambiental.

4
Docilidade ambiental

Isolda de Araújo Günther
Gleice Azambuja Elali

Entendimento geral

Pesquisas sobre o envelhecimento mostraram que o comportamento adaptativo e o afeto positivo dependem da congruência entre as habilidades do indivíduo e as demandas sobre ele. Entende-se que, ao longo do tempo, as pessoas e as demandas se modificam e, quando há desequilíbrio entre esses dois aspectos, a pessoa tende a experimentar afeto negativo e a não se adaptar. Com base nessas observações, a hipótese da docilidade ambiental indica que quanto maior é o descompasso entre as habilidades da pessoa e as demandas sobre ela, maior é o impacto dos fatores ambientais. O ambiente dócil potencializa o uso das capacidades individuais, permitindo que cada um atue em sua zona ótima de desempenho; para isso contribuem as condições psicossociais e as características do meio (condições para deslocamento, uso, orientação etc.). Embora este conceito tenha sido desenvolvido em relação ao envelhecimento, neste texto apontamos sua relevância nas várias fases do curso de vida.

Contextualização

Como outros seres vivos, nós, humanos, subsistimos em parceria com o ambiente, em uma simbiose que se faz presente durante toda a vida, onde quer que nos encontremos. Para compreender a pessoa, o ambiente e as relações recíprocas entre ambos, é preciso incorporar perspectivas teóricas voltadas para esclarecer o contato entre eles. Com esse objetivo apresentamos a hipótese da docilidade ambiental, desenvolvida por Paul Lawton e colaboradores no Centro Geriátrico da Filadélfia a partir do final da década de 1960.

Em termos de significado, as palavras *docility* (em língua inglesa) e docilidade (em português) derivam do latim *docere*, relacionadas à "qualidade de quem é dócil, aptidão, facilidade em aprender, brandura, bondade". Introduzido na língua portuguesa em 1675 por Francisco de Brito Freyre na obra *Nova Lusitania – história da Guerra Basílica* (Houaiss; Villar, 2001, p. LXXIII, p. 1.069), o termo reveste-se de um sentido amplo totalmente adequado à ideia desenvolvida pela equipe de Lawton, que relaciona: (1) capacidade pessoal; (2) demandas ambientais; (3) resposta emocional e comportamento adaptativo.

Em suas pesquisas iniciais sobre o envelhecimento, Lawton e Simon (1968) constataram que cada indivíduo tem um nível de demanda ambiental que possibilita maior conforto e desempenho ótimo, e que o comportamento adaptativo e o afeto positivo dependem da congruência entre tais demandas e as habilidades do indivíduo. Além disso, segundo os autores, as pessoas podem se modificar ao longo do tempo e as demandas podem (a) diminuir (por. ex.: ida diária ao trabalho), (b) permanecer constantes (autocuidado) ou (c) aumentar (mudar de casa ou de cidade, cuidar de pessoas doentes ou netos etc.). De maneira geral, quando as demandas do ambiente se adequam às habilidades da pessoa, tendem a eliciar afeto positivo e comportamento adaptativo. Por sua vez, demandas percebidas como muito fortes ou muito fracas tendem a desencadear afeto negativo e a gerar menor efetividade no comportamento adaptativo. Isso implica dizer que os aspectos que podem predizer a adaptação da pessoa idosa ao ambiente estão relacionados à sua habilidade individual e à pressão que o ambiente exerce sobre ela, as quais estabelecem entre si um equilíbrio dinâmico (Stokols, 1978).

Nesse contexto é importante explicitar que muitas vezes a literatura na área usa as palavras "competência" e "habilidade" como sinônimas, em referência aos padrões de comportamento individuais, que tendem a sofrer lentificação com a idade. Mesmo assim, em geral a palavra "competência" é mais utilizada em relação à pessoa, enquanto a "habilidade" indica a possibilidade de enfrentamento de exigências cotidianas, para o que as competências se incorporaram a outros fatores. Ilustramos essa diferença com um exemplo relacionado à mobilidade: podemos dizer que o sr. X tem competência motora para andar 20m sem ajuda; isso é diferente de dizer que o sr. X se locomove de modo independente dentro de casa, pois, nessa segunda situação, a distância (20m) não é fundamental, uma vez que, mesmo existindo no local distâncias maiores que esta, nele também existem recursos (como apoios ou assentos colocados estrategicamente) que o permitem realizar os percursos desejados.

Baseados nesse tipo de observação, Lawton e Nahemow (1973) propuseram a hipótese da docilidade ambiental, de acordo com a qual as variações nas demandas ambientais influenciam com mais força o comportamento das pessoas que têm menos habilidades do que o comportamento daquelas que têm mais habilidades. Assim, quanto menor a capacidade da pessoa, maior é o impacto dos fatores ambientais sobre ela, sendo dócil o ambiente que otimiza o uso das capacidades individuais, permitindo que cada um atue em sua zona de desempenho. Para isso contribuem as condições psicossociais e as características do meio (possibilidades de deslocamento, usabilidade e orientação/informação). Nesse contexto, dois elementos precisam ser entendidos a partir da perspectiva dos autores: os atributos da pessoa e do ambiente.

A pessoa

De acordo com Lawton e Nahemow (1973), para os estudos nesse campo é fundamental conhecer os atributos que indicam a capacidade funcional do indivíduo, ou seja, sua saúde física e as habilidades sensório-motoras (*status* de mobilidade), sensoriais, perceptivas e cognitivas que a pessoa utiliza para realizar atividades da vida diária (vestir-se, alimentar-se, realizar higiene pessoal) e adaptar-se a diferentes situações (como o entendimento e o julgamento de normas sociais).

O ambiente

Lawton (1990) indica que os atributos do ambiente (social e físico) são caracterizados como pressão ambiental (*environmental press*) ou demandas do contexto, e podem ser subdivididos em cinco categorias:

(a) Ambiente pessoal – pessoas que são significativas na vida daquele indivíduo.

(b) Ambiente grupal – pressão sobre o indivíduo proveniente de outras pessoas presentes no local (não necessariamente de pessoas significativas).

(c) Ambiente suprapessoal – elementos que agregam outras pessoas ao redor do indivíduo.

(d) Ambiente sociocultural – características culturais, sociopolíticas e legais que estão relacionadas ao local onde a pessoa se encontra.

(e) Ambiente físico – características do espaço físico, natural ou construído, que podem ser mensuradas, tais como iluminação, ventilação, insolação, quantidade e qualidade de mobiliário, entre outras.

Embora a hipótese da docilidade ambiental tenha sido desenvolvida no âmbito da gerontologia ambiental, argumentamos sobre sua relevância nas várias fases do ciclo vital. Assim, partindo da discussão específica da docilidade ambiental na velhice (item 2), expandiremos o conceito a outras fases do desenvolvimento humano, adotando proposições na perspectiva do curso de vida (item 3), e comentaremos brevemente outras possibilidades de seu uso (item 4).

Docilidade ambiental e velhice

Assumindo a forma de recursos/suporte a diferentes atividades, o conceito de docilidade ambiental tem sido investigado como importante fator para reduzir limitações sensoriais, melhorar a *performance* dos idosos em vários campos (Alvermann, 1979) e compensar o declínio de competências relacionadas à idade (Carp & Carp, 1984), especialmente aquelas referentes às habilidades necessárias à vida diária (Landefeld, Palmer, Kresevic, Fortinsky & Kowal, 1995).

No trabalho ambulatorial junto a pacientes com diagnóstico de demência e seus acompanhantes no Centro Multidisciplinar do Idoso do Hospital Universitário da Universidade de Brasília (Günther, 2014), os familiares apontam como queixa inicial as dificuldades do paciente quanto às atividades instrumentais da vida diária. Em geral, tais dificuldades são consequência de: limitações físicas ou psíquicas (doenças, estado afetivo negativo, sentimento de perda); limitações cognitivas (esquecimento, desorientação, ou uma mescla dessas duas limitações); barreiras arquitetônicas (escadas, desníveis nas calçadas) ou ergonômicas (ônibus altos, letras pequenas nas placas); falta de apoio ambiental (corrimão, locais para descansar, rejeição à bengala ou ao aparelho de audição). Essas questões do mundo real estão cada vez mais chamando a atenção de psicólogos ambientais e do desenvolvimento interessados no estudo das pessoas no contexto de suas vidas cotidianas, e ilustram a inter-relação entre a pessoa e seu ambiente nos anos tardios.

No que se refere a instituições de longa permanência, a docilidade ambiental é relacionada à criação de uma atmosfera semelhante à do lar/

habitação (Alvermann, 1979). Nesse sentido, a possibilidade de personalização dos ambientes, notadamente os dormitórios, é considerada uma importante facilitadora da apropriação do espaço por idosos institucionalizados (Pol, 1992, 1996), potencializando a ação de outros indicadores de bem-estar, como limpeza, conforto e privacidade dos quartos (Bruster, Lindenberger & Staudinger et al., 1994).

Em estudo realizado com 79 moradores em uma casa de repouso a fim de investigar a relação entre bem-estar emocional e depressão em idosos, Lawton, DeVoe e Parmelee (1995) observaram os participantes durante 30 dias úteis (consecutivos) e usaram escalas de avaliação de afetos positivos e negativos. A pesquisa concluiu que, independentemente de seu diagnóstico específico, o humor das pessoas mostrou-se fortemente relacionado aos eventos diários (o que acontecia no cotidiano e a facilidade para que ocorresse). Dentre os vários fatores que contribuíam para afetar o humor e o comportamento dos participantes se destacaram elementos ligados à docilidade do ambiente físico e social, como a possibilidade de manifestar-se livremente, participar de atividades coletivas ou isolar-se (se/quando julgado necessário), participar na tomada de decisões (mesmo simples, como a escolha do cardápio do almoço) e percorrer o espaço de modo autônomo.

Apesar de evidências desse porte, Devlin e Arneill (2003) denunciam que o papel do ambiente físico e das instalações em si não são rotineiramente incluídas nas avaliações de satisfação dos pacientes enquanto itens relacionados à sua experiência na instituição. Como sugestões para ampliar a discussão, os autores indicam a necessidade de maior empenho na investigação de temas como: envolvimento do paciente com os cuidados de saúde; impacto das características ambientais no comportamento e na satisfação dos pacientes (como qualidade da iluminação, condições acústicas, qualidade do ar); possibilidades e implicações do controle individual das condições de vida; percepção da presença de edifícios especializados (como pavilhão para pacientes de Alzheimer etc.).

Docilidade ambiental na infância

Proponentes da perspectiva do curso de vida enfatizam que passamos por pontos de transição e mudanças ao longo da vida e que, da primeira infância à velhice, cada período tem uma agenda específica. Baltes, Lindenberger e Staudinger (2006) referem-se a essa especificidade como "a arquitetura geral do desenvolvimento ou o paisagismo ontogenético geral do desenvolvimento no curso de vida" (p. 617). Assim, pergunta-se: Seria possível enxergar modalidades de docilidade ambiental em outras fases de vida, especialmente considerando as várias transformações nas habilidades e necessidades individuais que podem ser vivenciadas durante cada período?

Para comentarmos essa questão, começamos ressaltando que a pesquisa psicológica, desde seus primórdios, investiga e busca respostas para as questões relacionadas aos fatores e às condições que favorecem o desenvolvimento saudável. Nesse contexto, para pensarmos na inter-relação entre qualquer pessoa e seus ambientes, campo de interesse da Psicologia Ambiental, é essencial entender que o ambiente tem uma natureza complexa e multifacetada (Craik, 1973), sendo constituído por espaços ao ar livre (ruas, calçadas, parques, vizinhança, áreas "verdes") e setores construídos (casas, escolas, centros comerciais, academias), os quais podem ser entendidos como estruturas que são encaixadas umas dentro das outras, em analogia a um conjunto de bonecas russas (Bronfenbrenner, 1996). A casa, por exemplo, em geral é composta por sala, quarto(s), banheiro(s) e cozinha, cada um contendo inúmeros objetos que detêm propriedades físico-espaciais, simbólicas e afetivas. Essa casa está em uma vizinhança que, por sua vez, está em uma comunidade dentro de uma cidade e de um país. Em cada um desses níveis podem ser detectados índices de calor, densidade, qualidade do ar, barulho, entre outros, os quais ajudam a caracterizar aquele local, quer sejam semelhantes ou diferentes entre si. Assim, os ambientes também incluem os contextos geográficos e socioculturais em que se inserem e o conjunto de fatores que caracteriza as ambiências de cada lugar (casa, escola, trabalho, lazer), bem como a estimulação fornecida pelas pessoas que convivem em seus diferentes *behavior settings* (Barker, 1968; Pinheiro, 2011), incluindo eventuais cuidadores.

Nesse contexto é possível distinguir duas metas socialmente criadas e reconhecidas, as quais devem ser compartilhadas pelos que cuidam dos seres em etapas mais vulneráveis da vida: (a) promover seu desenvolvimento físico e mental e (b) protegê-los de eventuais danos. Estudos longitudinais como o realizado por Emmy Werner (2013) – que durante 40 anos acompanhou, desde a gravidez, um grupo de 698 pessoas nascidas na Ilha de Kauai, no Havaí – elucidaram os fatores de risco que interferem no desenvolvimento, bem como, em especial, os fatores protetivos que podem contrabalançar experiências desfavoráveis.

Em resposta à nossa pergunta inicial, podemos ilustrar essa situação com crianças, por exemplo, na primeira década de vida. Há 50 anos, as doenças respiratórias e infectocontagiosas eram as principais responsáveis pela morbidade e mortalidade infantis. Hoje, os manuais para pais informam que os maiores danos para as crianças são provocados por acidentes, e isso sem fazer referência às violações aos direitos fundamentais da criança e do adolescente, cujas denúncias aumentaram assustadoramente nos últimos anos. Constatam-se episódios que se assemelham, ou até emulam, contos de terror, com crianças esquecidas, negligenciadas ou mesmo assassinadas pelos próprios familiares. Em uma edição recente, o *Correio Braziliense* trouxe como manchete: "Nunca tantas crianças no país pediram socorro" (Mariz, 2014), informando que a cada 24 horas são registradas, em média, 358 denúncias de negligência familiar, desamparo e falta de responsabilização. Assim sendo, conceitos como docilidade ambiental podem ganhar significado na infância, a partir da noção de que a criança e seu ambiente fazem parte de um sistema, e que, à medida que se desenvolve, a pessoa aprimora suas capacidades. Além disso, espera-se que pais e cuidadores atuem no interesse da criança.

Além da situação social mais ampla, também é possível discutir sobre docilidade ambiental em questões cotidianas relacionadas à criança, em função das necessidades espaciais de cada fase do seu desenvolvimento. Para tanto é fundamental que o ambiente sociofísico esteja preparado (e seja pensado) de modo a atender às diferentes exigências que incorrem sobre ele, a fim de proporcionar não apenas suporte para as atividades previstas, mas também oportunidades para o teste e o amadurecimento de novas habilidades. Observando crianças na área livre de uma pré-escola, Fernandes e Elali (2008) mostram que elas utilizam espaços diferenciados em função de sua idade e gênero, recorrendo aos brinquedos no *playground* de acordo com suas habilidades e com o apoio recebido (de um adulto, do irmãozinho mais velho, de uma criança da mesma idade). Principalmente entre as crianças menores, a frustração de quem não consegue interagir com um brinquedo é visível, mas a vontade de tentar realizar novamente a tarefa em que não alcançou êxito anteriormente também o é. Ou seja, para a criança, o ambiente deve ser dócil, mas não precisa ser previsível ou monótono, e situações desafiadoras são esperáveis. Além disso, torna-se evidente que o objeto (e o ambiente) oferecem diferentes *affordances* (Gibson, 1986; H. Günther, 2011). O escorregador pode ser um bom exemplo dessa ideia. O brinquedo é projetado (e usado) para a criança descer na posição sentada, devendo ser dócil nesse sentido, isto é, conter uma escadinha para permitir que ela suba a uma plataforma superior, um espaço alto no qual se acomode e sente, um plano inclinado e liso para que desça ao sabor da gravidade. De acordo com a necessidade, ela pode, ainda, contar com ajuda, como acontece com os menorzinhos que em suas primeiras tentativas costumam ser conduzidos por um adulto, e depois por um adolescente ou criança maior, até que dominem todas as etapas do percurso, como é fácil observar em qualquer parquinho. No entanto, logo que o uso previsto/planejado deixa de ser interessante/instigante, a criança passa a imaginar a possibilidade de subir o plano inclinado (ao invés de descer por ele), inicialmente usando pés e mãos (depois simplesmente ereta), e a docilidade do objeto (e do ambiente) muda, por iniciativa do usuário e de acordo com as novas fases do desenvolvimento.

Outras etapas do curso de vida

As pesquisas a seguir ilustram a amplitude e a possibilidade de utilização da hipótese da docilidade ambiental em outros campos e etapas do curso de vida.

Em estudo envolvendo adultos e idosos com problemas mentais a fim de investigar como as regras locais e o afeto contribuíam para o seu ajuste a um *day-care-center*, Moore (2005) demonstrou que o maior ou menor ajuste dos participantes se relacionava à compatibilidade entre o atendimento, as exigências das normas e a capacidade das pessoas em atendê--las, indicando que, para tanto, as características do ambiente contribuíam significativamente. Nesse sentido, o autor conclui que o grau de ajuste entre os participantes e o ambiente varia de acordo com cada grupo de pessoas, indicando a formação de quatro tipos de interação, variando desde o grupo considerado totalmente ajustado (composto por pessoas para as quais o ajuste não representa dificuldades) até o grupo considerado totalmente não ajustado (para o qual seria fundamental que o ambiente se tornasse mais dócil a fim de melhor atender/acomodar os participantes).

Ao investigar as condições de estresse na vida adulta a fim de recomendar possibilidades para sua amenização, Gulwadi (2006) analisou os ambientes escolares frequentados por 71 professores de escolas elementares (Ensino Fundamental), suas condições de trabalho e suas estratégias de *coping*. A autora salienta que as características do ambiente sociofísico e sua (maior ou menor) docilidade ajudam a prever o surgimento de situações estressantes, que são associadas à pressão ambiental e às competências pessoais dos docentes para enfrentá-las. O estudo evidencia a vulnerabilidade docente em questões legais e institucionais, a necessidade de investir em maneiras para ampliar o seu controle sobre situações do cotidiano e a garantia de experiências restauradoras em microescala para restabelecer seu equilíbrio emocional, o que poderia ser obtido a partir da inserção de espaços específicos no interior do ambiente escolar, como salas de *relax* e jardins.

Para analisar o transporte como fator de bem-estar para o qual interagem a competência individual e as exigências ambientais, Cvitkovich e Wister (2011) investigaram a satisfação de 174 pessoas (adultas ou idosas) que se deslocam (cotidiana ou semanalmente) entre sua residência e locais de atendimento de saúde, 54,4% dos quais dependentes de apoio para utilização de veículos. A pesquisa mostrou que a satisfação dessa necessidade aumenta o bem-estar dos participantes, mesmo quando eles enfrentam limitações funcionais, e que a maior docilidade do serviço (em termos de flexibilidade de horários, condições de acompanhamento e exigências físicas e funcionais para uso) amplia ainda mais esse efeito positivo. Os autores demonstram, também, que as necessidades ambientais podem ser ponderadas em função da priorização subjetiva do indivíduo ou grupo. Assim, por exemplo, para determinado grupo de amigos, a existência de rota acessível pode tornar-se uma exigência com relação ao local que costumam (ou gostariam de) frequentar, e não ser essencial em locais alheios ao seu interesse.

Passando para um campo mais aplicado, na área da Arquitetura, do Urbanismo e do Design, a tarefa de produzir ambientes adequados às pessoas, sobretudo àquelas com menor mobilidade, por muito tempo foi interpretada como a necessidade de acrescentar "próteses" (de preferência removíveis) ao ambiente, a fim de compensar a menor habilidade motora de alguns. Na atualidade, no entanto, esse tipo de entendimento mudou substancialmente, pois, ao se ponderar que a deficiência/disfunção "está no ambiente, e não nas pessoas" (Duarte & Cohen, 2010), as soluções pontuais passam a ser compreendidas como inadequadas, sendo necessário que a sociedade invista na ampliação da docilidade ambiental a fim de obter a desejada inclusão e a efetiva participação social de todos. Nesse sentido, a estratégia do desenho universal (desenho para todos ou projeto livre de barreiras) é considerada mais permanente e eficaz (Adams, Bell & Griffin, 1997; Lifchez, 1987; Preiser & Ostroff, 2001, entre outros), tendo como princípios a busca pelo uso simples, flexível, equiparável/igualitário, intuitivo (óbvio, reconhecido com base em informações de fácil percepção), tolerante ao erro, com baixo esforço e abrangente.

Além da qualidade física do ambiente, o reconhecimento desses princípios também envolve a comunicação não verbal, que exerce papel decisivo para entendimento e uso do espaço. Ilustrando a importância desse aspecto, em seu relato de pesquisas sobre escolas, ao descreverem procedimentos utilizados para transformar uma sala de aula tradicional em um local mais agradável, Sommer e Olsen (1980) trabalham o conceito de *soft classroom*, e enfatizam o efeito do arranjo do mobiliário sobre a *performance* e o comportamento tanto de estudantes quanto de professores, favorecendo ou inibindo a interação entre as pessoas.

Considerações finais

Embora o conceito de docilidade ambiental tenha origem e seja usado em relação ao envelhecimento, tentamos lançar luz sobre sua relevância nas várias fases do curso de vida, sobretudo na infância, evidenciando seu papel no desenvolvimento humano. Ressaltamos, ainda, que docilidade não significa "esterilização" ou falta de desafios, uma vez que o próprio Lawton (1990) defendeu a necessidade de, ao lado da docilidade ambiental, enfatizar-se a proatividade ambiental. Assim, dependendo da idade e das características individuais, algum desafio é bem-vindo (mesmo porque, embora as *affordances* sejam originadas no ambiente, sua decodificação é feita pelas pessoas), desde que não represente um nível de aspiração muito além das habilidades do indivíduo, situação que poderia provocar frustração excessiva e induzir a um desenvolvimento aquém das capacidades pessoais, redundando em respostas emocionais não facilitadoras do comportamento adaptativo.

Referências

Adams, M., Bell, L. A., & Griffin, P. (1997). *Teaching for diversity and social justice – a sourcebook*. Nova York: Routledge.

Alvermann, M. M. (1979). Toward improving geriatric care with environmental intervention emphasizing a homelike atmosphere: an environmental experience. *Journal of Gerontological Nursing, 5*(3), 7-13.

Baltes, P. B., Lindenberger, U., & Staudinger, U. M. (2006). Life-span theory in developmental psychology. In W. Damon & R. M. Lerner (Eds.). *Handbook of child psychology*, vol. 1. *Theoretical models of human development* (569-664). Nova York: Wiley.

Barker, R. (1968). *Ecological Psychology: concepts and methods for studying the environment of human behavior*. Stanford, Califórnia: Stanford University Press.

Bronfenbrenner, U. (1996). *A ecologia do desenvolvimento humano: experimentos naturais e planejados*. Porto Alegre: Artes Médicas.

Bruster, S., Lorentzon, M., & Calisbury, C. (1994). Listening to patients in the National Health Service: a selective review of literature on patient's views about outpatient services in British hospitals. *Journal of Nursing Management, 4*, 163-169.

Craik, K. H. (1973). Environmental Psychology. *Annual Review of Psychology, 24*, 407-428.

Carp. F. M., & Carp, A. (1984). A complementary/congruence model of well-being or mental health for the community elderly. In I. Altmann, M. P. Lawton & J. Wohlwill (Eds.). *Elderly people and the environment*. (Human behavior and environment series), 7, 279-336. Nova York: Plenum Press.

Cvitkovich, Y., & Wister, A. (2011). The importance of transportation and prioritization of environmental needs to sustain well-being among older adults. *Environment and Behavior, 33*, 809-829.

Devlin, A. S., & Arneill, A. B. (2003). Health care environments and patient outcomes: a review of the literature. *Environment and Behavior, 35*, 665-694.

Duarte, C. R., & Cohen, R. (2010). A acessibilidade como fator de construção do lugar. In A. R. A. Prado, M. E. Lopes & S. W. Ornstein (Orgs.). *Desenho universal: os caminhos da acessibilidade no Brasil* (81-94). São Paulo: Anna Blume.

Fernandes, O. S., & Elali, G. V. M. A. (2008). Reflexões sobre o comportamento infantil em um pátio escolar: o que aprendemos observando as atividades das crianças. *Paideia*, Ribeirão Preto, *18*(3), 41-52.

Gibson, J. (1986). *The ecological approach to visual perception*. Hillsdale, NJ: Lawrence Erlbaum.

Gulwadi, G. B. (2006). Seeking restorative experiences: elementary school teacher's choices for places that enable coping with stress. *Environment and Behavior, 38*, 503-520.

Günther, H. (2011). Affordances. In S. Cavalcante & G. A. Elali (Orgs.). *Temas básicos em Psicologia Ambiental* (21-27). Petrópolis: Vozes.

Günther, I. (2014). Anotações derivadas da atuação junto ao grupo de idosos e seus familiares. Centro de Medicina do Idoso, Hospital Universitário. Universidade de Brasília, semestres 2013.1 a 2015.1.

_____ (2011). Pressão ambiental (environmental press). In S. Cavalcante & G. A. Elali (Orgs.). *Temas básicos em Psicologia Ambiental* (290-295). Petrópolis: Vozes.

Houaiss, A., & Villar, M. S. (2001). *Dicionário Houaiss da Língua Portuguesa*. Rio de Janeiro: Objetiva.

Landefeld, C. S., Palmer, R. M., Kresevic, D. M., Fortinsky, R. H., & Kowal, J. (1995). A randomized trial of care in a hospital medical unit especially designed to improve the functional outcomes of acute ill older patients. *The New England Journal of Medicine, 332*, 1.338-1.344.

Lawton, M. P. (1990). An environmental psychologist ages. In I. Altman & K. Christensen (Eds.). *Environment and behavior studies: emergence of intellectual traditions* (pp. 339-363). Nova York: Plenum Press.

Lawton, M. P., DeVoe, M. R., & Parmelee, P. (1995). Relationship of events and affect in the daily life of an elderly population. *Psychology and Aging, 10*, 469-477.

Lawton, M. P., & Simon, B. (1968). The ecology of social relationships in housing for the elderly. *The Gerontologist, 8*, 108-115.

Lawton, M. P., & Nahemow, L. (1973). Ecology and the aging process. In C. Eisdorfer & M. P. Lawton (Eds.). *The psychology of adult development and aging* (83-97). Washington: American Psychological Association.

Lifchez, R. (1987). *Rethinking architecture: design students and physically disabled people*. Berkeley, Califórnia: University of California Press.

Mariz, R. (2014, 19 de abril). Nunca tantas crianças no país pediram socorro. *Correio Braziliense*, 1-7.

Moore, K. D. (2005). Using place rules and affect to understand environmental fit: a theoretical exploration. *Environment and Behavior, 37*, 330-363.

Pinheiro, J. Q. (2011). Behavior setting. In S. Cavalcante & G. A. Elali (Orgs.). *Temas básicos em Psicologia Ambiental* (83-97). Petrópolis: Vozes.

Pol, E. (1992). *Seis reflexiones sobre los procesos psicologicos en el uso, organizacion y evaluacion del espacio*. In M. Amérigo, J. I. Aragonés & J. Corraliza (Orgs.). *El comportamiento en el medio natural y construido* (121-133). Badajoz, Orellana: Junta de Extremadura.

_____ (1996). La apropriacion del espacio. In L. Iniguez & E. Pol (Orgs.). *Cognicion, representacion y apropriacion del espacio* (45-62). Barcelona: Universitat de Barcelona.

Preiser, W., & Ostroff, E. (2001). *Universal design handbook*. Nova York: McGraw-Hill.

Sommer, R., & Olsen, H. (1980). The soft classroom. *Environment and Behavior*, *12*(1), 3-16.

Stokols, D. (1978). Environmental psychology. *Annual Review of Psychology*, *29*, 253-295.

Werner, E. E. (2013). What can we learn about resilience from large-scale longitudinal studies? In S. Goldstein & R. B. Brooks (Eds.). *Handbook of resilience in children* (87-104). Nova York: Springer.

Leia também neste livro o capítulo 5 Emoções e afetividade ambiental.

5
Emoções e afetividade ambiental

Zulmira Áurea Cruz Bomfim
Zenith Nara Costa Delabrida
Karla Patrícia Martins Ferreira

Entendimento geral

Emoções e afetividade são categorias ainda pouco investigadas quando se trata da relação pessoa-ambiente, entendida tanto em suas dimensões físicas quanto simbólicas. As teorias das emoções e afetividade na psicologia variam desde aquelas voltadas para os aspectos biológicos e/ou simbólicos até aquelas que consideram a superação desta dicotomia. Para apresentar o entendimento dos termos, percorremos esses caminhos com o fito de proporcionar uma ideia mais geral do tema. As emoções podem ser mediadoras de integração da realidade imediata e dos processos imaginativos e do pensamento. As básicas e mais conhecidas são medo, alegria, nojo, tristeza e raiva. Há também aquelas engendradas socialmente, orgulho, culpa, vergonha, dentre outras. Já os sentimentos são emoções mais duradouras e revelam o sentido pessoal criado por cada indivíduo. Emoções e afetividade ambiental são partes importantes no processo de explicação da vinculação das pessoas com os espaços e lugares. Na perspectiva do simbolismo do espaço, o lugar é visto como um território emocional, tornando-se, portanto, uma dimensão na construção dos significados e na extensão da subjetividade dos indivíduos. As emoções podem ser muito úteis para a avaliação e transformação dos ambientes em sua dimensão ética quando se criam espaços de interesses e necessidades coletivas, ou mesmo quando se propicia a concretização de comportamentos ecologicamente responsáveis.

Emoções e afetividade na inter-relação pessoa-ambiente

A psicologia começou a entender o ser humano a partir da cognição e, posteriormente, passou a dar mais atenção às emoções (Damásio, 2012). Ao contrário do que postulou Descartes, nós existimos não porque pensamos, mas porque sentimos. O aparelho sensorial é que nos permite conhecer o mundo e, a partir desse conhecimento, pensar. Segundo Damásio (2012), as emoções estão entre os componentes que viabilizam o processo de raciocínio. Além disso, elas são necessárias tanto para o uso de comportamentos sociais adequados quanto para o domínio do conhecimento subjacente a eles. O autor mostra que a alteração na capacidade de sentir pode levar à alteração na capacidade de tomada de decisão, o que envolve consequências para as situações sociais.

Para Ekman (2011) as emoções básicas são universais e apresentam sinais faciais e vocais específicos. A partir da raiva, do medo, da alegria, do nojo e da tristeza é tecida uma complexa rede de estados emocionais humanos, considerados mais mutáveis. Já os sentimentos, segundo o autor, são considerados mais perenes. Por sua vez, Damásio (2012) diferencia emoções primárias (que seriam inatas e imediatas) de emoções secundárias (que teriam a participação da consciência e alterariam nossa forma de reagir e de apreender o mundo). Os dois autores indicam como as emoções podem ser aplicadas ao entendimento do comportamento humano, pois elas estão na base de nossa relação com o mundo.

As emoções parecem estar mais associadas ao sistema intuitivo, no entanto, seu reconhecimento orienta o raciocínio e, consequentemente, a tomada de decisão. Esta última pode ser entendida a partir de dois sistemas de pensamento: um rápido e um lento (Kahneman, 2012). Esses dois sistemas são complementares e organizam nossa reação ao mundo, incluindo os comportamentos sociais.

• O Sistema 1, conhecido como rápido (ou quente), é intuitivo e opera automaticamente, com pouco ou nenhum esforço ou controle voluntário; nunca se desliga, e nele a emoção tem papel principal. Ele forma nossas impressões e sensações. Para reagir com velocidade, utiliza atalhos ou heurísticas de pensamento que se baseiam nas informações mais salientes ou disponíveis, combinando-as com as impressões e sensações prévias. Essa estratégia permite agilidade, mas favorece erros de julgamento, já que nem sempre a informação mais saliente ou as impressões e sensações prévias permitem a precisão de avaliação necessária para uma boa decisão.

- O Sistema 2, lento (ou frio), envolve raciocínio, exige deliberação voluntária, concentração e escolha. Ele monitora nossas ações balizando-as de acordo com exigências pessoais e sociais, e regula o Sistema 1, especialmente em situações não rotineiras e que exigem uma avaliação mais demorada.

Resumindo, o Sistema Rápido é fortemente baseado nas emoções, fazendo com que ajamos e depois tenhamos consciência, enquanto o Sistema Lento permite que tenhamos consciência antes de agir, auxiliando na modulação das emoções.

Ainda não está totalmente claro em que as emoções compartilham e em que diferem dos afetos, sentimentos e humor em termos conceituais e em níveis de análise. Em geral, os estudos que usam o termo "emoção" parecem definir com mais clareza o aspecto emocional que está sendo tratado; ainda assim, a medida principal é o autorrelato, não havendo uma medida complementar que indique com maior certeza que uma emoção de fato foi ativada. Tal dificuldade é justificável, já que não há consenso na área em termos de terminologia (Ekman, 2011; Damásio, 2012). No entanto, em lugar de lançar um questionamento, isso mostra as múltiplas possibilidades desse campo de estudo, pois o entendimento das emoções e da afetividade na relação pessoa-ambiente (tanto em termos físicos quanto simbólicos) pode contribuir para a compreensão do aspecto emocional humano de forma geral.

A literatura também aponta que, apesar da reconhecida importância do papel das emoções no comportamento ambiental humano, poucos estudos têm investigado o tema (Bissing-Olson, Fielding & Iyer, 2016; Moser, 2005). Dentre as primeiras pesquisas que abordaram a relação entre as emoções e os ambientes físicos estão os trabalhos de Russell e colaboradores (Russell & Lanius, 1984; Russell, Ward & Pratt, 1981; Russell & Mehrabian, 1977). Inicialmente os autores identificaram três dimensões semânticas básicas (dicotômicas) ligadas ao significado do ambiente físico: prazer/desprazer, excitação/não excitação e dominância/subserviência (Russell & Mehrabian, 1977). Essas dimensões seriam a base para a descrição das emoções na identificação dos estados emocionais provocados pelo contexto; assim, todas as emoções poderiam ser descritas com base em prazer, excitação e dominância.

Os autores definiram dois pressupostos como base de seu trabalho: (1) todo ambiente físico provoca emoções; (2) a avaliação afetiva do lugar influencia a escolha de onde ir e o que explorar no ambiente. Eles também definiram que o lugar tem a habilidade de alterar nosso estado emocional, o que ocorre com base em uma "avaliação afetiva" (Russell & Lanius, 1984). A partir de adjetivos que se relacionam de forma inversamente proporcional, por exemplo, um lugar pode possibilitar que as pessoas estejam mais despertas ou mais sonolentas; pode trazer mais prazer ou desprazer; ou mesmo mais ou menos tensão. Analisando as características dos indivíduos e do contexto, esses estudos impulsionaram a investigação a respeito do impacto dos ambientes nas pessoas, em termos do entendimento dos aspectos cognitivos e afetivos direcionados à percepção e à avaliação ambiental (Karls & Müller, 2012; Nasar, 2008; Scopelliti & Giuliani, 2004), além de possíveis aplicações no entendimento do efeito restaurativo dos ambientes e do papel das emoções no comportamento pró-ambiental (Hartig et al., 2003; Bissing-Olson, 2015).

O efeito restaurativo do ambiente foi demonstrado nos estudos de Roger Ulrich a partir dos efeitos fisiológicos (eletroencefalograma, batimento cardíaco) e do estado emocional (escalas semânticas). Comparando ambientes urbanos e naturais, estes últimos têm um efeito positivo no estado emocional, sendo percebidos significativamente como mais bonitos e prazerosos (Ulrich, 1981). O autor também mostrou que a visão de um ambiente natural por meio de uma janela do quarto de um hospital tem efeitos positivos na recuperação de pacientes pós-cirurgia. O efeito restaurativo da visão do ambiente natural foi observado na diminuição da ansiedade dos pacientes, na diminuição na dose de analgésicos e no menor tempo de internação (Ulrich, 1984). O ambiente natural em comparação ao ambiente urbano parece ter um efeito mais restaurador (Hartig, 2003), apesar de a literatura sugerir que tanto o natural quanto o urbano possuem propriedades potencialmente restaurativas; o que os diferencia é o momento no ciclo de vida e o tempo disponível para a restauração (Scopelliti & Giuliani, 2004).

O efeito das emoções no comportamento e nos estados subjetivos se baseia na premissa de que essas podem ser gatilhos para uma variedade de comportamentos, inclusive o comportamento pró-ambiental (Bissing-Olson, 2015). Há uma complexa relação entre as emoções e o ambiente na perspectiva dos problemas ambientais. Elas poderiam ser eliciadas por ameaças do ambiente físico que provocariam medo e a necessidade de *coping* ou de retirada desse estímulo, o que não parece favorecer o comportamento pró-ambiental. Mas há emoções que acompanham os comportamentos ambientalmente relevantes e que poderiam ser emparelhadas com eles, da mesma forma que a música é emparelhada com produtos comerciais pela publicidade. Também há a conexão afetiva com a natureza, que está ligada à identidade ambiental e que permite dar sentido à experiência dos indivíduos. Finalmente, há as emoções morais, que seriam relacionadas à autoconsciência a respeito das nossas ações sociais (Kals & Müller, 2012). Bissing-Olson (2015) demonstrou que afetos positivos, como se sentir calmo ou relaxado, combinados com atitude positiva e orgulho podem aumentar a execução de tarefas diárias relativas ao comportamento pró-ambiental. Já a culpa tende a diminuir sua frequência.

Ao investigar o papel das emoções na decisão de se comportar de forma ambientalmente adequada e o impacto do ambiente físico na experiência sensorial, Bissing-Olson, Fielding e Iyer (2016) partem do pressuposto de que as emoções (tanto positivas quanto negativas) influenciam na adoção de comportamentos ambientalmente adequados. Segundo eles, a melhor forma de se investigar sua relação com o comportamento pró-ambiental é por meio de emoções específicas, claramente definidas, como as cinco emoções básicas apresentadas por Ekman (2011). Outras pesquisas ilustram as possibilidades de investigação e a importância do foco nas emoções, as quais se estendem desde as áreas das ciências humanas e ambientais até as do comportamento do consumidor.

Essas pesquisas relacionam as emoções a aspectos ambientais específicos, como iluminação (Quartier, Vanrie & Van Cleempoel, 2014), estimulação visual (Zhang, Li & Zuo, 2014; Zhang, Zuo, Erskine & Hu, 2016), altura de edifícios (Joye & Dewitte, 2016), entre outros. Um interessante campo de estudos se abre com o desenvolvimento tecnológico espacial e com a possibilidade de que haja uma viagem tripulada a outros planetas, pois ambientes de confinamento ganharam atenção. O aspecto psicológico nesse contexto é uma variável que pode definir o sucesso ou o insucesso do projeto. Nicolas et al. (2013) investigaram estratégias de enfrentamento em uma situação experimental de isolamento. Como a literatura já sugere, a situação de isolamento diminui as emoções definidas – no estudo – como positivas (sentir-se: ativo, alerta, atento, determinado, entusiasmado, excitado, inspirado, interessado, orgulhoso e forte) e negativas (sentir-se: amedrontado, envergonhado, aflito, culpado, hostil, irritado, agitado, nervoso, assustado e chateado). Supreendentemente, apenas as emoções foram alteradas, enquanto as outras medidas investigadas, que tratavam da capacidade de enfrentamento, permaneceram estáveis. Esse tipo de estudo fornece dados importantes, mas também levanta questões éticas que se referem à estreita relação dos seres humanos com o ambiente que os cerca, fazendo-se necessário também que se aborde o tema a partir do aspecto ético-político.

Afetividade ambiental: perspectiva ético-política e socioambiental

A Psicologia Ambiental tem se destacado nos estudos sobre emoções e afetividade abrangendo diferentes perspectivas, que vão desde aquelas que consideram uma influência mútua entre pessoa e ambiente – interacionista – até aquelas que compreendem essa relação como uma totalidade organísmica e transacional (Garcia-Mira, 1997). Em todas elas o aspecto afetivo tem relevância indiscutível, porém, a perspectiva transacionalista destaca o papel do contexto cultural e sociofísico para a construção do significado emocional do lugar.

O lugar não é, dessa forma, uma dimensão que se encontra somente em seu aspecto exterior e físico, ou seja, espaço que contém as pessoas; ele é simbólico e se constitui em uma expressão da identidade dos indivíduos (Vital & Pol, 2005). O simbólico está presente na afetividade com o lugar, entendido como território emocional, tornando-se, portanto, uma dimensão na construção de seus significados (Corraliza, 1998). Falar da pessoa é falar do lugar, e vice-versa. Uma forma de conhecer essa dimensão se dá através dos afetos dos citadinos em relação aos micro e macroambientes, como a casa, o bairro, a cidade etc. Nessa perspectiva, os habitantes constituem-se também a partir das experiências com os lugares que frequentam, os quais, quando dotados de identificação e de significado, passam a fazer parte da subjetividade, como pode ser observado em narrativas de histórias de vida (Lani-Bayle, 2008; Pineau, 2002; Pineau, 2008). Essas, por sua vez, estão alicerçadas sobre o ambiente/lugar, carregadas de significado e de simbolismos nos quais ancoram as experiências vividas.

A relação afetiva com o lugar deve ser compreendida como expressão do comportamento socioespacial humano (Elali, 2009; Pinheiro & Elali, 2011), e dialoga com outros conceitos, como apropriação do espaço (Pol, 1996), apego ao lugar (Giuliani, 2004), identidade de lugar (Proshansky, 1978) e identidade social urbana (Valera & Pol, 1994). A apropriação de espaço trata de processos de identificação e de ação-transformação (Vidal & Pol, 2005), sendo uma extensão das subjetividades dos indivíduos, ao transformar espaços em lugares (Tuan, 1983).

Esses conceitos referem-se a ações que atribuem ao espaço um significado mediado por processos cognitivos (conhecimento, categorização, orientação etc.) e afetivos (atração pelos lugares, autoestima, bem-estar, restauração etc.) que culminam na identificação, apresentando, assim, uma dinâmica dual: ação-transformação e identificação simbólica. Tais ações inserem o aspecto afetivo no processo de ligação com os lugares, dando importância às experiências emocionais.

De acordo com Giulliani (2004), a primeira referência não genérica aos laços afetivos com os lugares foi feita por Fried ao pesquisar os efeitos psicológicos do desalojamento forçado de moradores de um subúrbio de Boston, durante um programa de desenvolvimento urbano. No estudo foram realizadas entrevistas antes e dois anos após os deslocamentos da comunidade e, em um grande número de entrevistados, foi identificado um sentimento de tristeza semelhante ao causado pela perda de um ente querido. A transferência forçada de seu local de residência interrompeu a vivência dos indivíduos, ocasionando uma fragmentação da identidade espacial e da identidade de grupo, componentes essenciais do *self* fortemente associados a elementos afetivos (Giulliani, 2004). A partir da década de 1980 os estudos sobre o apego na relação pessoa-ambiente tornaram-se marcantes, sobretudo aqueles relativos à vizinhança.

Afetividade, sentimentos e emoções, na perspectiva da psicologia social histórico-cultural e dialética (Vygotsky, 2004), não se contrapõem à racionalidade, mas constituem uma racionalidade ético-afetiva, ligada à criação de espaços de interesses e necessidades coletivas (Sawaia, 1995). Quando esta afetividade abrange a dimensão "lugar", passa a abordar questões que envolvem a construção social do espaço público, a convivência com o diferente, a cidadania e a sustentabilidade, dentre outras. Nesse sentido, a dimensão ética está presente quando se reconhece os afetos dos habitantes como expressão de necessidades que muitas vezes são negligenciadas pelas gestões públicas urbanas e, dessa forma, a afetividade ambiental pode ser compreendida como conhecimento, orientação e ética na cidade (Bomfim, 2010).

A afetividade, na Psicologia Social, com base na vertente histórico-cultural, compõe o psiquismo humano, que é percebido como composto a partir da materialidade histórica, e no qual as emoções e sentimentos são mediadores na integração da realidade imediata e dos processos imaginativos e do pensamento (Vygotsky, 2001). É graças a essa capacidade mediadora que estes propiciam a estruturação da relação das pessoas com o lugar, envolvendo as dimensões físicas, socioculturais, psicossociais e simbólicas.

Levando em consideração o contexto sociocultural, reconhece-se a importância do lugar como constituição do psiquismo humano, pois ele está intrinsecamente relacionado com a história social e cultural dos sujeitos, diferentemente de uma visão *a priori* e descontextualizada (Lane, 1995a). Para essa autora, a afetividade é uma categoria fundamental do psiquismo humano.

> A emoção, linguagem e pensamento são mediações que levam à ação, portanto somos as atividades que desenvolvemos, somos a consciência que reflete o mundo e somos a afetividade que ama e odeia este mundo, e com essa bagagem nos identificamos e somos identificados por aqueles que nos cercam (Lane, 1995b, p. 62).

Com base nessa perspectiva, que também é ético-política, o pensar e o sentir são indissociáveis. Os afetos são compreendidos aqui como a junção de todos os sentimentos e emoções que antecedem a ação. Diante de uma determinada experiência, antes que se estabeleça o pensamento, somos tomados por um afeto que nos estimula a agir de uma determinada maneira em relação a uma situação, pessoa ou lugar. Assim, a afetividade se encontra na base de todas as ações humanas, e por isso é vista como ética por Sawaia (2000), que a define como:

> [...] tonalidade, cor emocional que impregna a existência do ser humano e é vivida como: 1) sentimento: reações moderadas de prazer e desprazer que não se referem a objetos específicos; 2) emoção: fenômeno intenso, breve e centrado em objeto que interrompe o fluxo normal da conduta (p. 2).

Para a autora, inspirada em Espinoza (2005), a afetividade é compreendida como uma força libertadora ou escravizadora a partir do momento em que interfere nas ações dos indivíduos, auxiliando ou impedindo o sujeito na tentativa de modificar a sua situação de sofrimento ético-político (Sawaia, 2001). Este último é gerado nos processos de desigualdade e de injustiça social na sociedade, aos quais os indivíduos estão submetidos no contexto da dialética de inclusão/exclusão social. A afetividade, então, se constitui uma categoria teórica, que serve como eixo de observação, de investigação e de análise das contradições sociais da realidade cotidiana. Dado o seu caráter ético-político, apresenta-se como dimensão emancipadora para a transformação da sociedade.

Exemplificando essa argumentação, um bairro com pouca infraestrutura de saneamento básico, lazer, educação e saúde pode ser observado de diferentes formas pelas pessoas que moram no lugar, de acordo com os afetos envolvidos:

• Para algumas pessoas, a situação pode provocar sentimentos de vergonha, opressão e baixa autoestima, ou mesmo levar a uma potência de padecimento (Sawaia, 2000). Tal condição está pautada no que Espinoza aponta como uma diminuição do *conatus* (força de perseverar da vida), que pode levar os moradores a se sentirem impotentes para lutar pelos seus direitos, favorecendo a manutenção de sua situação de oprimidos.

• Para outras pessoas, nas mesmas condições gerais, porém tomadas por sentimentos de pertencimento e/ou apego ao lugar associados à indignação pela situação de descaso por parte do poder público, a situação conduz a uma potência de ação que as faz lutar por seus direitos. Um possível caminho seria unirem-se a outros moradores para reivindicarem melhorias para o bairro, seja através de associações comunitárias ou não.

Evidencia-se assim que, nesse tipo de situação, é essencial investigar cuidadosamente a afetividade com o lugar, entendendo-se que as pessoas se relacionam com os lugares que habitam e constroem pelos afetos – ao mesmo tempo em que são constituídas por estes.

Essa relação com o lugar pelos afetos é corroborada por Heller (1993, p. 15), quando diz que "sentir significa estar implicado em algo", implicação que é uma forma de relação afetiva das pessoas com os lugares. A implicação da pessoa com o lugar é denominada por Bomfim de "estima de lugar" (Bomfim, 2010; Bomfim et al., 2014) e pode ser estudada a partir de imagens, representações e visões de mundo dirigidas a um bairro ou a uma cidade de forma potencializadora (potência de ação) e/ou despotencializadora (potência de padecimento), destacando-se por indicar o compromisso ético-político e a participação dos sujeitos na cidade. A estima de lugar como referência de "bons encontros com a cidade" acontece quando os sentimentos e as emoções das pessoas potencializam a ação, possibilitando o conhecimento, a humanização e a emancipação do habitante. Assim, as imagens afetivas do encontro do indivíduo com a cidade podem ser de agradabilidade e de pertencimento e implicam uma estima de lugar potencializadora. Por sua vez, a insegurança e a destruição podem levar a uma estima de lugar despotencializadora da ação, culminando com a não implicação do habitante, levando-o ao distanciamento de causas coletivas e participativas. Já os "afetos de contrastes", muito presentes em relação às grandes metrópoles, podem levar a uma implicação potencializadora ou despotencializadora da ação, o que sugere intervenções, reabilitações e outras iniciativas que promovam novas mudanças no funcionamento do espaço urbano, realizadas a fim de reverter processos de degradação ambiental, marginalização, violência e de vulnerabilidade social (Bomfim & Pol, 2005).

Pesquisas desenvolvidas com jovens de escolas públicas de Fortaleza têm mostrado que a afetividade do lugar pode ser um fator de proteção subjetiva diante das vulnerabilidades sociais e ambientais às quais os estudantes estão expostos em seus territórios, mais especificamente no que se refere aos bairros onde suas escolas se localizam (Bomfim et al., 2013). Os estudos apontaram que indicadores afetivos de proteção subjetiva, como autoestima, autoeficácia e perspectiva de futuro, quando associados ao lugar, tendem a diminuir ou aumentar riscos e vulnerabilidades socioambientais de jovens que se encontram em contextos de adversidades sociais, culturais, econômicas e simbólicas, próprias das escolas públicas brasileiras. Para os autores, estimar o jovem é estimar a escola, o bairro e a comunidade.

Realizados sob a perspectiva socioambiental, com apoio em autores da Psicologia Social de base histórico-cultural e psicossocial, os estudos aqui apresentados mostram que emoções e sentimentos estão implicados nas ações, pensamentos e relações humanas, e não podem ser negligenciados. Conforme preconizou Espinoza (2005), não há separação entre a racionalidade e a afetividade, pois as afecções da alma correspondem às do corpo e vice-versa. Nesse sentido, os bons encontros com outros corpos e com os lugares permitem um processo de construção de uma racionalidade ético-afetiva, que é fundamental para a emancipação dos sujeitos.

Emoções e afetividade ambiental: ampliando caminhos

O lugar como mediação é tão essencial para os seres humanos quanto são as emoções para o pensamento (aqui entendido como expressão das funções psicológicas superiores). O processo de apropriação do espaço mostra que o ambiente físico é palco para as ações, mas também para a atribuição de significados, o que torna o ambiente/lugar extensão da subjetividade dos indivíduos, dando um sentido especial à existência e impactando a evolução humana enquanto ontogenia. Ou seja, o humano se faz na capacidade de interferir nos processos evolutivos da sua espécie, trazendo transformações sociais emancipadoras em sua realidade cotidiana. Emoções, afetividade e lugar são fundamentais nesse processo.

A capacidade de se emocionar é um constitutivo da condição humana, e ajuda na definição de nossas preferências e escolhas. Conforme Damásio (2012), podemos dizer que escolhemos porque sentimos, e não porque pensamos. A cognição permite que analisemos as opções, mas sem as emoções qualquer opção não seria plausível em si mesma e não seríamos capazes de escolher de forma enraizada e integrada.

Vimos que há as emoções básicas (raiva, medo, nojo, tristeza, alegria), as emoções sociais que são engendradas no contexto social (orgulho, culpa, vergonha) e os sentimentos (emoções que perduram e das quais se pode ter consciência). Compreendida de forma ampla, como uma totalidade, a afetividade abarca os diversos estados emocionais e pode ter como foco os ambientes/lugares em que vivemos. A literatura mostra que todo ambiente físico provoca emoções, e o entendimento desse processo por meio da mediação da afetividade permite compreender como os ambientes afetam nossos estados emocionais e como, dialeticamente, nossos estados emocionais afetam nossa ação no ambiente. Sendo assim, quando se identificam mudanças comportamentais de um local para outro (p. ex., do ambiente urbano para o rural, entre cidades, países ou mesmo continentes), pode-se entender o papel dos ambientes/lugares em termos de experiências afetivas, bem como compreender se estas podem ser potencializadoras ou não da ação dos sujeitos.

O componente afetivo tem importância definitiva para o bem-estar, já que confere à própria existência o sentido necessário para a saúde física e mental (Hartig et al., 2003; Ulrich, 1984). No entanto, há mais perguntas que respostas ao se estudar o impacto afetivo dos ambientes nas pessoas. Haveria de fato diferenças entre o ambiente físico natural e urbano em termos de qualidade das emoções provocadas? Quais são as emoções ambientalmente relevantes e que podem ser usadas no debate e na resolução dos problemas humano-ambientais? As emoções seriam capazes de tirar as pessoas da inércia do hábito? Como assegurar que a apropriação do espaço permita uma convivência mais afetiva e ética entre as pessoas? Como tornar a narrativa a respeito dos lugares um instrumento de uma construção social voltada para a cidadania, o respeito às diferenças e à garantia dos direitos humanos? Essas são algumas das perguntas que pretendemos suscitar com o presente capítulo. Ao tratarmos das emoções e da afetividade ambiental, esperamos ter possibilitado aos leitores uma identificação potencializadora com os temas abordados e com os desafios a serem superados nos caminhos para a transformação da realidade.

Referências

Bissing-Olson, M. J., Fielding, K. S., & Iyer, A. (2016). Experiences of pride, not guilt, predict pro-environmental behavior when pro-environmental descriptive norms are more positive. *Journal of Environmental Psychology, 45*, 145-153.

Bissing-Olson, M. J. (2015). *Affect and pro-environmental behavior in everyday life.* (Unpublished doctoral thesis). School of Psychology, University of Queensland, Brisbane, Queensland, Austrália.

Bomfim, Z. A. C., & Pol, E. U. (2005). Affective dimension of cognitive maps of Barcelona and São Paulo. In R. Garcia-Mira & J. E. Real Deus. *International Journal of Psychology, 40*(1) – n. esp.: Environmental perception, and cognitive maps, 37-50.

Bomfim, Z. A. C. (2010). *Cidade e afetividade: estima e construção dos mapas afetivos de Barcelona e de São Paulo.* Fortaleza: Edições UFC.

Bomfim, Z. A. C. et al. (2013). Estima de lugar e indicadores afetivos: aportes da Psicologia Ambiental e Social para a compreensão da vulnerabilidade social juvenil em Fortaleza. In V. F. R. Colaço & A. C. F. Cordeiro. *Adolescência e juventude: conhecer para proteger* (317-341). São Paulo: Casa do Psicólogo.

_____ Affective maps: validating a dialogue between qualitative and quantitative methods. In R. Garcia-Mira & A. Dumitru (Eds.). *Urban Sustainability: innovative spaces, vulnerabilities and opportunities* (131-148). Espanha: Deputación Provincial de A Coruña/Institute of Psychosocial Studies and Research "Xoan Vicente Viqueira".

Corraliza, J. A. (1998). Emoción y ambiente. In J. I. Aragonés & M. Amérigo (Orgs.). *Psicologia Ambiental.* Madri: Pirâmide.

Damásio, A. R. (2012). *O erro de Descartes*: *emoção, razão e o cérebro humano.* São Paulo: Cia das Letras. (Publicado originalmente em 1996).

Dennis, C., Andrew, N., Richard, M., Josko, B., & Tiu Wright, L. (2010). The mediating effects of perception and emotion: digital signage in mall atmospherics. *Journal of Retailing and Consumer Services, 17*(3), 205-215.

Ekman, P. (2011). *A linguagem das emoções*. São Paulo: Leya. (Publicado originalmente em 2004).

Elali, A. G. (2009). Relações entre comportamento humano e ambiências: uma reflexão com base na Psicologia Ambiental. In Colóquio Internacional Ambiências Compartilhadas: cultura, corpo e linguagem. *Anais do colóquio internacional ambiências compartilhadas* (1-17). Rio de Janeiro: Proarq/UFRJ.

Espinoza, B. de (2005). *Ética: demonstrada à maneira dos geômetras*. São Paulo: Martin Claret.

Garcia-Mira, R. A. (1997). La aportación de la Psicología Ambiental. In R. A. Garcia-Mira. *La ciudad percibida*. Una Psicología ambiental de los Barrios de A Coruña. Universidad da Coruña.

Giuliani, M. V. (2004). O lugar do apego nas relações pessoas-ambientes. *Psicologia e Ambiente*. São Paulo: Educ.

Hartig, T., Evans, G. W., Jamner, L. D., Davis, D. S., & Gärling, T. (2003). Tracking restoration in natural and urban field settings. *Journal of environmental psychology, 23*(2), 109-123.

Harth, N. S., Leach, C. W., & Kessler, T. (2013). Guilt, anger, and pride about in-group environmental behaviour: different emotions predict distinct intentions. *Journal of Environmental Psychology, 34*, 18-26.

Heller, A. (1993). *Teoria de los sentimientos*. Trad. Francisco Cuso. México: Distribuiciones Fontamara, 313 p.

Joye, Y., & Siegfried, D. (2016). Up speeds you down. Awe-evoking monumental buildings trigger behavioral and perceived freezing. *Journal of Environmental Psychology, 47*, 112-125.

Kahneman, D. (2012). *Rápido e devagar: duas formas de pensar*. São Paulo: Objetiva.

Kals, E., & Müller, M. (2012). Emotions and environment. In S. D. Clayton (Ed.). *The Oxford handbook of environmental and conservation psychology*. Nova York: Oxford University Press.

Lane, S. T. M. (1995a). Avanços da Psicologia Social na América Latina. In S. T. M. Lane & B. B. Sawaia (Org.). *Novas veredas da Psicologia Social*. São Paulo: Brasiliense/Educ.

_____ (1995b). A mediação emocional na constituição do psiquismo humano. In S. T. M. Lane & B. B. Sawaia (Org.). *Novas veredas da Psicologia Social*. São Paulo: Brasiliense/Educ.

Lani-Bayle, M. (2008). Histórias de vida: transmissão intergeracional e formação. In M. C. Passeggi. *Tendências da pesquisa (auto)biográfica*. Natal: EDUFRN/São Paulo: Paulus.

Moser, G. (2005). A Psicologia Ambiental: competência e contornos de uma disciplina. Comentários a partir das contribuições. *Psicologia USP, 16*(1-2), pp. 279-294.

Nasar, J. L. (2008). Assessing perceptions of environments for active living. *American Journal of Preventive Medicine, 34*(4), 357-363.

Nicolas, M., Sandal, G. M., Weiss, K., & Yusupova, A. (2013). Mars-105 study: time-courses and relationships between coping, defense mechanisms, emotions and depression. *Journal of Environmental Psychology, 35*, 52-58.

Pineau, G,. & Le Grand, J. L. (2002). *Les histoires de vie*. Paris: Presses Universitaires de France.

Pineau, G. (2008). Aprender a habitar a terra: ecoformação e autobiografias ambientais. In M. C. Passeggi & E. C. Souza. *(Auto)biografia: formação, territórios e saberes*. Natal: EDUFRN/São Paulo: Paulus.

Pinheiro, J. Q., & Elali, G. A. (2011). Comportamento socioespacial humano. In S. Cavalcante & G. A. Elali. *Temas básicos em Psicologia Ambiental* (144-158). Petrópolis: Vozes.

Pol, E. (1996). La apropiación del espacio. In L. Iñiguez & E. Pol (Orgs.). *Cognición, representación y apropiación del espacio* – Monografies Psico-socio-ambientals, 9, pp. 45-62. Barcelona, Espanha: Universitat de Barcelona.

Proshansky, H. M. (1978). The City and the self-identity. *Enviroment and Behavior, 10*(2), 147-169.

Quartier, K., Vanrie, J., & Van Cleempoel, K. (2014). As real as it gets: what role does lighting have on consumer's perception of atmosphere, emotions and behaviour? *Journal of Environmental Psychology, 39*, 32-39.

Russell, J. A., Ward, L. M., & Pratt, G. (1981). Affective quality attributed to environments: a factor analytic study. *Environment and behavior, 13*(3), 259-288.

Russell, J. A., & Lanius, U. F. (1984). Adaptation level and the affective appraisal of environments. *Journal of Environmental Psychology, 4*(2), 119-135.

Russell, J. A., & Mehrabian, A. (1977). Evidence for a three-factor theory of emotions. *Journal of Research in Personality, 11*, 273-294.

Sawaia, B. B. (1995.) O calor do lugar, segregação urbana e identidade. *São Paulo em Perspectiva, 9*(2) (Questões urbanas, os sentidos das mudanças), abr-jun, 20-24.

_____ (2000). *Por que investigo a afetividade*. Texto apresentado para concurso de promoção na carreira para a categoria de professor titular do Departamento de Sociologia da PUCSP. São Paulo: PUC.

_____ (2001). O sofrimento ético-político como categoria de análise da dialética exclusão/inclusão. In B. B. Sawaia (Org.). *As artimanhas da exclusão: análise psicossocial e ética da desigualdade social*. Petrópolis: Vozes.

Scopelliti, M., & Giuliani, M. V. (2004). Choosing restorative environments across the lifespan: a matter of place experience. *Journal of Environmental Psychology, 24*(4), 423-437.

Tuan, Yi-Fu (1983). *Espaço e lugar – a perspectiva da experiência*. São Paulo: Difel.

Ulrich, R. (1984). View through a window may influence recovery. *Science, 224*(4.647), 224-225.

_____ (1981). Natural *versus* urban scenes: some psychophysiological effects. *Environment and behavior, 13*(5), 523-556.

Valera, S., & Pol, E. (1994). El concepto de identidad social urbana: una aproximación entre la Psicologia Social y la Psicologia Ambiental. *Anuário de Psicologia*, Barcelona, 62, 5-24.

Vidal, T., & Pol, E. (2005). La apropiación del espacio: una propuesta teórica para comprender la vinculación entre las personas y los lugares. *Anuario de psicología/ The UB Journal of psychology, 36*(3), 281-298.

Vygotsky, L. S. (2001). *Psicologia da arte*. São Paulo: Martins Fontes.

_____ (2004). *Teoría de las emociones: estudio histórico-psicológico*. Madri: Akal.

Zhang, X., Li, Q., & Zuo, B. (2014). Gaze direction and brightness can affect self-reported emotion. *Journal of Environmental Psychology, 40*, 9-13.

Zhang, X., Zuo, B., Erskine, K., & Hu, T. (2016). Feeling light or dark? Emotions affect perception of brightness. *Journal of Environmental Psychology, 47*, 107-111.

Leia também neste livro os capítulos 3 Crenças e atitudes ambientais; 4 Docilidade ambiental.

6
Enraizamento

Gustavo Martineli Massola
Bernardo Parodi Svartman

Entendimento geral

Enraizamento é um termo que indica um forte vínculo entre a identidade psicossocial e o socioambiente. O termo socioambiente, na forma como é utilizado nas discussões sobre enraizamento, inclui seus aspectos espaçotemporais e deve ser entendido em sentido suficientemente amplo para abranger a cultura de um povo, sua história e sua memória coletiva. Apesar de ser um termo muito utilizado pela Psicologia Ambiental, sua definição desperta polêmica. Entre os sentidos atribuídos a este termo destacam-se: 1) habitação por longo tempo em um lugar; 2) sentimento de estar "em casa" em um lugar; 3) familiaridade que provém da frequência recorrente a um lugar; 4) forma não consciente de vínculo com um lugar que é sentido como a "casa" ou o "lar"; 5) relação com o passado e com a tradição do grupo ou do povo que fundamenta o sentido de identidade pessoal. Tomados em conjunto, nota-se a importância da casa, da tradição, do passado e da relação entre identidade coletiva e psicossocial nas definições de enraizamento. O oposto de enraizamento, desenraizamento, apresenta conotação negativa, o que indica ser o enraizamento um estado buscado e desejável. O sentido de enraizamento vem sofrendo inflexão de aspectos contemporâneos da globalização, como a formação de redes de informação e comunicação a grandes distâncias e o deslocamento espacial constante de significativos contingentes populacionais. A ênfase no quadro temporal do passado, por fim, pode indicar um viés identitário limitador, o que permite propor que o enraizamento implica a participação ativa em uma coletividade, de modo a articular passado, presente e futuro em projetos coletivos significativos para indivíduo e grupo.

Caracterização

O termo "enraizamento" (*rootedness*, em inglês) vem sendo utilizado na Psicologia Ambiental há algumas décadas e não lhe é exclusivo, apresentando pontos de contato com discussões oriundas de outras áreas do conhecimento. Esse termo pode ocupar posição central em alguns sistemas filosóficos e científicos, como ocorre na obra de Simone Weil (1996, 2001). Na Psicologia Ambiental a maior dificuldade está em distingui-lo de noções semelhantes, como as de apego ao lugar e de identidade de lugar. Enraizamento é, igualmente, um termo polissêmico, o que dificulta sua operacionalização na pesquisa empírica (Lewicka, 2010). As tentativas de fazê-lo por meio da definição objetiva de variáveis, como a representada pela pesquisa de Logan, Darrah e Oh (2012), não conseguiram pôr fim às discussões sobre sua definição. O debate em torno desta noção dá-se num terreno muito próximo ao da Geografia, da Antropologia e da Filosofia e, muitas vezes, de maneira previsível, com um forte registro teórico. O campo de fenômenos sobre os quais o termo se aplica é coincidente com aqueles correspondentes aos de outras noções e refere-se aos afetos e cognições explícitos ou implícitos que marcam a relação de um indivíduo com seu entorno físico e social. A metáfora da "raiz" implica que esta relação deve ser intensa e constitutiva do próprio indivíduo. Muitas vezes, mas não sempre, considera-se a estabilidade na relação com o socioambiente – como o tempo de permanência em um lugar ou a segurança subjetiva de permanência futura – como condição necessária para o desenvolvimento de vínculos enraizados por parte dos indivíduos, o que empresta ao termo uma pronunciada conotação histórica, ou seja, relativa à história do indivíduo no lugar. Em suas formas mais explícitas, essa ênfase leva a distinguir, como em Hay (1998), graus de enraizamento que remetem ao número de gerações de uma mesma família ou grupo que ocupa uma região geográfica. As várias acepções do termo, como se verá, envolvem formas específicas de considerar o entrelaçamento de tempo e espaço no socioambiente. Entre os principais componentes do enraizamento podemos destacar alguns, que os autores da área articulam de formas distintas segundo suas concepções teóricas.

Habitação por longo período em um mesmo lugar

Para alguns autores, a permanência em um mesmo lugar por longos períodos de tempo é característica definidora do enraizamento. Tuan (1980), por exemplo, afirma: "Objetivamente, enraizamento é longa habitação em uma localidade" (p. 4). Para o autor, a passagem do tempo é necessária para que se altere a percepção sobre o ambiente, concedendo ao indivíduo familiaridade com o entorno e transformando o espaço indiferenciado em lugar significativo (Tuan, 2013). Essa relação entre tempo de habitação e enraizamento tem algo de geral, mas pode alterar-se de indivíduo para indivíduo: "A sensação de tempo afeta a sensação de lugar. Na medida em que o tempo de uma criança pequena não é igual ao de um adulto, tampouco é igual sua experiência de lugar. Um adulto não pode conhecer um lugar como uma criança o conhece" (Tuan, 2013, p. 227). A ideia de que o enraizamento envolve um investimento afetivo recorrente e regular em um lugar está presente em Terkenli (1995, p. 325) e também em McAndrew (1998), que define enraizamento como um sentimento que "resulta da longa habitação em uma localidade" (p. 411). Porém, a passagem do tempo objetivo não costuma ser considerada suficiente para caracterizar o enraizamento que, por ser um sentimento, pode ou não derivar desse período de longa habitação. As variações individuais, já mencionadas, exemplificam também as dificuldades em estabelecer relações unívocas entre o tempo objetivamente despendido habitando um lugar e o sentimento de enraizamento. Tuan (1980) afirma que, sendo o enraizamento um estado psicológico, mesmo uma população como a americana pode sentir-se enraizada "sem precisar ter vivido na mesma localidade por muitas gerações" (p. 5). Quando surge, costuma-se caracterizar o sentimento do enraizamento como o de "estar em casa".

Estar em casa

O sentimento de "estar em casa" é defendido por alguns autores como característica essencial do enraizamento. A casa ou o lar constituem termos centrais na obra de autores como Bachelard (2008), que afirma: "A casa é uma das maiores (forças) de integração para os pensamentos, as lembranças e os sonhos do homem" (p. 26). Terkenli (1995) define o enraizamento por relação com o sentimento de "lar" e destaca o aspecto territorial, ou espacial, do termo:

> Enraizamento é outro conceito inerentemente geográfico e é central para a noção de lar. [...] A palavra descreve um estado de espírito ou de existência no qual a vida e as buscas de uma pessoa estão centradas ao redor de um lar amplamente definido. O sentido nuclear de enraizamento pode ser encontrado na ideia de literalmente pertencer a algum lugar (p. 329).

Mais adiante, ele torna ainda mais nítido o sentido espacial da ideia de lar na geografia: "Lar tem sido definido em primeiro lugar como um contexto espacial e a base de uma das mais fundamentais dicotomias geográficas: lar *versus* não lar" (Terkenli, 1995, p. 325). Para Tuan (1980), enraizamento "em sua essência significa estar completamente em casa" (p. 5) e implica "que uma pessoa termina por identificar-se com certa localidade, sente que esse é o seu lar e o de seus antepassados" (Tuan, 2013, p. 236). Também encontramos a ideia de lar associada ao enraizamento em Hummon (1992, p. 262), que o define como "um sentido forte e local de lar" que torna as pessoas "emocionalmente apegadas a sua área local" (Hummon, 1992, p. 263). Essa forma de tratar o tema desloca o problema sem resolvê-lo, pois o sentido de "lar" comporta tantas variações quanto aquelas observadas no enraizamento. Traz, porém, a tônica do fenômeno ao seu aspecto espacial, e não ao seu aspecto temporal-histórico. A psicologia social, significativamente, apresentou diversas dimensões da articulação entre a experiência de enraizamento e a noção de lar ou casa, todas elas entrelaçando de forma essencial espaço, tempo e relações sociais. Esse lugar especial, que polariza uma dicotomia fundamental, casa/não casa, simboliza experiências fundamentais vividas no desenvolvimento psicoafetivo dos indivíduos. Psicólogos que estudaram o desenvolvimento infantil descreveram que a experiência de casa deriva de um ambiente de cuidados suficientemente bom, que sustente no bebê e posteriormente na criança a experiência de um cuidado não intrusivo, permitindo que o ambiente seja percebido como seguro e estável, envolvendo segurança e reconhecimento de sua singularidade (Winnicott, 2000). A experiência de um lugar como um lar deriva de relações com outras pessoas com as quais essas experiências foram vividas e abrigadas em um determinado espaço: a casa simboliza a experiência primeira e fundamental de um colo inicial no outro, progredindo gradualmente para formas mais complexas de vínculo, acolhimento e segurança. Como afirmou Gonçalves Filho (1998), "estar em casa é estar nos outros, é estar em si mesmo estando nos outros" (p. 3). O entrelaçamento de tempo e espaço é fundamental nessa experiência: o tempo de escuta e acolhimento do outro, o espaço que materializa signos desse vínculo que se estende por gerações anteriores e que se pretende manter por longo tempo. Dessa experiência inicial de casa se pode supor sua derivação para a noção de comunidade ou de enraizamento como lar: um espaço público e coletivo no qual alguma experiência de segurança, respeito e aparição pessoal em companhia de outros pode ser vivida.

Familiaridade que provém da frequência recorrente a um lugar

Para muitos autores, a constituição de uma casa ou lar costuma exigir um contato recorrente com um lugar que produza familiaridade, o que abre uma nova perspectiva para a relação entre tempo, espaço e enraizamento. É novamente Terkenli (1995) quem o afirma: "A essência do lar repousa no investimento recorrente, regular de sentido em um contexto no qual as pessoas personalizam-se e identificam-se por meio de alguma medida de controle" (p. 325). Tuan (2013) deixa clara uma das consequências da ideia de que o lar constitui-se pela recorrência:

> Ao final do dia, o escriturário veste seu paletó e se prepara para regressar a casa. Agora a casa está em seu futuro no sentido de que leva tempo para chegar lá, mas é bem provável que ele não sinta que a viagem de regresso é um movimento para frente no tempo. Ele regressa procurando o caminho feito anteriormente no espaço e no tempo – para o paraíso familiar da casa. A familiaridade é uma característica do passado. O lar fornece uma imagem do passado (p. 158).

A casa como fruto da recorrência do ambiente pode ser entendida, nesse sentido, como expressão espacial de uma ênfase individual na perspectiva temporal passada. Nesse caso, a perspectiva temporal passada tem caráter cíclico e não linear, o que marca a ideia de lar como do lugar da permanência e da não transformação. A relação entre a casa e um tempo congelado ou cristalizado aparece também em Bachelard (2008), quando ele relaciona a casa à memória:

> A memória – coisa estranha! – não registra a duração concreta [...]. Não podemos reviver as durações abolidas. Só podemos pensá-las, pensá-las na linha de um tempo abstrato privado de qualquer espessura. É pelo espaço, é no espaço que encontramos os belos fósseis de duração concretizados por longas permanências (pp. 28-29).

Ele segue tratando o espaço de forma geral em sua relação com o tempo: "Por vezes, acreditamos conhecer-nos no tempo, ao passo que se conhece apenas uma série de fixações nos espaços da estabilidade do ser [...]. Em seus mil alvéolos, o espaço retém o tempo comprimido. É essa a função do espaço" (p. 28). O lar aparece como o lugar que concretiza o passado recorrente e cíclico que marca a biografia do indivíduo. Temos aqui uma das formas mais comuns de entender o enraizamento como um sentimento que depende fundamentalmente do quadro temporal passado, tomado ainda em seu aspecto individual. O quadro temporal passado cristalizado converte-se em espaço habitual, o lar. Nesse sentido, o enraizamento pode ser entendido como fruto quase automático da recorrência dos ambientes vividos, o que levaria a uma familiaridade com os lugares habitados, da qual, muitas vezes, o indivíduo não está plenamente consciente e na qual a dimensão temporal pode aparecer fortemente atrelada à dimensão espacial.

Uma forma não consciente de vínculo com um lugar que é sentido como a "casa" ou o "lar"

A caracterização do enraizamento como um vínculo não consciente com um lugar foi proposta por Tuan (1980) e tornou-se um dos pontos mais importantes e polêmicos nas discussões sobre o assunto em Psicologia Ambiental. Em suas palavras, "enraizamento é um estado de existência irrefletido no qual a personalidade humana funde-se com seu meio" (p. 6). Se objetivamente o enraizamento é caracterizado por longo tempo de habitação, subjetivamente é um estado ocasionado por "uma falta de curiosidade face ao mundo como um todo e uma falta de sensibilidade face ao fluxo do tempo" (p. 4). Tuan (1980) menciona comunidades tribais que habitaram por longo tempo, talvez milhares de anos, a mesma região e que não apresentam qualquer curiosidade a respeito dos ambientes exteriores a seu local de habitação. Além disso, são povos que vivem "no presente e para o futuro imediato" (p. 5) – podem olhar respeitosamente para o passado, mas não têm "mentalidade histórica" (p. 5), e apresentam uma "genuína inabilidade para recordar eventos sociais importantes do passado recente" (p. 5). Assim, ele conclui:

> Enraizamento em essência significa estar completamente em casa – isto é, irrefletidamente seguro e confortável em uma localidade particular. Exclui, assim, não apenas a ansiedade e a curiosidade pelo que existe além da próxima montanha, mas também pelo que existe além do tempo presente (p. 5).

Em poucas gerações, um grupo pode atingir esse estado no qual o tempo imemorial deixa de ser considerado, e torna-se irrelevante saber se este grupo ocupa aquela determinada região há 200 ou há 2 mil anos – o que importa é que apresente sinais de ausência quase completa de consciência ou de interesse por outras formas de existência. Segundo ele, algumas regiões dos Estados Unidos mostram-no claramente. Tuan (1980) opõe ao enraizamento o sentido de lugar, que "implica uma certa distância entre o *self* e o lugar que permite ao *self* apreciar o lugar" (p. 4). O sentido de lugar para ele, assim, envolve consciência, ou uma relação refletida com o lugar. Muitos autores partiram das definições de Tuan a fim de criticá-las. Hummon (1992, p. 262), por exemplo, define sentido de lugar como "as percepções subjetivas das pessoas sobre seus ambientes e seus sentimentos mais ou menos conscientes desses ambientes" e defende, em oposição a Tuan, que algumas pessoas possuem um sentido de lugar enraizado, ou seja, caracterizado por um forte sentido de lar (Hummon, 1992, p. 263). Em seguida, ele defende que há dois tipos de enraizamento: o enraizamento cotidiano (*everyday rootedness*) e o enraizamento ideológico (*ideological rootedness*). O que diferencia os dois tipos, fundamentalmente, é o grau de autoconsciência das pessoas sobre sua relação com a comunidade à qual se sentem enraizadas, maior no enraizamento ideológico. Já no enraizamento cotidiano os indivíduos não se identificam conscientemente com suas comunidades "e seu sentido de casa e apego estão engastados em uma perspectiva que é relativamente simples, como algo dado, e largamente composta de imagens biográficas e locais da vida comunitária" (Hummon, 1992, p. 265). Em outras palavras, para Tuan um aproxima-se mais do enraizamento e, outro, do sentido de lugar. Deve-se notar que o uso do mesmo termo – enraizamento – para ambos retira algo da força da oposição estabelecida por Tuan. Hay (1998), seguindo Hummon (1992), também critica a separação estrita entre uma avaliação consciente e não consciente do ambiente, afirmando que, "por meio de minha pesquisa empírica, tornou-se evidente que conceitualizações que separam o sentido de lugar e o enraizamento não eram sustentáveis" (Hay, 1998, p. 246). Em seu trabalho, ele apresenta entrevistas com nativos maori da Nova Zelândia e com imigrantes centenários daquelas ilhas, os quais são capazes de promover avaliações com graus variados de autoconsciência sobre seus lugares. Hay (1998) argumenta que pessoas que se sentem incluídas (*insiders*) em um lugar, por nascimento ou longa permanência, comumente adquirem posição social e um sentido de segurança. O grau de inclusão pode variar, sendo o mais profundo um tipo em que há uma associação sem autoconsciência, até mesmo subconsciente, com o lugar (Hay, 1998, p. 246). Entre os povos modernos, porém, o sentido de lugar perdeu essa conotação de profunda inclusão (*insideness*) ou enraizamento (*rootedness*) e envolve mais uma apreciação estética (Hay, 1998, p. 246). Mesmo assim, ele defende a existência de um sentido de lugar enraizado, que pode ser aplicado a povos modernos ou indígenas com longa permanência como residentes, e que compreenderia as formas ideológica e cotidiana de enraizamento de Hummon (Hay, 1998, p. 246). Essa discussão sobre graus de consciência permite entender que, sob algumas acepções, enraizamento implica uma não consciência, por ser uma relação com o lugar que apresenta caráter a-histórico, um eterno presente em que o tempo e o espaço são tomados em sua forma empiricamente dada, sem críticas que permitam sua abstração e a produção de imagens alternativas em relação ao aqui e agora.

Uma relação com o passado e com a tradição do grupo ou do povo que fundamenta o sentido de identidade pessoal

O passado linear não cristalizado também pode ser visto como importante para a definição de enraizamento. Nesse caso, considera-se a história ou a tradição como um aspecto da vida de um grupo ou de um povo que permite sustentar uma identidade coletiva e, por consequência, uma identidade pessoal que dê sentido à existência do povo ou do indivíduo. Significativamente, em seu livro *Espaço e lugar*, Tuan (2013) apresenta o assunto em um capítulo intitulado "Tempo e lugar", único em que utiliza a palavra "enraizamento". Neste capítulo, em que a discussão está centrada em grande medida no tema da relação entre identidade e passado, o autor pergunta, após afirmar que a sensação de tempo afeta a sensação de lugar: "O que pode significar o passado para nós? As pessoas olham para trás por várias razões, mas uma é comum a todas: a necessidade de adquirir um sentido do eu e da identidade" (Tuan, 2013, p. 227). O resgate do passado também é visto por Tuan (2013, p. 228) como uma forma de fortalecer os sentidos do eu em situações de ameaça à identidade psicossocial. De maneira semelhante, Terkenli (1995, p. 331) afirma que, em situações nas quais há necessidade de assegurar ou definir identidades pessoais ou coletivas, os seres humanos tendem a retornar imageticamente para lares de pequena escala (em oposição a lares de grande escala, como bairros ou cidades), como os contornos íntimos do lugar onde uma pessoa cresceu. McAndrew nota que o trabalho de Giuliani (1991) encontrou relação entre forte apego ao lar e uma orientação temporal passada entre os indivíduos entrevistados, e afirma que "um amplo corpo de pesquisa também mostra que pessoas mais velhas tendem a ser mais fortemente apegadas a seus lares" (McAndrew, 1998, p. 410). Zimbardo e Boyd (1999), ao discutirem a importância da orientação temporal para os indivíduos, ou seja, a maneira como as pessoas conectam passado, presente e futuro à sua identidade pessoal, afirmam que uma relação adequada entre os três quadros temporais é importante para uma correspondente constituição identitária. Nesse conjunto, a orientação temporal passada é importante para o indivíduo, pois "estabelece suas raízes na tradição e fundamenta seu sentido de identidade pessoal" (p. 1.285). Além disso, eles completam que

> um sentido de passado positivo lhe dá *raízes*. Sendo o centro da autoafirmação, o passado lhe conecta com você mesmo através do tempo e do espaço. Um passado positivo lhe dá sustentação, provê um sentido de continuidade da vida e lhe permite conectar-se à sua família, tradição e herança cultural (Zimbardo & Boyd, 2008, itálico dos autores).

Weil (2001), que por outro lado rechaça a distinção entre passado e futuro como "absurda", faz questão de ressaltar: "De todas as necessidades da alma humana, não há nenhuma mais vital do que o passado" (p. 50), e não deixa de valorizar "a vida profunda do povo oriunda do fundo das idades" (p. 50), destacando que, diante do desespero da Segunda Guerra Mundial, momento em que escrevia, não se podia "encontrar socorro aqui embaixo senão nas ilhotas de passado mantidas vivas na superfície da terra" (p. 50). Essa ênfase no passado e na tradição caracteriza as imagens relacionadas ao enraizamento e aparece em muitos momentos como um subtexto de toda a discussão. Além disso, o passado aqui considerado não é tomado em sentido individual, mas coletivo, histórico. Talvez essa ênfase nos quadros temporais (passado-presente-futuro), tomados de forma a relacionar seus sentidos coletivos e individuais, e considerando o espaço como um fenômeno que lhes é intimamente imbricado, seja uma das principais marcas distintivas do termo "enraizamento" diante de outros termos.

O desenraizamento

Outra marca semântica do enraizamento é que seu oposto, o desenraizamento, é visto como algo indesejável e, portanto, o enraizamento, como algo a ser buscado – Tönnies celebremente aponta uma distinção correlata entre comunidade e sociedade, como pode ser visto em Miranda (1995, p. 232). Outros termos utilizados em Psicologia Ambiental, como apego ao lugar, sentido de lugar, topofilia e identidade de lugar, não comportam a mesma característica. Tuan (1980) inicia seu texto sobre enraizamento discutindo os movimentos surgidos na década de 1970 nos Estados Unidos, que buscavam uma estabilidade harmoniosa e apego ao lugar, em vez de uma cultura nacional compartilhada. Além disso, justifica seu texto pela necessidade de evitar que esses movimentos produzissem resultados "surpreendentes e talvez decepcionantes" (p. 4). Por fim, afirma que, para o americano moderno e autoconsciente, o enraizamento "é talvez um éden inalcançável" (p. 4). Weil (2001), por sua vez, afirma que "o enraizamento é talvez a necessidade mais importante e mais desconhecida da alma humana" (p. 43) e que "cada ser humano precisa ter múltiplas raízes. Precisa receber a quase totalidade de sua vida moral, intelectual, espiritual por intermédio dos meios dos quais faz parte naturalmente" (p. 43). Os autores que discutem o tema do enraizamento não se atêm apenas a analisar as características das relações entre indivíduos, grupos e ambiente, mas adotam frequentemente um tom político e crítico da sociedade, o que também distingue este termo de outros correlatos neste campo do conhecimento. Em outras palavras, há um sentido utópico nas discussões sobre enraizamento.

Por contraste, a palavra "desenraizamento" costuma indicar uma situação indesejável e perniciosa, frequentemente violenta, que deve ser combatida. Segundo Apfelbaum (2000), desenraizamento "envolve a separação do indivíduo – frequentemente irreversível, como nos casos de genocídio – de suas origens pessoais, sociais e históricas" (p. 1.009). Weil (2001) usa algumas vezes a expressão "a doença do desenraizamento" (p. 44, p. ex.), e afirma mesmo tratar-se, "de longe", da "doença mais perigosa das sociedades humanas" (p. 46):

> seres verdadeiramente desenraizados não têm senão dois comportamentos possíveis: ou caem numa inércia da alma quase equivalente à morte [...] ou se jogam numa atividade que tende sempre a desenraizar, frequentemente pelos métodos mais violentos, aqueles que ainda não o estão ou não o estão senão em parte (pp. 46-47).

Desde a Segunda Guerra Mundial, o tema do desenraizamento (usa-se tb. a palavra desterritorialização) ganhou relevância em função dos eventos traumáticos vividos durante a guerra e nas décadas seguintes. Mas o aprofundamento dos processos sociais envolvidos com a globalização, especialmente nítidos a partir dos anos de 1980, deram ao tema máxima relevância. Os lugares parecem perder importância quando os deslocamentos populacionais, as rápidas transformações culturais e o surgimento de processos sociais que atravessam o globo terrestre, como a tecnologia da informação, fazem com que a relação entre grupos e indivíduos e seus territórios torne-se fluida e precária. Giddens (1991) atribui aos territórios sob o processo de globalização um caráter fantasmagórico, advindo de sua penetração por processos sociais distantes e desencaixados do lugar. Ianni (1997) aponta o efeito desterritorializador da globalização sobre povos e indivíduos, os quais passam a caracterizar-se por um sentimento de alienação e perdimento que marcam a psicologia do homem moderno, e Santos (1997) expande essa crítica, mostrando que a autonomia da região foi falseada radicalmente com a internacionalização do capital, tornando claro que "uma região é, na verdade, o lócus de determinadas funções da sociedade total em um momento dado" (p. 66). Apfelbaum (2000) afirma com veemência que "o desenraizamento tornou-se uma realidade sociopolítica importante. Da mesma forma que o final do século XIX foi rotulado de "Era das massas", o final do século XX será visto como a "Era do desenraizamento" (p. 1.009). Ianni (1997) também entende este momento histórico como aquele em que as formas de desenraizamento tornaram-se mais evidentes:

> Todas essas características da globalização, configurando a sociedade universal como uma forma de sociedade civil mundial, promovem o deslocamento das coisas, indivíduos e ideias, o desenraizar de uns e outros, uma espécie de desterritorialização generalizada (p. 59).

Por outro lado, autores como Haesbaert (2004) e mesmo Ianni (1997), sob distintos registros teóricos, veem possibilidades novas surgirem dos fenômenos do desenraizamento e da desterritorialização, destacando o caráter criativo e inovador que tais processos sociais podem oferecer. Ianni (1997), por exemplo, destaca que "o processo de desterritorialização liberta horizontes sociais, mentais, imaginários, abrindo novos e distintos ângulos à ciência, à filosofia e à arte" (pp. 101-102). Haesbaert (2004), por sua vez, enfatiza a necessidade de uma conceituação ampla de território que supere o viés geográfico-espacial e envolva formas diversas de apropriação simbólica do mundo por grupos e indivíduos. Ele defende que os processos de desterritorialização são acompanhados por um contínuo processo de reterritorialização, ou de reapropriação do mundo, que deve nos prevenir de considerar os grupos desterritorializados como caracterizados apenas por uma relação de privação de território; afirma, ainda, que os processos de desterritorialização não são característica apenas do período recente, tendo ocorrido em toda a história de formas variadas, e que uma definição mais ampla permitirá observarmos não apenas múltiplos territórios existindo concomitantemente (o território do estado brasileiro que coexiste com o território ianomâmi, p. ex.), mas uma multiterritorialidade configurada pela existência de territórios flexíveis, com diversas funções e ancorados em múltiplas identidades.

As discussões que advêm da Psicologia Ambiental podem oferecer elementos para pensarmos sobre este aspecto utópico do enraizamento, desde que não nos atenhamos exclusivamente à perspectiva temporal passada para fundamentar o sentido de identidade pessoal. Podemos pensar o enraizamento como a possibilidade objetivamente dada de articular passado, presente e futuro pessoais e coletivos na construção de um ambiente que dê sustentação identitária para o indivíduo e para o grupo com o qual se identifica. Weil (2001) afirma mesmo que o enraizamento depende da "participação real, ativa e natural na existência de uma coletividade que conserva vivos certos tesouros do passado e certos pressentimentos do futuro" (p. 43). Temos aí três aspectos essenciais para pensar a questão: 1) só pode ser enraizado o indivíduo que participa, ou seja, age livremente; 2) só pode ser enraizado o indivíduo que partilha sua existência com uma coletividade organizada e livre; 3) essa participação exige ao mesmo tempo a preservação de uma memória coletiva e de uma perspectiva futura que deem sentido à existência pessoal e coletiva. A própria autora, depois de afirmar que a distinção entre passado e presente é absurda (p. 50), explica:

> O futuro não nos traz nada, não nos dá nada; somos nós que para o construir devemos dar-lhe tudo, dar-lhe a nossa própria vida. Mas para dar é preciso possuir, e não possuímos outra vida, outra seiva, senão os tesouros herdados do passado (p. 50).

Zimbardo e Boyd (1999) afirmam que, apesar de o passado nos dar raízes, todos os quadros temporais são necessários para que tenhamos uma "perspectiva temporal balanceada" (p. 1.272). Pode ser considerado um erro, portanto, fundamentar as discussões sobre enraizamento enfaticamente sobre o passado. A Psicologia Ambiental pode contribuir esclarecendo que esta estrutura balanceada não é fruto de uma decisão ou de uma característica do indivíduo, senão de uma totalidade na qual interagem, como uma unidade de análise, o indivíduo, o grupo e o ambiente tomado em sentido físico-espacial e temporal-histórico. A participação ativa constitui uma exigência para que a ação individual signifique não um desempenho idiossincrático e alienado, desvinculado do restante do ambiente, mas um movimento na direção da construção de um ambiente que permita – e mais, que fomente – o sentimento de enraizamento.

Referências

Apfelbaum, E. (2000). And now what, after such tribulations? Memory and dislocation in the Era of Uprooting. *American Psychologist*, *55*(9), 1.008-1.013. Recuperado de http://doi.org/10.1037/0003-066X.55.9.1008

Bachelard, G. (2008). *A poética do espaço.* (2a. ed.). São Paulo: Martins Fontes.

Giddens, A. (1991). *As consequências da Modernidade.* (5a. ed.). São Paulo: Unesp.

Gonçalves Filho, J. M. (1998). A memória na casa e a memória dos outros. *Travessia – Revista do Migrante, 9*(32).

Haesbaert, R. (2004). *O mito da desterritorialização: do "fim dos territórios" à multiterritorialidade.* (1a. ed.). Rio de Janeiro: Bertrand Brasil.

Hay, R. (1998). A rooted sense of place in cross-cultural perspective. *Canadian Geographer/Le Géographe Canadien, 42*(3), 245-266. Recuperado de http://doi.org/10.1111/j.1541-0064.1998.tb01894.x

Hummon, D. M. (1992). Community attachment. Local sentiment and sense of place. In I. Altman & S. M. Low (Eds.). *Place attachment* (pp. 253-278). Nova York: Plenum Press.

Ianni, O. (1997). *A sociedade global.* (5a. ed.). Rio de Janeiro: Civilização Brasileira.

Lewicka, M. (2010). Place attachment: how far have we come in the last 40 years? *Journal of Environmental Psychology, 31*(3), 207-230. Recuperado de http://doi.org/10.1016/j.jenvp.2010.10.001

Logan, J. R., Darrah, J., & Oh, S. (2012). The impact of race and ethnicity, immigration and political context on participation in american electoral politics. *Social Forces, 90*(3), 993-1.022. Recuperado de http://doi.org/10.1093/sf/sor024

McAndrew, F. T. (1998). The measurement of "rootedness" and the prediction of attachment to home-towns in college students. *Journal of Environmental Psychology, 18*(4), 409-417.

Miranda, O. de. (Ed.). (1995). *Para ler Ferdinand Tönnies*. São Paulo: Edusp.

Santos, M. (1997). *Espaço e método.* São Paulo: Nobel.

Terkenli, T. S. (1995). Home as a region. *Geographical Review, 85*(3), pp. 324-334. Recuperado de http://www.jstor.org/stable/215276

Tuan, Y.-F. (1980). Rootedness *versus* sense of place. *Landscape, 24*, 3-8.

_____ (2013). *Espaço e lugar: a perspectiva da experiência.* Londrina: Eduel.

Weil, S. (1996). O desenraizamento. In E. Bosi (Ed.). *A condição operária e outros estudos sobre a opressão* (pp. 407-440). Rio de Janeiro: Paz e Terra.

_____ (2001). *O enraizamento*. Bauru: Editora da Universidade do Sagrado Coração.

Winnicott, D. W. (2000). *Da pediatria à psicanálise: obras escolhidas*. Rio de Janeiro: Imago.

Zimbardo, P. G., & Boyd, J. N. (1999). Putting time in perspective: a valid, reliable individual-differences metric. *Journal of Personality and Social Psychology, 77*(6), 1.271-1.288.

_____ (2008). *The time paradox: understanding and using the revolutionary new science of time*. Nova York: Free Press.

Leia também neste livro os capítulos 5 Emoções e afetividade ambiental; 8 Escolha ambiental; 21 Territorialidade(s).

7
Escala e experiência ambiental

José de Queiroz Pinheiro

Entendimento geral

Embora a noção de escala seja parte explicitamente integrante de outras ciências ambientais, contribuindo para a definição e modulação dos fenômenos em estudo, ela está formalmente ausente dos manuais e disciplinas de Psicologia Ambiental. Por isso, pretendo nesta apresentação chamar a sua atenção, leitor, para a importância da extensão temporal e espacial do ambiente envolvido na experiência ambiental, seja como parte concreta do ambiente físico ou como sua representação psicossocial pela pessoa que ali se comporta.

Introdução

Aconteceu recentemente o lançamento da nova versão da série televisiva "Cosmos", tornada mundialmente conhecida na década de 1980 por seu criador e apresentador, Carl Sagan. Sem sombra de dúvida, foi a série de divulgação científica de maior sucesso até hoje, assistida por milhões de pessoas em dezenas de países. Talvez um de seus principais méritos fosse o de levar para o telespectador a escala dos temas abordados, com clareza e muito cuidado, fosse um passeio imaginário pelo oceano cósmico a 8 bilhões de anos-luz da Terra, ou mostrando como Eratóstenes foi capaz de, no Egito antigo, medir a circunferência da Terra com razoável precisão. Lembro-me bem do embevecimento e da instigação intelectual dos alunos de Psicologia e Meio Ambiente quando assistiram ao episódio do calendário cósmico. Nesse episódio, os bilhões de anos de existência do universo eram proporcionalmente dimensionados na extensão temporal (escala) de um ano em nossa cronologia atual. Assim, o *Big Bang* acontecia nos primeiros segundos de primeiro de janeiro e a presença da humanidade na face da Terra se dava apenas nos últimos minutos do dia 31 de dezembro desse ano fictício. Ou seja, a dimensão temporal "real" em que se processou toda a história do universo foi proporcionalmente reduzida a uma escala de tempo mais facilmente interpretável por nós, já que estamos acostumados a lidar com a extensão temporal de um ano, com suas quatro estações, seus 12 meses, seus 365 dias, e assim por diante.

Tratar do tema "escala" não é tarefa fácil. Qualquer pessoa que consulte um bom dicionário irá encontrar várias explicações para esse termo. Existe a escala de serviço, que lista a sequência de nomes dos encarregados por uma ou mais tarefas; as escalas de um voo antes de sua chegada ao destino final; a escala de cores que um fotógrafo pode consultar para realizar bem seu trabalho; as escalas que um aprendiz de piano precisa praticar para desenvolver suas habilidades naquele instrumento; e vários outros usos dessa palavra. Há também acepções tecnicamente mais sofisticadas para o termo que, em geral, se baseiam em um sistema de medidas que expressam a magnitude do fenômeno em questão. Uma escala sonora, por exemplo, pode ser expressa em decibéis, cuja quantidade (ou magnitude) nos informa se o som considerado é, ou não, poluição sonora. As unidades de medida podem variar, a depender dos critérios utilizados; uma escala de temperaturas, por exemplo, pode utilizar graus Celsius, ou Fahrenheit, ou Kelvin. Uma mesma escala – por exemplo, a métrica – pode ser expressa em unidades de medida de diferentes magnitudes, como o quilômetro, o metro, o centímetro, ou o milímetro. E há, ainda, o sentido de escala como proporção, expressando uma relação mensurável entre unidades de medida da representação (gráfica, p. ex.) de uma grandeza qualquer da realidade (p. ex., comprimento ou área), como acontece em Arquitetura ou Geografia. Nesse último caso, se a escala de um mapa informa que um centímetro (no mapa) equivale a 10 quilômetros na realidade daquele local, então à distância de 100 quilômetros (reais) deverá estar representada por 10 centímetros (no mapa).

Adoto nesta apresentação o significado de escala simplesmente como tamanho, como magnitude, tentando enfatizar um ponto de vista ecológico referente a variações tanto no espaço como no tempo. Dimensões espaciais e temporais conformam a experiência que as pessoas têm dos/nos ambientes, como pretendo deixar claro a seguir.

Experiência ambiental no tempo e no espaço

O processo de percepção ambiental já foi definido como a imersão do percebedor no tempo e no espaço do ambiente percebido, que o "circunda, contém e abraça" (Ittelson, 1973, p. 13), o que faz todo o sentido para escalas ambientais que nos permitem, por exemplo, percorrer, atravessar e tocar. Além disso, os estudos já clássicos em cognição ambiental nos mostram que, "assim como todas as coisas devem ser alguma coisa, também devem estar em algum lugar – é impossível conceber um objeto que não tenha alguma espécie de codificação espacial" (Lee, 1977, p. 41). Na verdade, a completa compreensão de uma relação pessoa-ambiente inclui os três "Ws": *whatness*, *whereness* e *wheness* (com que estamos lidando, onde e quando), que se aplicam aos dois extremos dessa relação – pessoa, ou "P", e ambiente, ou "A" (Lee, 2003, pp. 33-34).

Na abordagem psicológica tradicional é comum a consideração de diferentes níveis ou leituras apenas no lado humano da situação, ou seja, a escala considerada é a referente à pessoa. Tradicionalmente, manejam-se fatores no âmbito do indivíduo (motivação, emoção etc.), no dos pequenos grupos (cooperação, aglomeração etc.) e também em relação aos grandes grupos ou normas sociais e culturais (Aragonés & Amérigo, 2010; LaFrance & Mayo, 1978). Se, por um lado, essas "escalas" referentes à pessoa (P) soam familiares, até mesmo porque correspondem a tradições em Psicologia, por outro, vemos que há pouca (ou nenhuma) familiaridade dos psicólogos com escalas do ambiente (A).

Consideremos os eixos propostos por Gary Moore (1979/1984, 1987) para localizar os estudos na área de relações pessoa-ambiente como ilustrado na Figura 1. Em sua síntese gráfica, Moore localiza em um dos eixos os grupos de usuários ou populações de interesse (idosos, crianças, motoristas etc.); em outro, o fenômeno psicológico objeto de estudo (percepção, aprendizagem etc.). Esses dois eixos são os tipicamente considerados nos estudos em Psicologia, seja uma criança com problemas de aprendizagem ou um cuidador precisando ser orientado sobre como tratar um idoso, por exemplo. Ao considerar a experiência das pessoas nos ambientes, entretanto, é preciso considerar também o eixo dos ambientes e o do tempo, sem os quais a representação da experiência não estaria completa, pois ela se processa justamente na interação entre essas quatro dimensões. Enquanto é difícil expressar graficamente a dimensão temporal, relacionada que está com as outras três, o eixo dos ambientes claramente inclui ambientes de escalas: pequena, intermediária ou larga (Moore, 1987, p. 1.384).

Figura 1 Eixos nos quais se situa a experiência ambiental

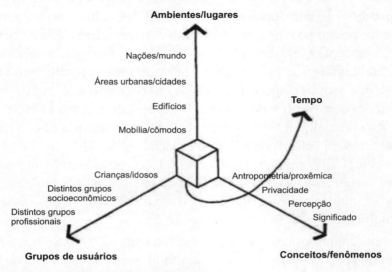

Fonte: adaptado de Moore, 1979/1984, 1987.

A versatilidade e competência que a Psicologia tradicionalmente demonstra no manejo do eixo da pessoa (P) não se verifica no eixo dos ambientes (A). A vasta maioria de seu conhecimento se refere a ambientes de pequena escala; um número muito menor de estudos se dedica aos ambientes de escala intermediária, e os ambientes de larga escala são praticamente ausentes de sua tradição de pesquisa.

O que quero destacar aqui é a óbvia pertinência da "escala ambiental da experiência humana" para a Psicologia em geral e, mais particularmente, para a Psicologia Ambiental. Em Psicologia é comum encontrarmos tipos de ambientes (residências, escolas, locais de trabalho etc.), mas não uma categorização dos ambientes baseada em sua extensão ou tamanho, seja em termos espaciais ou temporais. A despeito do famoso *slogan* ambientalista, "pensar globalmente, agir localmente", pouco se tem estudado sobre a continuidade, ou ruptura, dos modelos explicativos da conduta humana em relação ao ambiente, quando considerados os processos psicológicos associados com a experiência de ambientes de escalas variadas. Dar sentido aos nossos intercâmbios com os ambientes é um processo bastante complexo, que envolve um conjunto de problemas inter-relacionados de detecção, reconhecimento, discriminação e escala da configuração de indícios presentes nesses ambientes (Veitch & Arkkelin, 1995).

Tomemos o exemplo paradigmático das distâncias interpessoais apresentadas por Edward Hall (1966/1977) nos primórdios dos estudos pessoa-ambiente[8]. Ele nos mostra que dispomos de receptores que funcionam a distância (olhos, ouvidos e nariz) e de receptores para contatos mais imediatos, como a pele e os músculos. Apresenta-nos também sua classificação sobre os tipos de relacionamentos interpessoais baseados no espaço gradualmente maior entre os interatores, redundando nas distâncias íntima, pessoal, social e pública. O que importa enfatizar aqui não são as medidas que Hall adota para expressar cada uma dessas distâncias, principalmente porque elas são fortemente influenciadas pela cultura em questão. O importante é acompanhar sua descrição sobre as implicações psicológicas e sociais correspondentes ao crescente afastamento interpessoal. A escala espacial desses encontros humanos pode fazer com que calor corporal ou textura da pele sejam mais (ou menos) relevantes para o encontro. Ou, em situações de menor intimidade, caracterizadas por uma maior distância interpessoal, possivelmente volume de voz ou tipo de vestimenta serão mais decisivos.

No exemplo acima, fica claro o papel da escala espacial como fonte de influência para a experiência ambiental das pessoas. Embora menos estudada e menos reconhecida, a escala temporal também é decisiva na conformação de nossos intercâmbios com o ambiente. Percebemos uma escala de tempo em nossas relações com o ambiente e atuamos em conformidade com ela. Como diria Gibson (1979/1986), reagimos a processos e eventos, a mudanças e permanências, em uma escala em geral situada entre segundos e anos. Podemos notar a mudança de posição de uma cadeira em um aposento, mas não o movimento do elétron em um átomo, nem a lenta erosão de uma montanha. Nossa experiência muda quando se modificam as qualidades espaciais e/ou temporais do ambiente.

Como vimos nas ilustrações apresentadas até aqui sobre o papel das escalas temporal e espacial na modulação da experiência nos ambientes, parece que os precursores da área de estudos pessoa-ambiente estavam cientes da necessidade de considerar a escala ambiental (temporal e/ou espacial) da experiência ambiental. Atualmente, fazem falta trabalhos que levem em conta a escala na organização do conhecimento desenvolvido nas últimas décadas sobre os aspectos psicológicos das interações pessoa-ambiente. Será que a Psicologia Ambiental das distâncias interpessoais guarda alguma relação com a Psicologia Ambiental das mudanças climáti-

---

8. Em Pinheiro e Elali (2011) o leitor poderá encontrar outros dois bons exemplos semelhantes: a noção de espaço pessoal e a Teoria do Equilíbrio.

cas globais? Talvez a maior especialização temática, teórica e metodológica dos atuais autores esteja dificultando essa visão mais abrangente sobre o papel da escala. A isso possivelmente se associa a ausência de um referencial ecológico nos trabalhos da área (Winkel, Saegert & Evans, 2009), talvez ausente da própria formação de novos profissionais.

Alguns estudos que iluminam o fim do túnel

A despeito de meu comentário acima, sobre especialização temática ser uma possível barreira para a consideração da escala da experiência ambiental, Sobal e Wansink (2007) apresentam um interessante estudo sobre condições ambientais associadas ao tema específico da obesidade, no qual descrevem a influência de elementos de várias escalas ambientais, analisados sob diferentes enfoques teóricos e disciplinares. Segundo eles, os ambientes construídos oferecem o contexto dentro do qual as escolhas de comida se dão, e a ingestão de alimentos é situacionalmente influenciada pelo ambiente físico específico e pelos objetos nele contidos. Os ambientes físicos são multiescalares e sua influência sobre a alimentação pode variar em unidades de análise que vão desde a microescala até a macroescala. Nesta, estariam os ambientes de mercado global ou regionais, moldando escolhas por meio de sistemas internacionais de distribuição de alimentos, que incluem redes de transporte e o agronegócio. Um detalhe psicologicamente importante é o de que esses ambientes construídos de larga escala não podem ser diretamente visualizados e precisam ser representados indiretamente por meio de mapas físicos e mentais, ou recursos similares.

Nos ambientes construídos de escala intermediária encontram-se as comunidades e vizinhanças, com as lojas de comércio varejista, como supermercados e restaurantes. Sobal e Wansink (2007) citam estudos que já evidenciaram que esses "cenários de comida" (*food landscapes*), como tipos e localização de supermercados, lojas de *fast-food*, máquinas de venda de bebidas, entre outros, determinam o alimento que vai parar nas residências e/ou é ingerido pelas pessoas. Nos ambientes construídos de microescala estão o cômodo, a mobília, objetos, além da própria comida, caso em que a relação temporal entre a fonte de influência e o comportamento final de ingestão do alimento é bem menor, se não imediata. Nesses *behavior settings*, as *affordances*[9] fazem com que o alimento siga um fluxo progressivo

---

9. Esses dois conceitos foram descritos em capítulos respectivos ao primeiro volume desta série: *Temas básicos em Psicologia Ambiental*.

por essas unidades do ambiente construído, sejam os cenários da cozinha, da mesa de refeição, do prato de comida, ou da comida propriamente dita. Os autores concluem seu artigo chamando a atenção do leitor para possíveis *insights* que a reflexão sobre a "multiescalaridade" pode proporcionar, como no caso de diferentes escalas de ambientes costumarem ser contidas umas dentro das outras, como já indicavam os trabalhos de autores clássicos como Urie Bronfenbrenner (1979/1996) ou Roger Barker (1968). Sobal e Wansink alertam também para os potenciais benefícios que poderiam resultar da colaboração entre disciplinas diferentes, como no caso da Psicologia Ambiental e da Geografia Comportamental, que têm concepções complementares sobre ambientes e, ao mesmo tempo, mostram que os próprios usuários podem intervir nos cenários de microescala, no sentido de se tornarem aptos a controlar fontes de influência que afetam seu próprio comportamento.

O capítulo de Scott Bell (2005) sobre o papel da escala na experiência da criança com o ambiente começa com a afirmação de que "a escala provê um contexto dentro do qual espaços, lugares e ambientes de diferentes tipos podem ser integrados e mais bem compreendidos" (p. 13). Bell concentra sua atenção no termo "escala" em sentido bastante semelhante ao adotado nesta apresentação, diferenciando-a, por exemplo, da escala cartográfica. Embora reconheça que tem havido pouca pesquisa sobre os efeitos da escala na cognição espacial de crianças, ele revê alguns estudos que focalizaram o efeito que escalas variadas podem ter no comportamento espacial e na tomada de decisões de crianças, mostrando diversos sistemas de identificação e classificação propostos para a análise da influência exercida pela extensão espacial do ambiente em questão. Essa influência pode ser variada em função da pessoa considerada, como no caso de crianças de diferentes idades, ou em função de pequena, média ou larga escala, já que a cada nível se modifica a forma de apreensão do ambiente. Nesse sentido, alguns autores têm se esforçado por integrar essas várias classificações e tentado criar sistemas de rótulos unificadores, como, por exemplo: espaço navegacional, espaço imediatamente ao redor do corpo e o espaço do corpo. A maneira como o conhecimento é adquirido e integrado é um interesse de pesquisa multivariado e que requer muitas perspectivas de análise, envolvendo aspectos como tipo de ambiente, nível de atividade, arranjos espaciais, tipo de interação possibilitada, identidade de objetos, entre outros. Para Bell (2005), fica claro que precisamos saber muito mais sobre as maneiras com que habilidades e estratégias aprendidas ou usadas em um espaço se transferem para outros espaços. Escala é uma variável crítica a ser considerada na pesquisa sobre espaço na cognição, no desenvolvimento e na tomada de decisão (p. 23).

Quando considerada por psicólogos, geógrafos e outros pesquisadores, a escala pode ser classificada com base nas formas de interação humano-ambiental (física, cognitiva ou perceptual), envolvendo espaços de tamanhos diferentes, uma vez que espaços relativamente grandes requerem processos diferentes dos exigidos por espaços pequenos (Bell, 2005). A Psicologia Ambiental compartilha com outras áreas de conhecimento o esforço de tentar entender as relações entre propriedades dos ambientes físicos e modos com que as pessoas reagem a elas via percepção. A pluridisciplinaridade desses interesses convergentes de pesquisa tem acontecido com base em pressupostos teóricos e epistemológicos não tão convergentes, o que com frequência produz imprecisão conceitual e mal-entendidos, principalmente em decorrência do uso dos termos "percepção" e "cognição" numa variedade de contextos bastante confusos (Bonnes & Secchiaroli, 1995). É o caso de grandes ambientes, difíceis ou impossíveis de apreender pela experiência direta, quando somente se consegue sua representação mental por meio de representações físicas indiretas como mapas, diagramas, fotografias etc. Mesmo nesses níveis de larga escala ambiental, as representações mentais associadas costumam mostrar variações com alguma correspondência com a extensão espacial, e também nestas encontram-se aspectos afetivos, teorizados por uns como o produto final do processamento de informações e por outros como a resposta inicial que modula o processamento da informação (Gärling & Golledge, 1989).

As interações humano-ambientais investigadas em seus aspectos afetivos também já mereceram atenção de pesquisadores interessados em considerar a escala ambiental, como ilustram os próximos dois estudos. No estudo de Maria Lewicka (2010), a autora estava interessada em explorar mais a fundo os efeitos que ambientes de diferentes escalas tinham exercido sobre o apego ao lugar das pessoas que tinham tomado parte em um estudo anterior. Mais especificamente, os autores do estudo anterior tinham encontrado um relacionamento curvilinear, em forma de U, entre a escala do lugar (apartamento, vizinhança, cidade) e a intensidade do apego àqueles lugares. Em seu estudo, Lewicka sofisticou ainda mais as condições investigadas, e pôde ratificar os resultados do relacionamento curvilinear em três das quatro cidades investigadas. Além disso, utilizou mais dois níveis de escalas de lugar, totalizando cinco níveis: apartamento, edifício, vizinhança, bairro, cidade. Além de outros interessantes resultados parciais, a autora constatou que o relacionamento curvilinear entre a escala dos lugares e a intensidade do apego ao lugar era particularmente intenso em cidades altamente atrativas e nos itens do instrumento que tratavam das reações emocionais das pessoas. Ao mesmo tempo, ela também verificou um relacionamento linear para a cidade menos atrativa e para os itens que se referiam a senso de segurança, quantidade de controle e conhecimento do lugar. Além do valioso conjunto de resultados específicos que esses quatro estudos oportunizaram, eles ilustram muito bem a possibilidade de considerar as variações de efeitos das diferentes escalas ambientais sobre o fenômeno de interesse, no caso, o apego ao lugar (*place attachment*).

O segundo estudo a pesquisar o mesmo aspecto afetivo das relações humano-ambientais – apego ao lugar – é o de Devine-Wright (2013). Ele também estava interessado em replicar um estudo anterior, que defendia a importância do apego ao lugar, tanto em nível local como global, para a compreensão das reações humanas às mudanças climáticas. Estendendo o tratamento entre apego ao lugar e mudanças climáticas, o autor identificou uma falta de diálogo entre disciplinas que já haviam se debruçado sobre a questão e também várias limitações na maneira com que aspectos de escala haviam sido investigados. O autor critica o uso do conceito "distância psicológica" para diferentes escalas ambientais, com repercussões para o engajamento público com as mudanças climáticas, e sugere novas direções para pesquisas, particularmente se dedicando a investigar "apegos em múltiplas escalas, com mais proeminência para o estudo do apego ao mundo como um todo; para apego ao lugar global" (p. 62).

À guisa de conclusão

As mudanças climáticas globais (MCGs) são, talvez, a mais evidente demonstração da necessidade de considerarmos as escalas temporal e espacial em Psicologia Ambiental. Nas suas poucas décadas de existência, essa área já produziu conhecimento bastante relevante a respeito da experiência ambiental em escalas pequenas ou intermediárias. Mas agora se depara com demandas de ajudar no engajamento da população em atividades de mitigação das MCGs e tem lutado para ajustar seu conhecimento à escala planetária, que só é acessível por representações de "segunda mão", processo para ela praticamente desconhecido.

Educadores ambientais e outros profissionais que se dedicam à promoção do comportamento pró-ecológico já sabem que apenas a informação ambiental não é suficiente para a mudança de comportamento. Por isso, as iniciativas de incentivo ao compromisso pró-ecológico procuram estabelecer o vínculo das pessoas com o seu lugar. No caso das MCGs, a grande questão é, então: Como incentivar nosso vínculo afetivo com o planeta como um todo? Examinar as variações de experiência ambiental decorrentes da escala temporal talvez ajude nessa reflexão, pois somos intensamente estimulados ao imediatismo da *fast-food*, do celular e da internet de banda larga (como se essas coisas contivessem alguma garantia de felicidade). Nossa perspectiva temporal se encontra enrijecida em um presente absoluto, individualista e apressado e, ao mesmo tempo, cada vez menos apta à dimensão de um afeto planetário (Pinheiro, 2007). Não é possível concretizar uma conscientização ambiental plena, do local e também do global, sem levar em conta a amplitude das escalas espacial e temporal. E como essa amplitude é muito difícil de ser abrangida apenas pelo raciocínio, ou pelo conhecimento, é preciso promover o vínculo afetivo com o lar, mas também com o planeta, almejando que nossas ações do presente sejam baseadas no passado e inspiradas pelos sonhos coletivos de futuro.

Referências

Aragonés, J. I., & Amérigo, M. (2010). Psicología Ambiental; aspectos conceptuales y metodológicos. In J. I. Aragonés, & M. Amérigo (Orgs.). *Psicología Ambiental.* (3a. ed) (pp. 25-42). Madri: Pirámide.

Barker, R. G. (1968). *Ecological Psychology*. Stanford, Califórnia: Stanford University Press.

Bell, S. (2005). Scale in children's experience with the environment. In C. Spencer & M. Blades (Orgs.). *Children and their environments; learning, using and designing spaces* (pp. 13-25). Cambridge: Cambridge University Press.

Bonnes, M., & Secchiaroli, G. (1995). *Environmental Psychology – A psycho-social introduction*. Londres: Sage.

Bronfenbrenner, U. (1996). *A ecologia do desenvolvimento humano*. Porto Alegre: Artmed. (Original publicado em 1979).

Devine-Wright, P. (2013). Think global, act local? The relevance of place attachments and place identities in a climate changed world. *Global Environmental Change, 23*, 61-69.

Gärling, T., & Golledge, R. G. (1989). Environmental perception and cognition. In E. H. Zube & G. T. Moore (Orgs.). *Advances in environment, behavior, and design*, 2, pp. 203-236. Nova York: Plenum.

Gibson, J. J. (1986). *The ecological approach to visual perception*. Hillsdale, Nova Jersey: Lawrence Erlbaum. (Originalmente publicado em 1979).

Hall, E. T. (1977). *A dimensão oculta*. Rio de Janeiro: Francisco Alves. (Originalmente publicado em 1966).

Ittelson, W. H. (1973). *Environment and cognition*. Nova York: Seminar.

LaFrance, M., & Mayo, C. (1978). *Moving bodies, nonverbal communication in social relationships*. Monterrey, Califórnia: Brooks/Cole.

Lee, T. (1977). *Psicologia e meio ambiente*. Rio de Janeiro: Zahar.

_____ (2003). Schema theory and the role of socio-spatial schemata in Environmental Psychology. In M. Bonnes, T. Lee & M. Bonaiuto (Orgs.). *Psychological theories for environmental issues* (pp. 27-61). Aldershot, Reino Unido: Ashgate.

Lewicka, M. (2010). What makes neighborhood different from home and city? Effects of place scale on place attachment. *Journal of Environmental Psychology, 30*(1), 35-51.

Moore, G. T. (1984). Estudos de comportamento ambiental. In J. C. Snyder & A. Catanese (Orgs.). *Introdução à Arquitetura* (pp. 65-88). Rio de Janeiro: Campus. (Original de 1979).

_____ (1987). Environment and behavior research in North America: history, developments, and unresolved issues. In D. Stokols & I. Altman (Orgs.). *Handbook of Environmental Psychology*, 2, pp. 1.359-1.410. Nova York: Wiley.

Pinheiro, J. Q. (2007). Afeto planetário. *Onda Jovem, 7*, 44-47. Recuperado de http://www.ondajovem.com.br/acervo/7/afeto-planetario-1

Pinheiro, J. Q., & Elali, G. A. (2007). Comportamento socioespacial humano. In S. Cavalcante & G. A. Elali (Orgs.). *Temas básicos em Psicologia Ambiental* (122-143). Petrópolis: Vozes.

Sobal, J., & Wansink, B. (2007). Kitchenscapes, tablescapes, platescapes, and foodscapes. *Environment and Behavior, 39*(1), 124-142.

Veitch, R., & Arkkelin, D. (1995). *Environmental Psychology, an interdisciplinary perspective*. Englewood Cliffs, Nova Jersey: Prentice Hall.

Winkel, G., Saegert, S., & Evans, G. W. (2009). An ecological perspective on theory, methods, and analysis in environmental psychology: advances and challenges. *Journal of Environmental Psychology, 29*, 318-328.

Leia também neste livro os capítulos 6 Enraizamento; 10 Espaço pessoal; 21 Territorialidade.

8
Escolha ambiental

Zenith Nara Costa Delabrida
Victor Hugo de Almeida

Entendimento geral

O campo de estudo da relação entre as pessoas e o ambiente sociofísico é caracteristicamente multidisciplinar, sendo diversas as áreas do conhecimento que se dedicam a esse objeto de estudo. Nas situações em que as questões ambientais se relacionam com as questões econômicas, um debate recorrente envolve aspectos de escolha: no nível micro, podemos falar em escolhas dos indivíduos; no nível macro, o social é regido pelas escolhas do estado, traduzidas em políticas públicas. Além disso, as decisões que tratam de questões ambientais envolvem a competição entre grupos, que se caracterizam tipicamente pelo conflito entre interesses comerciais, econômicos e ambientais. Inserindo-se neste quadro geral, este capítulo se propõe a mostrar que, no estudo do conceito de escolha, a parceria interdisciplinar entre a Psicologia Ambiental, a Psicologia Econômica e o Direito Ambiental pode fornecer ferramentas teóricas para a consecução adequada de políticas públicas, entendendo o processo de escolha por meio de sua tradução em uma legislação.

Introdução

Como uma única disciplina é incapaz de dar conta das diversas possibilidades que as relações entre as pessoas e o ambiente sociofísico contemplam, esse campo de estudo é indiscutivelmente multidisciplinar, sendo diversas as áreas do conhecimento que se dedicam a ele. O presente capítulo apresenta um ângulo dessa relação, enfocando a interface entre as áreas da Psicologia Ambiental, da Psicologia Econômica e do Direito Ambiental, uma vez que as questões ambientais são também questões econômicas, cuja regulação muitas vezes exige sua tradução por meio de leis.

A Psicologia Ambiental, uma das áreas que trata desta relação, focaliza como o comportamento humano impacta o ambiente físico e como o ambiente físico impacta o comportamento, numa relação bidirecional (Günther & Rosestraten, 1993). Ao focar o ambiente físico, a Psicologia Ambiental extrapola as fronteiras do domínio "psi" e volta-se para o ambiente que circunda o indivíduo, mostrando que, quando se pretende explicar e predizer o comportamento, o que acontece fora do indivíduo é tão importante quanto o que acontece com e no indivíduo.

Na literatura da Psicologia Ambiental tem se destacado o conceito de sustentabilidade, compreendido como um equilíbrio social e econômico da ação humana, para que em longo prazo seja viável a vida em sociedade e em comunhão com os demais seres vivos, respeitando a disponibilidade dos recursos naturais (Soto, 2004; Uzzell, 2005). Tal entendimento traz para a pauta da discussão a necessidade de se compreender as ações humanas de modo interdependente do contexto, já que não são isoladas no tempo e no espaço, mas, ao contrário, geram consequências passíveis de ser experienciadas pelas próprias pessoas, podendo ser benéficas, mas também podendo causar, inclusive, a inviabilidade da humanidade na Terra.

Para Bonnes e Bonaiuto (2002), a partir dos anos de 1990, o foco dado ao desenvolvimento sustentável "estendeu a Psicologia Ambiental em várias direções de investigação e para uma ampla colaboração interdisciplinar com outras áreas da ciência ambiental, em particular com a economia ambiental, a política, o gerenciamento e a legislação" (p. 37).

O desenvolvimento sustentável pressupõe um novo tipo de relacionamento pessoa-ambiente, entendido em sua máxima abrangência no sentido ecológico, o que inclui o aspecto físico, as outras formas de vida e a nossa própria. Pressupõe, ainda, uma relação dinâmica entre aspectos comportamentais, econômicos e de legislação nas sociedades ocidentais, no que tange a lidar com os problemas ambientais.

Nesse contexto, quando envolve recursos naturais, a ação humana (aspecto comportamental) é, na maioria das vezes, motivada por questões econômicas, implicando trocas que estão sob regras próprias, ao que chamamos "regras de mercado". Um aspecto básico dessas regras é a relação entre oferta e procura, que cria uma situação na qual as ações humanas são controladas por uma espécie de campo gravitacional que mantém os comportamentos em sua órbita. Sob essa perspectiva, o uso dos recursos naturais está mais ligado à oferta e procura do que a um uso que leve em consideração sua renovação, para que se possa obtê-los sempre que for preciso. Portanto, fica claro que as questões ambientais são questões não apenas econômicas, mas também psicológicas, pois envolvem a forma como as pessoas seguem ou não o que está instituído.

No processo de regulação das ações humanas, uma das possibilidades é o estabelecimento de regras, as quais, quando submetidas ao processo democrático para sua legalização, passam a ter a função de normas jurídicas, tornando obrigatório o seu cumprimento. Explicitando melhor, segundo a Teoria Tridimensional do Direito (Reale, 1994), a norma jurídica se compõe e deve ser interpretada por meio da conjugação harmônica de três elementos: aspecto fático (contexto social e histórico), aspecto axiológico (valores buscados pela sociedade) e aspecto normativo (a norma propriamente dita). Isso significa dizer que, diante de um acontecimento socialmente relevante (aspecto fático), a sociedade imprime significado a este acontecimento (fato axiológico), gerando vetores para as ações humanas desencadeadas a partir deste fato (aspecto normativo). As ações humanas, que envolvem aspectos de escolha tanto na construção como na interpretação e na observância da norma jurídica, devem considerar os princípios do Direito Ambiental, extraídos do artigo 225 da Constituição Federal de 1988, tidos como "ordenações que se irradiam e imantam os sistemas de normas" (Silva, 2003, p. 92). Embora a norma seja obrigatória, cumprir ou não também é uma questão de escolha. Devido a isso há a existência da pena para aqueles que escolherem não cumpri-la.

Tome-se como exemplo o fornecimento de sacolas plásticas. Diante da constatação de serem compostas de polietileno (derivado do petróleo) e de levarem entre 40 e 100 anos para se decomporem no ambiente (aspecto fático conhecido como "poluição branca"), a sociedade manifestou a necessidade de regulamentar o uso dessas sacolas (aspecto axiológico). Preocupado com a problemática, o poder público passou a legislar sobre a matéria em diversas localidades e levou o Ministério Público a firmar Termo de Ajustamento de Conduta com os representantes dos supermercados (aspecto normativo). Todavia, parte dos consumidores não recebeu positivamente a legislação e preferiu conservar o hábito da utilização das sacolas plásticas, prevalecendo a escolha individual à escolha coletiva convertida em legislação. Diante das manifestações dos consumidores pela manutenção do fornecimento das sacolas plásticas, justificando terem sido eles os únicos prejudicados em razão do não compartilhamento da responsabilidade pela proteção do meio ambiente, diversos tribunais suspenderam a aplicabilidade da legislação, obrigando os supermercados a novamente fornecerem sacolas plásticas aos consumidores, sem discutir propostas que envolvam a todos na proteção do ambiente.

Atualmente, o sistema jurídico ambiental tem tentado mediar a dinâmica da relação entre o mercado e os recursos naturais, a fim de preservar estes últimos e de promover o desenvolvimento econômico e social de maneira sustentável. Nessa perspectiva, o conceito de "escolha" estabelece a relação entre as três áreas tratadas neste capítulo – Psicologia Ambiental, Psicologia Econômica e Direito Ambiental –, indicando soluções aos desafios da relação pessoa-ambiente.

A escolha nas perspectivas ambiental e econômica

Supõe-se que as questões ambientais envolvam questões de escolha tanto quanto questões econômicas. A literatura psicológica trata da escolha como uma tomada de decisão: diante de alternativas, o indivíduo escolhe uma ou várias delas, mas há uma expressa preferência por uma(s) em detrimento de outra(s). A maneira como as escolhas são feitas interessa a todas as áreas que tratam do comportamento.

Para a Psicologia Ambiental, dentre muitas definições possíveis, o conceito de "escolha" pode ser associado ao conceito de "intenção", amplamente utilizado em investigações empíricas. A investigação da intenção está inserida na Teoria do Comportamento Planejado (Ajzen, 1991, 2011a, 2011b) e pretende predizer, por meio da intenção, a probabilidade do indivíduo de se engajar em determinados comportamentos. Nesse sentido, quer saber se o indivíduo pretende escolher determinado comportamento em determinada situação. A grande contribuição dessa teoria é mostrar que, para utilizar variáveis motivacionais como preditores de comportamentos, é necessário trabalhar com fatores específicos que determinam comportamentos exclusivos, e não com medidas gerais para comportamentos gerais. Essa teoria é bastante utilizada para predizer diferentes tipos de comportamentos específicos (Ajzen, 2011b; Bonnes & Bonaiuto, 2002; Nigbur, Lyons & Uzzell, 2010; Read, Brown, Thorsteinsson, Morgan & Price, 2013; Steg & Vlek, 2009).

A Psicologia Econômica também trabalha com a questão da escolha, mas voltando-se para a interface das questões psicológicas com as questões econômicas (Lea, Tarpy & Webley, 1987). Assim como acontece com a Economia, a Psicologia Econômica trata de problemas relacionados à produção, ao consumo, aos preços, ao mercado. No entanto, investiga variáveis psicológicas que podem estar relacionadas a esses aspectos (Lea, Tarpy & Webley, 1987). A relação da Psicologia Econômica com as questões ambientais é mais direta do que se possa pensar. Note-se que, embora aparentemente refiram-se a ideias diferentes, economia e ecologia têm o mesmo radical grego *oikos*, que significa casa, lar, lugar onde se habita; a primeira trata das regras da casa e a segunda de seu estudo (Ciriacy-Wantrup, 1971).

Para a Psicologia Econômica a escolha está muito associada ao risco de errar. Durante muito tempo acreditou-se em um *homo economicus*, com base no axioma de que as decisões tomadas pelos indivíduos são racionais, ou seja, que o ser humano é capaz de tomar a melhor decisão com base nas opções disponíveis. Nesse argumento, o risco de uma escolha errada seria fruto apenas de informações insuficientes ou inadequadas a respeito das opções; além disso, em um processo de escolha, a ideia é maximizar os ganhos e minimizar as perdas. No entanto, o trabalho de Kahneman e Tversky (1984) mostra que "problemas de decisão podem ser descritos ou enquadrados de várias formas e dão origem a diferentes preferências, ao contrário do critério invariância da escolha racional" (p. 341). Para mostrar a irracionalidade do axioma da escolha racional foram realizados estudos que revelam como as nossas decisões são mais influenciadas por atalhos, conhecidos como heurísticas, do que por análises racionais (Kahneman, 2002, 2003). Esses atalhos podem nos levar a erros de julgamentos, tomadas de decisões errôneas e escolhas inadequadas.

Segundo Kahneman (2012), dois sistemas de pensamento explicam esse fenômeno: o Sistema 1 opera automaticamente com pouco ou nenhum esforço e sem percepção de controle voluntário; o Sistema 2 aloca atenção às atividades mentais laboriosas que o requisitam. Essa divisão de trabalho em dois sistemas tem a função de minimizar o esforço e de otimizar o desempenho. No entanto, essa equação tem uma particularidade: como o Sistema 1 é automático e intuitivo, ele possui alguns vieses, as heurísticas, atalhos do pensamento que facilitam sua fluidez e que, por não passarem pela avaliação do Sistema 2 (o sistema do raciocínio), podem gerar erros graves e persistentes, influenciando a nossa capacidade de escolha e tomada de decisão.

Todavia, tanto a escolha entendida como intenção quanto a escolha entendida como um processo intuitivo e racional são baseadas no nível individual de análise. No entanto, as escolhas que podem melhor responder às questões ambientais são as de nível grupal já que as variáveis econômicas são grupais, bem como o uso do ambiente é grupal, pois ninguém faz trocas comerciais individualmente ou partilha consigo mesmo o ambiente.

Ao analisar como as escolhas de nível individual são feitas, pode-se ter mais clareza da dificuldade em fazer escolhas que levem em consideração o nível grupal. A intenção de se engajar em alguma ação está diretamente relacionada ao grau de controle que o indivíduo tem para realizar tal ação (Ajzen, 1991). Ao mesmo tempo, as escolhas dos indivíduos são baseadas mais no que eles já conhecem do que em uma análise completa da situação (Kahneman, 2003), podendo resultar em uma limitação de ação e de análise. Hardin (1968) sinalizou esse aspecto em seu trabalho sob o conceito "Dilemas dos comuns", que abarca a dinâmica entre o individual e o grupal para explicar as questões ambientais.

O dilema dos comuns

Para se entender a relação entre o individual e o grupal no que tange às escolhas que envolvem a relação entre a pessoa e o ambiente sociofísico, parte-se da premissa levantada por Bonnes e Bonaiuto (2002), segundo os quais

> escolhas comportamentais pró-ambientais se referem não apenas ao problema da intenção intraindividual e relacionada à típica escolha comportamental individual do comportamento de ajuda altruísta, mas predominantemente ao problema da convergência *versus* divergência entre a escolha individual e a escolha coletiva a respeito da mesma necessidade ambiental percebida (p. 40).

A divergência entre os interesses individuais e coletivos é chamada de Dilema dos comuns. Hardin (1968) cunhou esse termo, que vem sendo utilizado desde então, para descrever e explicar situações em que há um bem comum finito que é partilhado coletivamente. O dilema surge quando se percebe que há um conflito entre as necessidades individuais de uso daquele recurso finito e a necessidade coletiva de manutenção do mesmo. Se todos usarem o recurso de maneira individual, competindo entre si, ele irá se extinguir. A saída é utilizá-lo com base na cooperação para que o recurso possa se manter disponível para todos. A cooperação pressupõe que, para promover o bem-estar de todos, cada indivíduo siga as regras coletivas.

O conflito entre interesses individuais e coletivos é a tônica das questões ambientais. Por trás de muitos problemas ambientais há conflitos de interesses que afetam o bem-estar comum e a necessidade de estabelecer políticas públicas que regulem as ações visando que o bem-estar de alguns não comprometa o bem-estar de outros (Machado, 2005). As decisões que tratam de questões ambientais envolvem a competição entre grupos, que se caracterizam tipicamente no conflito entre interesses comerciais, econômicos e ambientais. Seligman, Syme e Gilchrist (1994) ilustram a questão com alguns exemplos, tais como: se madeireiros são autorizados a explorar uma floresta, a vida selvagem ali muito provavelmente vai desaparecer; mas, se eles recebem restrições, há impactos econômicos para eles e para a economia local, com consequências para a população.

Cada parte interessada vai analisar o problema com base em seus próprios valores e crenças. Contudo, a própria Constituição Federal de 1988, que é a lei máxima na hierarquia do ordenamento jurídico no Brasil, institui o dever de harmonizar os interesses econômicos com a função social da propriedade e da atividade econômica, incluindo a defesa do meio ambiente. Cabe ao estado, portanto, legislar e instituir políticas públicas para que os interesses coletivos (no caso, o desenvolvimento sustentável) se sobreponham aos interesses privados (no caso, redução de custos e aumento da lucratividade), cujo postulado jurídico está consolidado no Princípio da Supremacia do Interesse Público.

Segundo Seligman, Syme e Gilchrist (1994), a melhor maneira de abordar os dilemas ambientais é fazer com que as regras que regem a elaboração e a implementação das decisões representem valores sociais e considerações éticas, tanto no processo de tomada de decisão quanto na análise das consequências. Além disso, ressaltam que cada questão ambiental merece uma análise específica, que deve ser contextualizada, não levando em consideração apenas o problema em si (mesmo que a questão seja a mesma), já que o contexto altera seu impacto.

Explicitando a parceria entre as áreas

A parceria interdisciplinar entre a Psicologia Ambiental, a Econômica e o Direito Ambiental parece fornecer ferramentas teóricas para a consecução adequada de políticas públicas por esclarecer sobre o processo de escolha, suas consequências e sua tradução em normas regidas pela legislação. Para tanto, é preciso que se compreenda a complexidade e a extensão do ambiente que, na perspectiva ecológica de Bronfenbrenner (1996), refere-se a um conjunto de sistemas interdependentes, abrangendo desde contextos imediatos dos quais a pessoa participa, denominados de microssistemas – escola, creche, igreja, casa, local de trabalho etc. – até estruturas sociais específicas e contextos mais amplos, denominados de macrossistemas, nos quais os ambientes imediatos estão imersos: sistemas econômico, educacional, político, social e jurídico (Campos-de-Carvalho, 2008).

Segundo a autora, esses contextos mais amplos são "protótipos gerais que existem na cultura ou subcultura, os quais estabelecem o padrão para as estruturas e atividades que ocorrem no nível concreto" (p. 515). Diante desse aporte, a política pública integra o macrossistema e determina as propriedades específicas dos exo, meso e microssistemas que ocorrem no nível da vida cotidiana e governam o curso do comportamento e do desenvolvimento (Bronfenbrenner, 1996).

As escolhas se referem, no nível micro, às escolhas dos indivíduos; no nível macro, às escolhas do Estado, traduzidas em normas jurídicas e em políticas públicas que são definidas como ações estatais com vistas a beneficiar seus cidadãos. Sob a perspectiva da Teoria Tridimensional do Direito (Reale, 1994), as escolhas individual e estatal são inter-relacionadas e se influenciam continuamente (ou devem se influenciar). Tal interação contribui para elaboração, interpretação e revisão da norma jurídica que, num processo democrático, é o produto das escolhas individual e estatal. As escolhas individuais (nível micro) influenciam na elaboração da norma jurídica (nível macro); e a norma jurídica, conquanto seja imperativa, também é influenciada pelo nível micro, sobretudo em relação à sua eficácia, ou seja, necessidade de revisão, intensificação da fiscalização, endurecimento das penas e/ou revogação parcial ou total.

Portanto, sendo o Direito, na acepção científica, um sistema articulado para regular o comportamento humano a fim de tutelar garantias individuais, coletivas, difusas e intergeracionais, é evidente a importância da parceria entre o Direito Ambiental, a Psicologia Ambiental e a Psicologia Econômica para o entendimento e a regulação da inter-relação entre o comportamento individual e o comportamento coletivo ou social – que muitas vezes se revela por meio da escolha – e para o processo de elaboração, interpretação e revisão da norma jurídica.

Certo é que as escolhas individuais influenciam mais diretamente na efetividade da norma jurídica e na intensificação das penas do que no processo de construção legislativa, ao qual mais interessam as escolhas coletivas. Por assim ser, para que o processo de criação e de interpretação da norma jurídica não seja subjugado por interesses individuais suscetíveis a vieses (p. ex., erros de julgamento), o processo de elaboração e de interpretação da norma deve se orientar pela principiologia do Direito Ambiental, inaugurada na Conferência de Estocolmo de 1972 e harmonizada no ordenamento jurídico brasileiro por meio do artigo 225 da Constituição Federal de 1988, cujo dispositivo prevê: "Todos têm direito ao meio ambiente ecologicamente equilibrado, bem de uso comum do povo e essencial à sadia qualidade de vida, impondo-se ao poder público e à coletividade o dever de defendê-lo e preservá-lo para as presentes e futuras gerações".

Desde então, integram o rol principiológico do Direito Ambiental os princípios da Obrigatoriedade de Intervenção Estatal, do Poluidor-pagador, da Participação, do Desenvolvimento Sustentável e da Ubiquidade, os quais convergem para a supremacia do interesse coletivo ambiental em relação aos interesses individuais que possam impor riscos ao equilíbrio ambiental; em outras palavras, significa a supremacia das escolhas coletivas em relação às escolhas individuais.

O Princípio da Obrigatoriedade de Intervenção Estatal decorre do artigo 200, *caput*, inciso VIII da Constituição Federal, ao estabelecer que compete ao Estado colaborar na proteção do meio ambiente do trabalho, impondo ao poder público o controle da produção, da comercialização e do emprego de técnicas, métodos e substâncias que comportem risco para a vida, a qualidade de vida e o meio ambiente.

Emana do Princípio do Poluidor-pagador o dever de prevenção da ocorrência do dano ambiental, ou seja, não havendo a prevenção, o poluidor tem o dever de reparação do dano, fazendo com que o ambiente retorne a apresentar-se o mais integral possível. O Princípio da Participação prevê o dever não apenas do estado, mas de toda a sociedade, de proteger e preservar o meio ambiente por meio de ações e parcerias conjuntas, orientadas pela educação ambiental, pela informação e pela conscientização pública da preservação do meio ambiente.

O Princípio do Desenvolvimento Sustentável, consagrado na Conferência das Nações Unidas para o Meio Ambiente e o Desenvolvimento (ou ECO 92), imprimiu caráter integrativo e intergeracional à preservação ambiental, orientando que o desenvolvimento econômico deve ser harmonizado à preservação ambiental, de modo a satisfazer as necessidades das atuais e futuras gerações. Por fim, o Princípio da Ubiquidade institui que a proteção do meio ambiente deve servir como parâmetro em toda política, ação, legislação sobre qualquer atividade, obra ou tema, diante da sua influência na qualidade de vida humana, que é o epicentro dos direitos humanos e da Constituição Federal de 1988.

Conclusão

A Psicologia Ambiental e a Psicologia Econômica partilham a difícil tarefa de mostrar aspectos não tão facilmente perceptíveis que de outra maneira não poderiam ser identificados. Para os psicólogos ambientais, a saída do laboratório representou a identificação da variável ambiente físico, que poderia ser permanentemente indicada como variável estranha. Por sua vez, a investigação do processo de julgamento e de escolha mostrou que a racionalidade humana passa pela intuição e que, se assim não fosse, ficaria como parte do processo de julgamento não explicável. Seguindo esse modelo, o presente texto aponta que as questões ambientais estão relacionadas a aspectos psicológicos e econômicos, mas que estes também se relacionam com aspectos de normas que regulam a difícil dinâmica entre os interesses individuais e grupais.

A maneira como as escolhas individuais são traduzidas em escolhas coletivas pode estar sob o mesmo viés que recai sobre o modo como as escolhas individuais são feitas. O exemplo do uso das sacolas plásticas mostra que, apesar do reconhecido impacto ambiental que a poluição branca possui (aspecto fático), o uso das sacolas plásticas foi reestabelecido por um viés individual. O ideal seria que todo o processo se desse de forma diferente para que seu aspecto axiológico pudesse ser viabilizado pelo aspecto normativo. A conclusão do caso referente ao uso das sacolas plásticas foi a de manter os interesses individuais – dos consumidores – em detrimento de todo o contexto ambiental (urbano e natural) afetado por esse uso. O argumento de que só os consumidores estavam pagando a conta da sanção é inválido, já que todos são consumidores, até mesmo os empresários do ramo alimentício. O ônus do uso das sacolas plásticas é para todos, já que o seu descarte é um grande impacto ambiental, que se configura como poluição, o que pode ser considerado um erro de julgamento.

A dificuldade do problema do uso das sacolas plásticas explicita a importância do trabalho interdisciplinar que, segundo Uzzell (2005), é uma condicionante para o sucesso de uma pesquisa aplicada. O autor enfatiza que, para ter uma atuação interdisciplinar, é preciso que se tenha uma visão holística do problema; a análise não pode ser focada em apenas um ângulo, mas em todos os ângulos que fazem parte do problema de maneira simultânea, e isso só é possível via parceria de diferentes áreas do conhecimento. É a difícil tarefa de conciliar o individual com o coletivo, o ambiental com o econômico, por exemplo.

Dessa forma, Uzzell (2005) sugere que se leve em consideração quatro aspectos: 1) não há métodos sem teoria, pois o método auxilia na resposta à pergunta de pesquisa e proporciona embasamento para que o achado faça sentido e contribua com a visão holística; 2) os métodos desempenham um papel interdisciplinar, permitindo a comunicação entre áreas que, ao focar um mesmo objeto de estudo, assumem um papel político e favorecem a negociação e a responsabilidade para com os participantes da pesquisa e para com os dados; 3) as trocas metodológicas devem ser feitas de maneira pluridirecional, de modo que as diferentes áreas caminhem para o desenvolvimento de métodos que possam capturar a complexidade dos fenômenos estudados; 4) o aspecto ético, entendido como o quadro normativo que vai reger a pesquisa e a intervenção para a qual as diferentes áreas podem contribuir, favorecendo o refinamento da discussão.

Finalizando, propõe-se que os conhecimentos de Psicologia Ambiental e de Psicologia Econômica colaborem entre si ao disponibilizarem alternativas teóricas de análise, sobretudo no tocante à inter-relação pessoa-ambiente, fornecendo subsídios ao Direito Ambiental para a edificação de normas e políticas públicas eficazes, visando o desenvolvimento sustentável. Tal perspectiva interdisciplinar pode colaborar para examinar e entender as necessidades individuais e coletivas, identificando os vieses que podem influenciar na escolha individual; a partir daí é possível pensar em meios de estimular a melhor escolha normativa, para que seja baseada mais no raciocínio do que na intuição e leve em consideração a necessidade de harmonização das escolhas individuais e coletivas por meio da norma jurídica.

Referências

Ajzen, I. (1991). The theory of planned behavior. *Organizational behavior and human decision processes, 50*, 179-211.

_____ (2011a). Constructing a theory of planned behavior questionnaire. *Unpublished Manuscript. Retrieved.*

_____ (2011b). The theory of planned behaviour: reactions and reflections. *Psychology & Health, 26*(9), 1.113-1.127. Recuperado de 10.1080/08870446.2011.613995

Brasil. Constituição (1988). *Constituição da República Federativa do Brasil*. Brasília, 1988.

Bonnes, M., & Bonaiuto, M. (2002). Environmental psychology: from spatial-physical environment to sustainable development. In R. B. Bechtel & A. Churchman (Eds.). *Handbook of Environmental Psychology* (pp. 28-54). Nova York: John Wiley & Sons.

Bronfenbrenner, U. (1996). *A ecologia do desenvolvimento humano: experimentos naturais e planejados*. Porto Alegre: Artmed.

Campos-de-Carvalho, M. (2008). A metodologia do experimento ecológico. In J. Q. Pinheiro & H. Günther (Eds.). *Métodos de pesquisa nos estudos pessoa-ambiente*. São Paulo: Casa do Psicólogo.

Ciriacy-Wantrup, S. (1971). The economics of environmental policy. *Land Economics*, *47*(1), 36-45.

Günther, H., & Rozestraten, R. J. A. (1993). Psicologia Ambiental: algumas considerações sobre sua área de pesquisa e ensino. *Psicologia: Teoria e Pesquisa*, *9*(1), 109-124.

Hardin, G. (1968). The tragedy of the commons. The population problem has no technical solution; it requires a fundamental extension in morality. *Science*, *162*(3.859), 1.243-1.248.

Kahneman, D. (2002). Maps of bounded rationality: a perspective on intuitive judgment and choice. *Nobel Prize Lecture*.

_____ (2003). Maps of bounded rationality: psychology for behavioral economics. *American Economic Review*, *93*(5), 1.449-1.475.

_____ (2012). *Rápido e devagar: duas formas de pensar*. Rio de Janeiro: Objetiva.

Kahneman, D., & Tversky, A. (1984). Choices, values, and frames. *American Psychologist*, *39*(4), 341-350.

Lea, S. E. G., Tarpy, R. M., & Webley, P. (1987). *The individual in the economy: a textbook of economic psychology*. EUA: Cambrigde University Press.

Machado, F. S. (2005). Economia do Ambiente. In L. Soczka (Ed.). *Contextos humanos e Psicologia Ambiental*. Lisboa: Fundação Calouste Gulbenkian.

Nigbur, D., Lyons, E., & Uzzell, D. (2010). Attitudes, norms, identity and environmental behaviour: using an expanded theory of planned behaviour to predict participation in a kerbside recycling programme. *British Journal of Social Psychology*, *49*(2), 259-284. Recuperado de 10.1348/014466609x449395

Read, D. L., Brown, R. F., Thorsteinsson, E. B., Morgan, M., & Price, I. (2013). The theory of planned behaviour as a model for predicting public opposition to wind farm developments. *Journal of Environmental Psychology, 36,* 70-76. Recuperado de 10.1016/J.Jenvp.2013.07.001

Reale, M. (1994). *Teoria Tridimensional do Direito.* (5a. ed.). São Paulo: Saraiva.

Seligman, C., Syme, G. J., & Gilchrist, R. (1994). The role of values and ethical principles in judgments of environmental dilemmas. *Journal of Social Issues, 50*(3), 105-119. Recuperado de 10.1111/J.1540-4560.1994.Tb02422.X

Silva, J. A. (2003). *Curso de Direito Constitucional Positivo.* (22a. ed.). São Paulo: Malheiros.

Soto, J. M. (2004). Comportamiento proambiental. Una aproximación al estudio del desarrollo sustentable con énfasis en el comportamiento persona-ambiente. *Theomai, 99.*

Steg, L., & Vlek, C. (2009). Encouraging pro-environmental behaviour: an integrative review and research agenda. *Journal of Environmental Psychology, 29*(3), 309-317. Recuperado de 10.1016/J.Jenvp.2008.10.004

Uzzell, D. (2005). Questionando os métodos na pesquisa e prática interdisciplinares da Psicologia Ambiental. *Psicologia USP, 16*(1/2), 185-199.

Leia também neste livro os capítulos 6 Enraizamento; 7 Escala e experiência ambiental.

9
Espaço defensável

(*Defensible space*)

Ariane Kuhnen
Bettieli Barboza da Silveira

Entendimento geral

Desde as décadas de 1950 e 1960 as reflexões sobre a prevenção da criminalidade despertaram interesse de pesquisa em autores como Jacobs (1961/2000), Newman (1972), Jeffrey (1971/1977) e Crowe (1991). Todos demonstraram preocupação em explorar o conhecimento sobre a manipulação do espaço, com vistas à redução de crimes e aumento da percepção de segurança da comunidade sobre seu entorno (Silva, 2013). A partir desses estudos, começaram a surgir conceitos que versavam sobre a influência do espaço físico nas ocorrências criminais. Nesse sentido, o arquiteto e urbanista Oscar Newman (1972) definiu e conceituou o termo *defensible space*, derivado de suas investigações sobre práticas de segurança e sua relação com a tipologia das edificações e tecidos urbanos. Com a criação de "espaços defensáveis" Newman (1972/1996) objetivou promover a autonomia dos moradores das comunidades que pesquisou, independentemente das ações de gestores públicos. A ideia baseou-se na possibilidade de criar zonas com capacidade de induzir a ação vigilante dos moradores, permitindo que eles próprios controlem as áreas ao redor de suas casas. O autor acredita que a ausência de um limite territorial torna o espaço físico impessoal, logo, vulnerável e propício às ações de criminosos.

Introdução

Com o advento das pesquisas relacionadas à criação de estratégias que estruturassem o espaço físico das comunidades a fim de torná-los mais seguros e menos propensos à criminalidade, Oscar Newman propôs uma teoria que versava sobre essa temática, denominando-a de Teoria do Espaço Defensável (*Defensible Space Theory*). Para exemplificá-la e expandi-la no universo social e científico, ele lançou o livro *Defensible space*, em 1972, buscando argumentar que os espaços que são utilizados por muitas pessoas tornam-se o campo perfeito para que o criminoso crie o anonimato que precisa para acessar suas vítimas. Nesse texto o autor indica que o isolamento do espaço promove segurança; logo, se o morador tem conhecimento e demarcação plena de seu território, o espaço está menos vulnerável a ações delituosas.

Em 1996, Newman publicou o livro *Creating defensible spaces* que, corroborado por sua obra anterior, direcionou os estudos sobre o conceito de espaço defensável para práticas aplicadas, constituídas por programas que atuavam principalmente em conjuntos residenciais periféricos. Por meio da reestruturação do *layout* físico, tais programas objetivavam permitir aos moradores o controle das áreas ao redor de suas casas, induzindo-os a uma ação vigilante. O autor ressalta que o sucesso para criar um espaço defensável depende do envolvimento dos próprios residentes, todos engajados no movimento pela qualidade de vida a partir de uma união mutuamente benéfica (Newman, 1996).

Espaços urbanos seguros

Atualmente uma das grandes problemáticas sociais que permeiam o cotidiano das pessoas é a falta de segurança nas cidades. Esse *deficit* na qualidade de vida das pessoas não é um fenômeno recente, pois há muito tempo os estudiosos se debruçam sobre estratégias que visem contribuir com o enfrentamento da criminalidade (Tavares, 2011; Oliveira, 2005). Dentre as teorias sobre espaços urbanos e segurança difundidas entre os anos de 1950 e 1960, destaca-se a similaridade entre elas pautadas por dois entendimentos principais: 1) uma relação imediata entre as configurações físico-urbanísticas e a incidência de crimes e 2) uma articulação entre as características físicas do ambiente, os perfis de comportamento suscitados pelas configurações espaciais e as localizações de ocorrência de crimes na cidade. Portanto, enfatiza-se o destaque para a análise dos fatores arquitetônicos do espaço e a localização do ato criminoso (Rau, 2004; Saboya, 2009).

De acordo com a Teoria do Espaço Defensável, para constituir uma situação de crime é preciso uma combinação de três fatores: um criminoso potencial, uma vítima "apropriada" e a ausência de dissuasão (associada ao desenho urbano). Vale ressaltar que, ao definir tais elementos, Newman parte do pressuposto de que o meio ambiente pode apresentar efeitos significativos sobre a delinquência e os delinquentes, favorecendo ou inibindo o crime. Ou seja, a vulnerabilidade ao crime também é uma questão física, pois está relacionada diretamente à morfologia da área onde aconteceu o evento criminal (Newman, 1996; Souza & Compans, 2009).

Dentre os estudiosos da temática, destaca-se Jane Jacobs, urbanista teórica que concorda com Newman sobre a importância da identidade com o lugar e da apropriação afetiva enquanto processos fundamentais para que aconteçam o controle e a vigilância natural do espaço (Jacobs, 1961/2000). No entanto, de modo geral, Jacobs e Newman traçam vertentes que se opõem em muitos pontos, como, por exemplo, quanto à aproximação de não residentes no espaço. Enquanto a autora acredita na possiblidade de novas interações sociais, o arquiteto afirma que os estranhos são inimigos potenciais. Nessa perspectiva, Newman prima pela construção de limites através de barreiras que restrinjam os acessos ao espaço (Kuo & Sullivan, 2001; Marzabali, Abdullah, Razak & Tilaki, 2012).

A estrutura dos programas de espaços defensáveis é proposta com vistas a ajudar as pessoas a cuidarem de seus entornos, preservando seus valores e estilos de vida. Nesse sentido, o êxito desse projeto depende principalmente da ajuda mútua entre os moradores, abdicando assim do risco de contar apenas com investimentos governamentais. De acordo com Ocampo, Lafoy, Rojas e Zarricueta (1999, p. 21), a noção que Newman defende parte da premissa de que "a partir do momento que um indivíduo toma posse de um espaço físico, ele o defende dos outros". A intenção é deixar claro que esse sujeito tem papel ativo na defesa de seu território, reforçando portanto a importância dessa ação para o sentimento de territorialidade (conceito importante para a Psicologia Ambiental). Por sinal, as intervenções propostas no programa resultaram de uma repartição dos espaços e da criação de fronteiras visíveis, promovendo uma graduação tipológica, definindo-os como: espaço público, semipúblico, espaço privado e semiprivado (Souza & Compans, 2009).

Enquanto características centrais de sua teoria, Newman (1996) destaca o conceito de vigilância e os processos de "territorialidade" e de "apropriação do espaço". Segundo o autor, a vigilância está condicionada à legibilidade do espaço e à visibilidade do vigilante sobre o território de sua responsabilidade. Desse modo, Ceccato (2014) ressalta o cuidado com lugares específicos, como: espaços próximos às áreas de vegetação (como árvores que permitam que alguém se esconda entre seus galhos e folhas), áreas com pouca visão do entorno (becos, bairros distantes) e com fugas fáceis (perto de estação de metrô, ponto de ônibus).

As técnicas e estratégias traçadas para o programa de espaço defensável tinham claros os propósitos: de definição de domínios públicos e privados; de condicionamento da vigilância à plena visibilidade do vigilante; do aumento na permanência e movimentação das pessoas nos locais de uso comum e no cuidado e zelo do morador sobre os espaços de sua responsabilidade. Segundo Newman (1972, 1996), a intenção é evitar que falhas na configuração física do espaço urbano se convertam em "convites" para uma ação delituosa, pois o aumento de atividades que denotem propriedade dos moradores em relação a seu entorno tende a reduzir a criminalidade.

Referências

Ceccato, V. (2014). The nature of rape places. *Journal of environmental psychology*, *40*, 97-107.

Crowe, T. (1991). *Crime prevention through environmental design: applications of architectural design and space management concepts*. Boston: Butterworth-Heinemann.

Jacobs, J. (2000). *Morte e vida de grandes cidades*. São Paulo: Martins Fontes. (Original publicado em 1961).

Jeffrery, C. G. (1971/1977). Crime prevention through Environmental Design. Califórnia: Sage Publications. (Original publicado em 1971).

Kuo, F. E., & Sullivan, W. C. (2001). Environment and crime in the inner city does vegetation reduce crime? *Environment and behavior*, *33*(3), 343-367.

Marzabali, M. H., Abdullah, A., Razak, N. A., & Tilaki, M. J. M. (2012). The influence of crime prevention through environmental design on victimization and fear of crime. *Journal of environmental psychology*, *32*(2), 79-88.

Newman, O. (1972). *Defensible space*. Nova York: Macmillan.

_____ (1996). *Creating defensible space*. Washington: Dept. of Housing and Urban Development.

Ocampo, R. S., Lafoy, P. P., Rojas, E. T., & Zarricueta, R. T. (1999). *La seguridad residencial y comunidad*. Santiago, Chile: Instituto de la Vivienda F.A.U.U. de Chile. Recuperado de http://www.libros.uchile.cl/494

Oliveira, C. A. (2005). Criminalidade e tamanho das cidades brasileiras: um enfoque da economia do crime. In XXXIII Encontro Nacional de Economia. *Anais*. Anpec (Associação Nacional dos Centros de Pós-Graduação em Economia).

Rau, M. (2004). *Seguridad ciudadana y espacio urbano residencial: vigilancia natural en límites de apropiación comunitaria. Edición Interna*. Santiago de Chile, pp. 1-199. Recuperado de http://goo.gl/KjpY3d

Saboya, R. (2009). *Segurança nas cidades: Oscar Newman e os espaços defensáveis*. Recuperado de http://urbanidades.arq.br/2009/11/seguranca-nas-cidades-oscar-newman-e-os-espacos-defensaveis/

Silva, S. C. G. D. (2013). *Geografia da (in)segurança no município de Guimarães*. Dissertação de mestrado. Universidade do Minho. Minho, Portugal. Recuperado de http://hdl.handle.net/1822/28334

Souza, M. J. N., & Compans, R. (2009). Espaços urbanos seguros. *Revista Brasileira de Estudos Urbanos e Regionais, 11*(1), 200-216.

Tavares, G. M. (2011). O dispositivo da criminalidade e suas estratégias. *Fractal: Revista de Psicologia, 23*(1), 123-136.

Leia também neste livro os capítulos 6 Enraizamento; 16 Percepção de risco; 18 Privacidade; 21 Territorialidade(s).

10
Espaço pessoal*

Robert Sommer

Entendimento geral

Conceito criado por Robert Sommer, o espaço pessoal é a zona emocionalmente carregada em volta do corpo humano que é sentida (e defendida) pelas pessoas como sendo o "seu espaço" — e à qual, em muitas situações, elas se referem como "bolha". Considerado seminal para a Psicologia Ambiental, este conceito lançou importantes luzes sobre o comportamento socioambiental humano. Quase 50 anos após o lançamento do livro *Personal space: the behavioral bases of design*, pela editora Prentice-Hall Inc., em 1969 — publicado em português em 1973 pela EPU/USP (com tradução de Dante Moreira Leite) —, nesse texto o autor reafirma o conceito e ressalta a importância de repensá-lo diante da contemporaneidade.

(Esclarecimento da tradutora.)

Introdução

Mais pessoas e mais apinhamento/aglomeração suscitam importantes questões sobre espaço, no sentido de quão próximas as pessoas se posicionam umas das outras. Espaço pessoal é a zona emocionalmente afetada em volta do corpo humano que as pessoas sentem como sendo "seu espaço" (Sommer, 1969/1973/2007, 2002). Suas dimensões não são fixas; variam de acordo com estados internos, cultura, gênero e contexto. O espaço pessoal tem a forma de uma ampulheta, mais larga na frente e atrás, mais estreita nos lados; assim, as pessoas toleram a presença próxima de um estranho ao seu lado, como em um ônibus ou em um elevador, mais do que de alguém sentado ou de pé, diretamente à sua frente. O contato de

---

* Tradução de Isolda Günther.

olhos tem um importante papel na regulação do espaço pessoal. Podemos nos aproximar mais de outra pessoa cujos olhos estão fechados do que da mesma pessoa se seus olhos estão abertos. Frequentemente, namorados em um abraço íntimo fecham os olhos para compensar a extrema proximidade.

Há diferenças culturais e de gênero nas dimensões do espaço pessoal. Tipicamente, as pessoas de culturas latinas tendem a se sentar e a ficar de pé mais próximas do que as pessoas de culturas anglo-saxônicas; em situação social semelhante, ao interagirem, duas mulheres se posicionarão de modo mais próximo do que dois homens.

A noção de espaço pessoal é muito diferente entre brasileiros e estadunidenses. Comparadas com muitas pessoas dos países de língua inglesa, as pessoas de áreas da América Latina podem demonstrar comportamento mais relaxado e casual e se sentir mais confortáveis com conversas em tom alto, maior gesticulação e mais contato físico. No Brasil, em geral as pessoas tendem a se posicionar mais próximas umas das outras em muitas situações sociais e se tocam mais durante a conversação. Dar um passo atrás durante uma conversação pode ser considerado rude. O sentido brasileiro de espaço pessoal mostra-se, inicialmente, um pouco desconcertante para visitantes estadunidenses.

Além do mais, a distância de interação é influenciada pelo tipo de relacionamento entre as pessoas. Em um relacionamento intenso, o espaço pessoal pode desaparecer à medida que dois indivíduos se unificam em uma combinação do *self* por meio de toques e de contato corporal frequentes. O espaço pessoal expressa e reforça a proximidade de uma relação. Amigos se posicionam mais próximos do que conhecidos que, por sua vez, permanecem fisicamente mais próximos do que estranhos. Em um sentido similar, as pessoas de quem gostamos, aquelas que têm o mesmo *status* e aquelas com as quais concordamos têm permissão para ficar fisicamente mais próximas do que aquelas de quem não gostamos ou de quem discordamos, as quais, de alguma maneira, são estigmatizadas. As pessoas que têm a expectativa de estar em uma situação de apinhamento/aglomeração manterão zonas de espaço pessoal menores do que as pessoas que não têm tais expectativas. Proximidade interpessoal com estranhos parece ser mais aceitável quando ocorre ao ar livre do que em ambientes fechados ou em salas com pé-direito alto.

Esses achados experimentais podem ser usados por outros pesquisadores para estimar o grau de proximidade em um relacionamento. Dentro do quadro de referência da comunicação não verbal, podemos ser ensinados a "ler relacionamentos" observando a proximidade das pessoas. Frequentemente, corporações e agências governamentais oferecem treino em sensibilidade cultural aos seus funcionários programados para trabalhar no exterior, bem como a seus familiares, o que inclui informações sobre normas relacionadas ao espaço.

Quando as pessoas ficam próximas demais e uma delas sente o seu espaço pessoal ameaçado, várias medidas defensivas são empregadas: desviar ou se afastar do intruso; reduzir movimentos e gestos; suprimir o contato de olhos; retirar-se; adotar uma postura defensiva – com braços cruzados ou uma postura tensa.

A preferência por interação próxima ou distante se desenvolve cedo na vida, sendo tipicamente formada até a puberdade e influenciada por modelagem. Se não forem reconhecidas e admitidas, as diferenças em normas espaciais podem gerar tensão em um relacionamento: uma pessoa sente a outra como fria e distante enquanto a outra se ressente pela excessiva proximidade do seu par.

Pesquisas sobre espaço pessoal

Os métodos para investigar o espaço pessoal incluem estudos de campo e simulações.

Estudos de campo

São pesquisas que envolvem indivíduos anônimos em ambientes naturais e sem consciência de que seu comportamento está sendo registrado. A variável dependente pode ser medida durante a invasão do espaço pessoal (p. ex., pelo afastamento rápido) ou subsequente à invasão (p. ex., pela não ajuda ou menos ajuda em um encontro posterior). Além dessas observações não obstrutivas em contextos naturais, pode-se realizar a quantificação de dados obtidos por meio de fotografias, vídeo ou mapeamento de assentos. Esse método é especialmente útil em estudos transculturais pois, como seu foco é a linguagem não verbal, o idioma não constitui uma barreira. Seguem alguns exemplos:

- Invasões encenadas em ambientes naturais – um pesquisador se posiciona próximo demais de uma pessoa inadvertida enquanto outro pesquisador observa e registra as reações dessa pessoa.

- Acesso impedido – em uma variante desse método, pares de auxiliares de pesquisa encenam uma conversação que bloqueia parcialmente um corredor ou uma calçada. Um observador registra se as pessoas se movimentam entre ou em volta dos pares que conversam.

Simulações

São estudos nos quais os participantes sabem que estão sendo observados ou testados, embora a variável específica de interesse do pesquisador possa não ser especificada, podendo tratar-se de:

- Preferência espacial – esses estudos registram como as pessoas se colocam sob várias condições de laboratório; por exemplo, situações de alta e de baixa ansiedade ou após sucesso ou falha.

- Distância para parar – um pesquisador vai se aproximando de uma pessoa até que ela o avise para parar por sentir que está inconfortavelmente próximo.

- Distância de aproximação – solicita-se ao(s) participante(s) que se mova(m) na direção de uma pessoa e que pare(m) a uma distância de interação confortável; na pesquisa a pessoa também pode ser representada por um substituto condizente, como uma fotografia que exibe uma expressão emocional específica.

- Recuo – nesse caso, ao invés de aproximar-se, o pesquisador se afasta da pessoa; por exemplo, quando o pesquisador desloca sua cadeira para mais longe da pessoa que participa de uma entrevista encenada, provavelmente a pessoa tenderá a se mover para a frente, a fim de manter uma distância de conversação confortável.

- Teste de colocação de figuras – os respondentes colocam figuras humanas substitutas em arranjos de conversação ou em outras interações sociais.

- Testes de lápis e papel – em geral envolvem a aplicação de escalas ou testes, dentre os quais destacam-se a Escala de Distância de Interação Confortável (Confortable Interaction Distance Scale), que consiste em solicitar ao respondente que se aproxime de outra pessoa – um pesquisador assistente, que exibe uma expressão emocional específica de felicidade ou de medo – e que se detenha a uma distância de interação que considera confortável; o Mapa de Distância Psicológica (Psychological Distance Map), que mede a partir de um ponto de referência, no caso o próprio respondente, as diferentes distâncias nas quais um objeto ou pessoa devem ser removidos; os Testes de Desenho de Figuras (Figures Drawing Tests) nos quais os respondentes são solicitados a desenhar pessoas em vários tipos de relacionamentos, tais como o funcionário e o empregador ou uma mãe com a sua criança em comparação com um pai com sua criança; o Questionário de Individuação-Apego (Individuation-Attachment Questionnaire) e a Medida de Distância Interpessoal (Interpersonal Distance Measure) medem a distância interpessoal nas dimensões controle pessoal, conforto e privacidade.

• Registro fisiológico – registro de taxa de piscar os olhos, batimentos cardíacos ou outras medidas fisiológicas em função da variação da distância interpessoal.

• Testes de realidade virtual e estudos de campo – na era digital, a zona emocionalmente afetada ao redor de nosso corpo pode ser invadida virtualmente.

Usuários de telefone celular e de iPod podem agir como se o espaço público fosse um espaço privado, convertendo as pessoas próximas em não pessoas. O uso de telefone celular em um ambiente público corresponde à apropriação do espaço público para conversação privada. Esse onipresente dispositivo eletrônico pode ser visto, inclusive, como um modo de escapar ou como uma maneira pela qual a pessoa pode evitar encontros indesejados. As pessoas deixam mais espaço entre si e alguém que está usando um telefone celular ou um iPad do que entre elas e alguém presumivelmente menos ocupado. Pesquisadores verificaram que pessoas com telefones celulares são menos conscientes do que se passa à sua volta, exceto para a área imediata ao seu redor. Estudantes universitários informaram a entrevistadores que um telefone celular lhes dá um sentido de controle sobre o tempo e sobre o espaço.

Também o tamanho do corpo afeta as dimensões do espaço pessoal e é um fator nas invasões percebidas. Pessoas obesas ocupam mais espaço do que pessoas magras. Por terem corpos maiores, suas fronteiras e suas zonas de espaço pessoal se estendem para mais adiante. Os efeitos desse fato são particularmente evidentes em locais públicos com assentos fixos, tais como aviões, trens e teatros. Uma zona de espaço pessoal maior torna mais provável que a pessoa, mesmo sem intenção, invada o espaço do outro, provocando, assim, uma resposta agressiva. Nos Estados Unidos, estudos sugerem que prisioneiros condenados por assaltos têm maiores zonas de espaço pessoal do que prisioneiros condenados por ofensas não violentas.

A Neuropsicologia sugere que o espaço pessoal é regulado pela amígdala cerebral, estrutura cerebral que faz parte do sistema límbico e que é encarregada das informações emocionais. Estudiosos dessa área introduziram também o conceito de espaço peripessoal, o espaço dentro do alcance da pessoa, e o espaço extrapessoal, o espaço fora do alcance da pessoa. Pessoas com alta ansiedade tendem a necessitar de mais espaço peripessoal. Pessoas extrovertidas tendem a preferir distâncias interacionais menores do que pessoas introvertidas.

O conceito de espaço pessoal tem suas raízes em estudos do comportamento animal realizados por etólogos e zoólogos. Para explicar o comportamento espacial humano, a Psicologia Ambiental tende a usar a perspectiva evolucionista darwiniana em termos do uso do espaço, com a finalidade de aumentar o sucesso reprodutivo.

Várias predições sobre a proximidade espacial têm como quadro de referência uma perspectiva funcional. Assim, por exemplo, adultos procurarão proximidade com parceiros desejados, com descendentes não competitivos com necessidade de proteção e com organismos similares que poderão se tornar futuros aliados, especialmente aparentados. Por outro lado, esses mesmos adultos procurarão manter distância de indivíduos estigmatizados que afetarão adversamente a sobrevivência ou a reprodução, de estranhos, de outros indivíduos com comportamentos imprevisíveis, de qualquer indivíduo percebido como uma ameaça e de membros familiares sujeitos ao tabu do incesto.

Outras predições se relacionam à organização social (incluindo hierarquia de dominância), ao território, ao apinhamento/aglomeração e à resposta imediata à invasão do espaço pessoal, tais como:

• Aos indivíduos dominantes com alto *status* serão alocados espaços de mais qualidade do que aos indivíduos com baixo *status*.

• Proximidade não desejada produzirá sinais de desconforto e acelerará a retirada.

• Aproximações pelas costas são potencialmente mais perigosas e mais ameaçadoras do que aproximações realizadas pela frente ou pelos lados.

• À medida que um território é usado para atividades vitais que sustentam a vida, uma invasão espacial provocará maior resistência do que uma invasão em outros contextos.

- Apinhamento/aglomeração produz proximidade não desejada e, assim sendo, reduz os limites do espaço pessoal; pode ser visto como uma ameaça ao sucesso reprodutivo, em termos de um excesso de competidores em um espaço limitado; resulta, portanto, em desconforto, menos ajuda e vários comportamentos compensatórios.
- Durante os estágios de dependência as crianças permanecerão próximas ao provedor de cuidado primário; à medida que a criança cresce, essa distância aumenta.
- Quando a criança alcança a puberdade, a distância do genitor do sexo oposto e de irmãos/irmãs pós-puberais aumentará por causa do tabu do incesto.
- À medida que os humanos evoluíram em grupos de parentesco, a proximidade espacial preferida deve ter estabelecido um paralelismo genético, levando em conta o tabu do incesto.

Outro aspecto a ressaltar é a reciprocidade, entendida como uma estratégia reprodutiva bem-sucedida dentro dos grupos sociais, o que gera um estigma contra indivíduos sem reciprocidade, não saudáveis e não reprodutivos, bem como em relação àqueles que não carregam genes similares. Isso, por sua vez, leva a uma predição de proximidade entre membros de um grupo, particularmente aqueles que poderão se tornar bons parceiros ou aliados.

Os humanos podem se adaptar e viver na presença próxima de estranhos, como ocorre nas cidades contemporâneas, mas provavelmente haverá um custo psicológico associado a essa escolha, e também poderão haver benefícios, como a grande variedade de estimulação e oportunidades de aprendizagem relacionadas à alta densidade.

Referências

Sommer, R. (1969). *Personal space: the behavioral bases of design*. Nova York: Prentice-Hall.

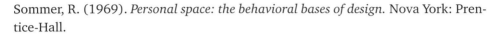 (1973). *Espaço pessoal: as bases comportamentais de projetos e planejamento*. Trad. D. M. Leite. São Paulo: EPU. (Original publicado em 1969).

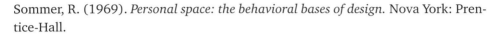 (2002). Personal space in a digital age. In R. B. Bechtel & A. Churchman (Eds.). *Handbook of environmental psychology* (pp. 647-660). Nova York: Wiley.

_____. (2007). *Personal space: the behavioral basis of design*. (ed. atual.). Bristol, England: Bosko Books.

Leia também neste livro os capítulos 7 Escala e experiência ambiental; 9 Espaço defensável; 18 Privacidade; 21 Territorialidade(s).

11
Justiça ambiental

Victor Hugo de Almeida
Fernanda Fernandes Gurgel

Entendimento geral

A compreensão sobre a justiça ambiental implica, necessariamente, o entendimento do meio ambiente sob a perspectiva da inter-relação pessoa-ambiente, que se traduz na premissa de que a pessoa é parte integrante e inseparável do meio, e não apenas nele se encontra. Justiça ambiental pode ser entendida como a busca pelo tratamento justo e envolvimento significativo de todas as pessoas nos processos de elaboração, desenvolvimento, implementação e reforço de políticas e leis ambientais. No Brasil, a emergência da justiça ambiental tem ocorrido de modo abrangente, contemplando a temática do meio ambiente, mas também questões sociopolíticas, culturais e econômicas, acarretando um movimento de expansão dos direitos humanos e construindo um sentido mais amplo de justiça, fundamentado na ética ambiental. A efetivação da justiça ambiental não decorre apenas da instituição de leis, mas da distribuição igualitária de benefícios e custos, da maior ênfase nas políticas de informação e conscientização sobre problemas ambientais e da formação de sujeitos coletivos de direitos.

Uma matriz sócio-histórica de injustiça ambiental

Os sucessivos processos de reestruturação da produção, desencadeados pela Revolução Industrial inglesa a partir do final do século XVIII, determinaram a ressignificação do modo de vida em diversas culturas e países, impactando na produção, na prestação laboral, no consumo e, evidentemente, na relação do ser humano com o seu meio. Sem a sofisticação tecnológica impulsionada por esses processos, seria inviável pensar na formação de um mercado de consumo capaz de satisfazer aos anseios lucrativos de um sistema que apenas se sustenta enquanto se movimenta a roda da economia. Sem esse mercado de consumo seria irrealizável a implantação do capitalismo como um sistema socioeconômico que tem por objetivo a máxima obtenção de lucro e acúmulo de riquezas. Trata-se, pois, de um sistema dominante no contexto ocidental, desde sua expansão nos séculos XIX e XX, responsável pela globalização da economia e internacionalização do capital, bem como pela degradação ambiental, pela escassez de recursos naturais e pela exclusão social.

Segundo Ioris (2009), a crescente escassez de recursos naturais e a desestabilização dos ecossistemas afetam, de modo desigual e injusto, diferentes grupos sociais ou áreas geográficas, sobretudo locais habitados por minorias socialmente vulneráveis (p. ex.: populações de menor renda; grupos indígenas; trabalhadores sem acesso à informação sobre os riscos da atividade; populações de áreas degradadas ou sem infraestrutura, esquecidas pelo poder público).

Conforme pontua Cabral (2014, p. 183), "a sociedade pós-industrial é caracterizada pela distribuição de riscos e pela concentração de riquezas, e os riscos, paradoxalmente, decorrem da contínua reformulação do progresso do sistema científico", de modo que tal sofisticação é também responsável pela criação de substâncias ou pela exposição de pessoas a situações cujas consequências ainda não são conhecidas. Nos dizeres de Beck (2010), a sociedade de risco resultou do progresso científico e tecnológico, perdendo o ser humano o controle sobre os riscos produzidos.

É por esse motivo que diversos sistemas jurídicos, inclusive o brasileiro, contemplam em seu regramento ambiental o Princípio da Precaução, cuja premissa, ao contrário da inteligência do Princípio da Prevenção (direcionado a impactos ambientais já conhecidos e comprovados), impõe o dever de evitar intervenções cujas consequências ao meio ambiente são desconhecidas, porque ainda não dirimidas pela ciência. De acordo com Figueiredo (2007, p. 60), "a ausência de certeza científica absoluta não deve servir de pretexto para procrastinar a adoção de medidas efetivas visando prevenir a degradação do meio ambiente". No Brasil, esse princípio, consagrado na Conferência das Nações Unidas para o Meio Ambiente e o Desenvolvimento (ECO 92) com a aprovação dos Princípios 15 e 17, foi agasalhado pela Lei n. 6.938/81 – Lei de Política Nacional do Meio Ambiente (art. 4º, incisos I e IV) e expressamente previsto na Constituição Federal (art. 225, § 1º, inciso V) e na Lei n. 9.605/98 – Lei de Crimes Ambientais (art. 54, § 3º).

Os impactos negativos da exploração ambiental desenfreada, na maioria das vezes, são suportados por comunidades vulneráveis, perversamente compelidas a tolerar níveis significativos de riscos, submetendo-se à exploração socioambiental em troca da manutenção das precárias condições de trabalho e moradia. Assim sendo, afora as incertezas do desemprego, da desproteção social e da precarização do trabalho, grande parte da população brasileira encontra-se exposta a significativos riscos ambientais, caracterizando o que se deliberou nomear como "injustiça ambiental" (Brasil, 2001).

Por injustiça ambiental entende-se a destinação socioeconômica da maior carga de danos ambientais – decorrentes do desenvolvimento – às populações de baixa renda, aos grupos raciais discriminados, aos povos étnicos tradicionais, aos bairros operários, às populações marginalizadas e vulneráveis (Brasil, 2001). Ou seja, é a consequência da busca desenfreada pelo desenvolvimento não sustentável a serviço da acumulação de riquezas e, ao mesmo passo, em detrimento da preservação socioambiental.

Na casuística, constata-se a injustiça ambiental em situações de trabalhadores que se ativam sem proteção, suscetíveis a riscos labor-ambientais[10]; de moradores do entorno de indústrias que escoam clandestinamente no meio ambiente, sem qualquer tratamento, gases, substâncias e detritos tóxicos[11]; de habitantes de favelas sem saneamento básico e em área de risco; da prática de agricultura intensiva, sustentada pelo emprego de agroquímicos, prejudiciais aos consumidores, aos trabalhadores rurais e à população do entorno; da devastação do ecossistema a serviço do progresso; de remessa por navio de lixo tóxico ou contaminado para outros países, principalmente de países desenvolvidos para países pobres, entre outras.

Os resultados dessas situações de injustiça ambiental são bem conhecidos, a saber: a anencefalia nas crianças nascidas em Cubatão, interior do Estado de São Paulo; o desemprego dos trabalhadores contaminados por dioxina no ABC Paulista; os reiterados casos de suicídio entre trabalhadores rurais usuários de agrotóxicos em Venâncio Aires, no Rio Grande do Sul

---

10. À guisa de exemplo, dados oficiais divulgados pela Previdência Social registram 432.254 acidentes típicos de trabalho em 2013, considerados aqueles decorrentes diretamente da execução do trabalho (Brasil, 2014).

11. P. ex., a contaminação do Recanto dos Pássaros, em Paulínia (SP), decorrente da fabricação de pesticidas (aldrin, endrin e dieldrin) entre 1975 e 1993, que poluiu o lençol freático nas proximidades do Rio Atibaia, um importante manancial da região, cuja contaminação culminou no adoecimento de moradores do bairro, nos quais foi identificado ao menos um tipo de resíduo tóxico no organismo (Maeda & Franco, 2013).

(Brasil, 2001); a aquisição de doenças de difícil ou remota cura pela comunidade (vizinhança e trabalhadores) do Recanto dos Pássaros (Paulínia, SP), em decorrência dos altos níveis de contaminação do meio ambiente por compostos organoclorados, da classe dos *drins*, oriundas da produção local de agroquímicos (Brasil, 2010).

São situações decorrentes da combinação de mecanismos predatórios com políticas, empreendimentos e infraestruturas não sustentáveis, que produzem impactos socioambientais perversos. O comportamento humano, nesses casos, é o de predadores dos ecossistemas e das populações locais: interagem com o meio ambiente como quem o possui, e não como quem dele compartilha e necessita, sob a bandeira do progresso contínuo ostentada por comportamentos autodestrutivos.

Portanto, ao falar de injustiça ambiental, fala-se também em conflitos de interesses, inter e intraterritoriais, e em sobrevivência. E, conforme Nusdeo (n/d), a compreensão e o aprofundamento da noção de justiça ambiental decorrem, necessariamente, "dos diagnósticos acerca dos elementos principais da injustiça ambiental no país e das possibilidades de sua superação em programas e medidas específicos, com a participação das diferentes comunidades envolvidas".

Uma noção de justiça ambiental

A compreensão da noção e da abrangência de justiça ambiental implica, necessariamente, o enfoque do meio ambiente sob a perspectiva da inter-relação pessoa-ambiente, que se traduz na premissa de que a pessoa é parte integrante e inseparável do meio, e não apenas nele se encontra. Por isso, pessoa e ambiente se relacionam e se influenciam recíproca e continuamente, positiva e/ou negativamente. Ignorar que o ser humano é parte constitutiva do meio ambiente é também descartar toda a interação entre a pessoa e seu entorno, desprezando os aspectos pessoais (comportamentais e psicológicos) que influenciam na maneira como o ser humano enxerga, vivencia e negocia com o contexto, bem como sua intervenção, consciente ou inconsciente, nas propriedades e no equilíbrio ambiental.

Daí dizer que "não se pode pensar o contexto sem considerar as pessoas que dele participam e as interações que nele se estabelecem", vez que as "relações pessoa-meio são compreendidas como mutuamente constitutivas" (Rossetti-Ferreira, Amorim & Silva, 2004, p. 26), razão pela qual o meio ambiente é visto como arena e motor para o desenvolvimento humano, "que se dá por meio das interações estabelecidas pelas pessoas em contextos social e culturalmente organizados" (Rossetti-Ferreira, Amorim & Silva, 2004, p. 23).

Importa, ainda, considerar que a noção de meio ambiente inclui tanto dimensões físicas como sociais, internas e externas, de modo que, ao intervir no ambiente, o ser humano o modifica, modifica o seu entorno e, principalmente, a si próprio. Dessa forma, não se pode pensar a relação pessoa-ambiente do ponto de vista de que o ser humano é mero expectador dessa dinâmica, mas, sim, da premissa da reciprocidade. Segundo Moser (1998, p. 122):

> Essa inter-relação é dinâmica, tanto nos ambientes naturais quanto nos construídos. Ela é dinâmica porque os indivíduos agem sobre o ambiente (p. ex., construindo-o), mas esse ambiente, por seu turno, modifica e influencia as condutas humanas.

Tal premissa, a da bidirecionalidade (ou reciprocidade), explica que a injustiça ambiental é nada mais do que a resposta da natureza ao ser humano, que interfere nas propriedades do ambiente irresponsavelmente, por meio de ações e/ou omissões; é, em suma, produto da ação antrópica predatória, suportada por comunidades mais vulneráveis, porque são mais preteridas pelo poder público e porque possuem menos recursos e informações; daí também dizer que possuem menor cidadania do que outros grupos mais assistidos.

Diz-se menor cidadania em decorrência da lógica perversa da injustiça ambiental, qual seja: o progresso e a busca desmedida pelo lucro muitas vezes impõem riscos ambientais e sanitários a grupos pouco ouvidos pela sociedade – inclusive pelo poder público –, e que não vivem, mas, sim, sobrevivem sem água potável, coleta adequada de lixo e tratamento de esgoto, às margens dos centros urbanos. Assim sendo, por meio de contrastes, compreender o que é injustiça ambiental é o primeiro passo para entender e efetivar a justiça ambiental.

O interesse pela justiça ambiental surgiu no encalço dos movimentos contra o racismo nos Estados Unidos, na década de 1980, em razão da desigualdade da qualidade de vida em relação às etnias; bem como da onda ambientalista decorrente das pioneiras e mais importantes leis de proteção ambiental, incluindo o Clean Air Act e o Clean Water Act. Naquele contexto, representantes de minorias raciais pertencentes às classes sociais favorecidas questionaram a instalação de aterros de resíduos perigosos no entorno de bairros habitados predominantemente por negros (Nusdeo, n/d). Esclarece Moura (2010, p. 4) que "um relatório científico divulgado pelo Comitê para a Justiça Racial da Igreja Unida de Cristo denunciou as ligações entre a degradação ambiental e a discriminação racial". Era o veio do fenômeno que, mais tarde, passaria a ser conhecido como *environmental justice* (justiça ambiental).

No Brasil, a justiça ambiental foi recepcionada de forma abrangente, contemplando um movimento de ressignificação da questão ambiental, "apropriando-se da temática do meio ambiente por dinâmicas sociopolíticas tradicionalmente envolvidas com a construção da justiça em sentido amplo" (Moura, 2010, p. 5). A partir daí, em 2001, surgiu a Rede Brasileira de Justiça Ambiental (RBJA), com o apoio de redes de outros países (Estados Unidos, Chile e Uruguai), visando combater a injustiça ambiental no país por meio da articulação de representantes de movimentos sociais, organizações não governamentais, sindicatos e pesquisadores, articulando as lutas ambientais com as lutas por justiça social.

Conforme Acselrad (2006, p. 223), pode-se dizer que

> a justiça ambiental surgiu da criatividade estratégica dos movimentos sociais, alterando a configuração de forças sociais envolvidas nas lutas ambientais e, em determinadas circunstâncias, produzindo mudanças no aparelho estatal e regulatório responsável pela proteção ambiental.

Para Bullard (2004, p. 45), justiça ambiental é "a busca do tratamento justo e do envolvimento significativo de todas as pessoas, independentemente de sua raça, cor, origem ou renda no que diz respeito à elaboração, desenvolvimento, implementação e reforço de políticas, leis e regulações ambientais". Significa dizer que nenhum grupo deverá suportar uma parcela desproporcional das consequências ambientais negativas resultantes de intervenções humanas predatórias, degradantes e não sustentáveis, ou da omissão ou negligência do poder público para evitá-las.

Na perspectiva de Acselrad (2006, p. 223), justiça ambiental é "uma noção emergente que integra o processo histórico de construção subjetiva da cultura dos direitos no bojo de um movimento de expansão semântica dos direitos humanos, sociais, econômicos, culturais e ambientais".

Muito mais do que uma disciplina acadêmica, o fenômeno da justiça ambiental "é um verdadeiro movimento contra as injustiças tradicionalmente perpetradas e/ou admitidas pelo Estado, traduzindo-se na premissa de que nenhum grupo social está acima da lei" (Ioris, 2009, p. 390); apresenta caráter tentacular e se baseia no seguinte rol de princípios e práticas: (a) assegurar que nenhum grupo social (étnico, racial ou de classe) suporte uma parcela desproporcional das consequências ambientais negativas decorrentes de operações econômicas, decisões de políticas e programas públicos, seja por ação ou omissão; (b) assegurar acesso justo e igualitário, direto e indireto, aos recursos ambientais; (c) assegurar amplo acesso às informações relevantes a respeito de recursos ambientais, destinação de detritos e localização de fontes de riscos ambientais; (d) assegurar amplo acesso às informações sobre processos democráticos e participativos na definição de políticas, planos, programas e projetos que lhes dizem respeito; e (e) favorecer a formação de sujeitos coletivos de direitos, movimentos sociais e organizações populares para protagonizarem a construção de modelos alternativos de desenvolvimento que assegurem a democratização do acesso aos recursos ambientais e à sustentabilidade do seu uso (Brasil, 2001).

Pautada na universalidade, na generalidade, na imparcialidade e na justiça social, a justiça ambiental deve ter como fundamento a ética ambiental, de modo a garantir a justa distribuição dos bens naturais ambientais a todos os seres vivos, pois "necessidades corpóreas são naturalmente comuns a todas as espécies vivas" (Felipe, 2006, p. 5). Pensar o contrário seria tolerar a extinção de outras espécies por meio da exploração predatória do meio ambiente em detrimento do equilíbrio do ecossistema, da preservação de outras formas de vida e da própria sobrevivência humana, que é apenas uma dentre milhões de espécies de vida que habitam o planeta.

A garantia da justa distribuição dos bens ambientais a todos os seres vivos também alcança futuras gerações. Isso porque prevê a Declaração do Meio Ambiente e Desenvolvimento do Rio, em seu terceiro princípio, que "O direito ao desenvolvimento deve ser exercido, de modo a permitir que sejam atendidas equitativamente as necessidades de gerações presentes e futuras" (ONU, 1992). Há também o mandamento que consta no art. 225 da Constituição da República Federativa do Brasil de 1988: "Todos têm direito ao meio ambiente ecologicamente equilibrado, bem de uso comum do povo e essencial à sadia qualidade de vida, impondo-se ao poder público e à coletividade o dever de defendê-lo e preservá-lo para as presentes e futuras gerações". Antes, porém, a Declaração de Estocolmo, de 1972, já previa, em seu preâmbulo, o Princípio da Equidade Intergeracional, de acordo com o qual: "O homem [...] tem a solene responsabilidade de proteger e melhorar o meio ambiente para a atual e as futuras gerações" (Brasil, 1972).

Por assim ser, cabe a cada uma das gerações arcar com o ônus por ela produzido, abstendo-se de transferi-lo para as próximas gerações. Essa equidade geracional, que integra os propósitos da justiça ambiental, está assentada em três princípios, conforme evidenciam Dornelas e Brandão (2011): conservação da diversidade da base dos recursos naturais (Princípio da Conservação de Opções); manutenção da qualidade do planeta (Princípio da Conservação da Qualidade); provimento às gerações futuras de direitos iguais de acesso aos legados das gerações passadas (Princípio da Conservação do Acesso).

Por fim, para Felipe (2006), um modelo de ética ambiental, sem a qual não há de se falar em justiça ambiental, deve considerar três espécies de interesses: morais, psicológicos e biológicos. Quanto ao interesse moral, assevera Felipe (2006) ser atributo presente apenas em seres dotados de razão e liberdade para ação e escolhas, enquanto o interesse psicológico existe em todos os animais, humanos e não humanos, que possuem sensibilidade e capacidade de ser afetados emocionalmente pelo impacto de interações que possam comprometer seu equilíbrio e bem-estar (p. ex., aprisionar um animal cuja natureza biológica impõe a vida em liberdade). Em relação ao interesse biológico, todos os seres vivos possuem tal atributo, haja vista consistir no interesse pela própria vida, cujo bem é resguardado até mesmo pelos seres vivos irracionais em razão, por exemplo, do instinto.

Diante do exposto, a justiça ambiental – entendida como tratamento justo e igualitário de todas as pessoas, independentemente de raça, cor, origem ou renda, e de todos os seres vivos, no que tange às mais diversas formas de intervenção ambiental (ações, abstenções, políticas, leis etc.) –, possui caráter tentacular e está intrinsecamente relacionada ao direito à informação, à equidade intergeracional e à formação de sujeitos coletivos de direitos.

A efetivação da justiça ambiental

Consoante a Campos-de-Carvalho (2003, 1993), desde a década de 1970 a Psicologia Ambiental dedica-se ao estudo da inter-relação entre pessoa e ambiente. Dentre os tipos de temas que compõem os interesses dessa subárea da Psicologia estão: interesse pelo efeito do ambiente no comportamento, mudanças de atitudes, percepção ambiental, mudanças e planejamento do ambiente etc.

Na década de 1990, Pinheiro (1997) já sinalizava uma preocupação social mundial com os problemas ambientais, ressaltando que são os comportamentos das pessoas que os provocam e/ou agravam. Por isso, entendemos que pode a Psicologia Ambiental lançar luzes à compreensão da inter-relação pessoa-ambiente no tocante à justiça ambiental, mediante a necessidade de compreender o ser humano diante do ambiente sociofísico como sujeito ativo dessa complexa relação, buscando "desenvolver teórica e cientificamente conhecimentos sobre a forma de agir das pessoas e influir nos rumos da sociedade em um de seus aspectos mais fundamentais" (Pinheiro, 1997, p. 380).

É nessa esteira que Pinheiro (1997, p. 378) pontua que tais problemas são problemas da humanidade, pois todas as chamadas questões ambientais são, na verdade, "questões humano-ambientais, refletindo não uma crise ambiental, mas uma crise das pessoas-nos-ambientes". Tal conclusão resta ainda mais evidente quando da constatação fática de situações que caracterizam alguma forma de injustiça ambiental.

Segundo Kuhnen (2009, p. 38), "o conflito entre desenvolvimento, pobreza, meio ambiente e paz transformou-se numa das maiores evidências das dificuldades humanas atuais", porque "a harmonização das relações que os seres humanos mantêm com a natureza e a luta obstinada pela pacificação das relações entre os seres humanos constitui as duas faces de uma mesma moeda" (Vieira, 2005, p. 333). Para Kuhnen (2009), faz-se necessária uma "mutação cultural" da proteção ambiental, que deve ser organizada de acordo com a natureza, com o tempo, uns com os outros, com a autoridade e o Estado.

A efetivação da justiça ambiental não está adstrita à preservação e à proteção do meio ambiente justamente pelo fato de que sua concretização deve também garantir o tratamento justo e igualitário de todas as pessoas, independentemente de raça, cor, origem ou renda, e de todos os seres vivos, no que tange às mais diversas formas de intervenção ambiental. Efetivar a justiça ambiental é também (r)estabelecer a dignidade de grupos vulneráveis, ao passo que a dignidade da pessoa humana é a qualidade intrínseca e distintiva de cada ser humano, que o faz merecedor do mesmo respeito e consideração por parte do Estado e da comunidade.

Nesse sentido, comporta a dignidade da pessoa humana um complexo de direitos e deveres fundamentais que assegurem a pessoa tanto contra todo e qualquer ato de cunho degradante e desumano como garantir as condições existenciais mínimas para uma vida saudável, além de propiciar e promover sua participação ativa corresponsável nos destinos da própria existência e da vida em comunhão dos demais seres humanos (Sarlet, 2001; Almeida & Souza, 2014). Insculpida no art. 1º, inciso III da Constituição Federal de 1988, a dignidade da pessoa humana representa um valor constitucional supremo, o epicentro de todo o ordenamento jurídico em torno do qual devem gravitar as demais normas e políticas públicas (Almeida & Souza, 2014).

Por isso, é preciso compreender que todo e qualquer problema ambiental deve ser visto por meio da relação sociedade/pessoa-natureza (Kuhnen, 2009), e não apenas da perspectiva do meio ambiente ou de pessoas/grupos isoladamente. Não há ambiente sem pessoas (Acselrad, 2010) e os problemas ambientais envolvem comportamentos individuais e sociais implicados.

No âmbito da efetivação da justiça ambiental, impõe-se ainda a necessidade de conhecer a vulnerabilidade de grupos na perspectiva concreta. Isso porque a vulnerabilidade é uma noção relativa, pois há diferentes "vulnerabilidades", diferentes situações e condições que se articulam nos distintos momentos e localizações. Ainda, se a vulnerabilidade é decorrente de uma relação histórica estabelecida entre diferentes segmentos sociais, para eliminá-la será necessário que as causas das privações sofridas pelas pessoas ou grupos sociais sejam ultrapassadas e que haja mudança nas relações que os mesmos mantêm com o espaço social mais amplo em que estão inseridos (Acselrad, 2006; Kuhnen, 2009).

Todavia, o que se vê é que as abordagens convencionais enfatizam apenas os aspectos tecnológicos, legislativos e comportamentais relacionados a uma melhor gestão ambiental, preterindo a necessidade de se estabelecer uma relação direta com a construção da cidadania por meio de medidas inclusivas e democráticas (Ioris, 2009). O inverso também ocorre, pois a maioria dos programas implementados em contextos comunitários focaliza mais as pessoas do que os ambientes, preocupando-se em modificar hábitos e estilos de vida individuais em lugar de zelar por recursos e intervenções ambientais na promoção de qualidade de vida aos usuários daquele espaço (Stokols, 1992). Esquecem, porém, que o primeiro passo para a efetivação da justiça ambiental é a humanização das estratégias de intervenção ambiental, preventiva ou repressiva, o que significa, nos dizeres de Leroy (2011), reconectar o ambiente, a produção, a vida, a população com a sua base material e natural na sua imensa diversidade socioambiental, restabelecendo os laços do ser humano com o seu meio ambiente, o que, muitas vezes, ocorre tardiamente, ao suportar situações de injustiça ambiental, principalmente quando os impactos recaem sobre a moradia ou a saúde das pessoas.

Certo é que, a despeito da vasta legislação ambiental contemporânea, o dilema dos novos tempos não é justificar direitos fundamentais, tampouco regulamentá-los, mas sim efetivá-los (Bobbio, 2004). A efetivação da justiça ambiental não decorre da instituição de leis e mais leis; decorre da distribuição igualitária de benefícios e custos entre diferentes grupos sociais, bem como de maior ênfase às políticas de informação e conscientização sobre problemas ambientais, focalizando não apenas grupos vulneráveis, mas também instituições e o próprio poder público, buscando mudanças de hábitos, comportamentos e políticas públicas.

Conclusão

Os impactos negativos da exploração ambiental desenfreada são suportados, na maioria das vezes, por comunidades vulneráveis, perversamente compelidas a tolerar níveis expressivos de riscos, submetendo-se à exploração socioambiental em troca da manutenção das precárias condições de trabalho e moradia. Tais situações são denominadas de injustiça ambiental, que é contraponto do objeto deste capítulo, a justiça ambiental, a qual consiste em um tratamento justo e igualitário de todas as pessoas, independentemente de raça, cor, origem ou renda, e de todos os seres vivos, no que tange às mais diversas formas de intervenção ambiental (ações, abstenções, políticas, leis etc.). A justiça ambiental possui caráter tentacular e está intrinsecamente relacionada ao direito à informação, à equidade intergeracional e à formação de sujeitos coletivos de direitos.

A compreensão da noção e da abrangência de justiça ambiental implica, necessariamente, o enfoque do meio ambiente sob a perspectiva da inter-relação pessoa-ambiente, que se traduz na premissa de que a pessoa é parte integrante e inseparável do ambiente, e não apenas nele se encontra. Por isso, pessoa e ambiente se relacionam e se influenciam recíproca e continuamente.

Pautada na universalidade, na generalidade, na imparcialidade e na justiça social, a justiça ambiental deve ter como fundamento a ética ambiental, de modo a garantir a justa distribuição dos bens naturais ambientais a todos os seres vivos, inclusive aos irracionais.

A efetivação da justiça ambiental não decorre da instituição de leis e mais leis; ela só pode realmente decorrer da distribuição igualitária de benefícios e custos entre diferentes grupos sociais, bem como de maior ênfase às políticas de informação e conscientização sobre problemas ambientais, focalizando não apenas grupos vulneráveis, mas também instituições e o próprio poder público, buscando mudanças em nível individual, coletivo e político.

Referências

Acselrad, H. (2006). Vulnerabilidade ambiental, processos e relações. In Comunicação ao *II Encontro Nacional de Produtores e Usuários de Informações Sociais, Econômicas e Territoriais*. Rio de Janeiro: Fibge. Recuperado em 21 setembro, 2015, de http://www.justicaambiental.org.br/projetos/clientes/noar/noar/User Files/17/File/VulnerabilidadeAmbProcRelAcselrad.pdf

_____ (2010). Ambientalização das lutas sociais – o caso do movimento por justiça ambiental. *Estudos Avançados, 24*(68), 103-119.

Almeida, V. H., & Souza, A. E. (2014). Direito à saúde na perspectiva labor-ambiental. In E. Miessa & H. Correia. *Temas atuais de Direito e Processo do Trabalho*. São Paulo: JusPODIVM.

Beck, U. (2010). *Sociedade de risco. Rumo a uma outra Modernidade*. Tradução de Sebastião Nascimento. São Paulo: Ed. 34.

Brasil. (1972). *Declaração de Estocolmo*. Ministério do Meio Ambiente. Recuperado em 15 setembro, 2015, de http://www.mma.gov.br/estruturas/agenda21/_ arquivos/estocolmo.doc

_____ (2001). *Manifesto de lançamento da rede brasileira de justiça ambiental*. Ministério do Meio Ambiente. Recuperado em 25 setembro, 2015, de http://www. mma.gov.br/destaques/item/8077-manifesto-de-lan%C3%A7amento-da-rede brasileira-de-justi%C3%A7a-ambiental

_____ (2010). Tribunal Regional do Trabalho da 15ª Região. 2ª Vara do Trabalho de Paulínia. *Sentença em Ação Civil Pública*. Juíza: M. I. C. C. C. Targa. Recuperado em 15 setembro, 2015, de http://consulta.trt15.jus.br/consulta/PAU/docs/00222 0028.2007.5.15.0126i102511.pdf

_____ (2014). *Dados dos acidentes do trabalho de 2013*. Tribunal Superior do Trabalho. Recuperado em 10 agosto, 2015, de http://www.tst.jus.br/documents/ 1199940/1207004/Estat%C3%ADstica

Bullard, R. (2004). Enfrentando o racismo ambiental no século XXI. In H. Acselrad, S. Herculano & J. A. Pádua. *Justiça ambiental e cidadania*. Rio de Janeiro: Relume Dumará.

Cabral, A. A. (2014). *Sociedade do risco e Direito Ambiental do Trabalho*. Dissertação de mestrado. Universidade de São Paulo, São Paulo.

Campos-de-Carvalho, M. I. (1993). Psicologia Ambiental – algumas considerações. *Psicologia: Teoria e Pesquisa*, Brasília, *9*(2), pp. 435-447.

_____ (2003). Pesquisas contextuais e seus desafios: uma contribuição a partir de investigação sobre arranjos espaciais em creches. *Estudos de Psicologia*, Natal, *8*(2), pp. 289-297.

Dornelas, H. L., & Brandão, E. J. (2011). Justiça ambiental e equidade intergeracional: a proteção dos direitos das gerações futuras. *Revista Jus Navigandi*, Teresina, 16, p. 2.876. Recuperado em 11 setembro, 2015, de http://jus.com.br/artigos/19129

Felipe, S. T. (2006). Por uma questão de justiça ambiental Perspectivas críticas à Teoria de John Rawls. *Ethic@*, Florianópolis, *5*(3), pp. 5-31.

Figueiredo, G. J. P. (2007). *Direito ambiental e a saúde dos trabalhadores*. (2a. ed.). São Paulo: LTr.

Ioris, A. A. R. (2009). O que é justiça ambiental. *Ambiente & Sociedade*, Campinas, *XII*(2), pp. 389-392.

Kuhnen, A. (2009). Meio ambiente e vulnerabilidade. A percepção ambiental de risco e o comportamento humano. *Geografia*, Londrina, *18*(2), pp. 37-52.

Leroy, J. P. (2011). *Justiça ambiental*. Recuperado em 12 setembro, 2015, de http://conflitosambientaismg.lcc.ufmg.br/wp-content/uploads/2014/04/TAMC-LEROY_Jean-Pierre_-_Justi%C3%A7a_Ambiental.pdf

Maeda, F. M., & Franco, R. C. L. (2013). Danos labor-ambientais na jurisprudência brasileira: o caso Recanto dos Pássaros (Paulínia). In G. G. Feliciano & J. Urias (Coord.). *Direito Ambiental do Trabalho: apontamentos para uma teoria geral*. São Paulo: LTr.

Moser, G. (1998). Psicologia Ambiental. *Estudos de Psicologia*, Natal, *3*(1), pp. 121-130. Recuperado em 9 outubro, 2015, de http://www.scielo.br/scielo.php?script=sci_arttext&pid=S1413-294X1998000100008&lng=en&tlng=pt

Moura, D. V. (2010). Justiça ambiental: um instrumento de cidadania. *Qualitas Revista Eletrônica*, *9*(1). Recuperado em 2 setembro, 2015, de http://revista.uepb.edu.br/index.php/ qualitas/article/viewFile/524/413

Nusdeo, A. M. O. (n/d). Justiça Ambiental. *Dicionário de Direitos Humanos*. Recuperado em 15 setembro, 2015, de http://www.esmpu.gov.br

ONU. (1992). *Declaração do Rio sobre meio ambiente e desenvolvimento*. Recuperado em 15 setembro, 2015, de http://www.onu.org.br/rio20/img/2012/01/rio92.pdf

Pinheiro, J. Q. (1997). Psicologia Ambiental: a busca de um ambiente melhor. *Estudos de Psicologia,* Dossiê Psicologia Ambiental, *2*(2), 377-398.

Rossetti-Ferreira, M. C., Amorim, K. S., & Silva, A. P. S. (2004). Rede de significações: alguns conceitos básicos. In M. C. Rossetti-Ferreira et al. (Orgs.). *Rede de significações e o estudo do desenvolvimento humano*. Porto Alegre: Artmed.

Sarlet, I. W. (2001). *Dignidade da pessoa humana e direitos fundamentais*. Porto Alegre: Livraria do Advogado.

Stokols, D. (1992). Establishing and maintaining healthy environments. *American Psychologist, 47*(1), 6-22.

Vieira, P. F. (2005). Gestão de recursos comuns para o ecodesenvolvimento. In P. F. Vieira, F. Berkes & C. Seixas. *Gestão integrada e participativa de recursos naturais: conceitos, métodos e experiências*. Florianópolis: Secco.

Leia também neste livro os capítulos 3 Crenças e atitudes ambientais; 2 Conscientização.

12
Mobilidade

Sylvia Cavalcante
Ada Raquel Teixeira Mourão
Karla Patrícia Martins Ferreira

Entendimento geral

A mobilidade é própria do processo vital e está relacionada a aspectos subjetivos, como necessidades, vontades ou motivações, esperanças, limitações e imposições. A noção de mobilidade supera, portanto, a ideia de deslocamento. Com efeito, o conceito de mobilidade é polissêmico e integra a ação de se deslocar – seja uma ação física, virtual ou simbólica – ao conjunto de atividades do indivíduo e da sociedade, podendo ser compreendido e apresentado de diversas formas, dependendo do contexto e da delimitação que se dê ao tema. Designa, comumente, deslocamento e superação de fronteiras de vários tipos no espaço e no tempo, a pé ou por meio dos modais existentes, tais como transporte coletivo, carro, bicicleta e motocicleta. Caracterizando-se por movimento e retorno quotidiano à origem e por temporalidades curtas, a mobilidade urbana implica o direito dos cidadãos de ir e vir, de ocupar o espaço público e de conviver socialmente neste. O tipo de locomoção exerce impacto tanto sobre as possibilidades de ocupação dos espaços quanto sobre as maneiras de convivência entre usuários da mesma modalidade ou de modalidades diferentes. A dimensão da interação social da mobilidade configura-se como um ponto de convergência entre a Psicologia Ambiental e a Psicologia do Trânsito. Para esta, a mobilidade é uma definição central na medida em que investiga os comportamentos humanos neste contexto, evidenciando fatores e processos que os provocam e alteram. Para a Psicologia Ambiental, a mobilidade constitui-se em tema relevante, uma vez que estuda as relações entre as pessoas e os ambientes e suas influências mútuas, o que faz com que os temas do trânsito estejam em nítida conexão com esta área do conhecimento.

Caracterização e tipologia

O conceito de mobilidade é polissêmico. Pode ser compreendido e apresentado de diversas formas, dependendo do contexto e da delimitação que se dê ao tema. De acordo com o *Dicionário Houaiss* (2009, p. 1.302), "mobilidade" quer dizer "poder se mover ou ser capaz de se mover", mas também, em outra acepção, "poder se mover ou ser capaz de se mover com facilidade", ao que se poderia acrescentar outras qualidades, como agilidade e rapidez. Dessa forma, em uma acepção ampla, mobilidade pode envolver deslocamento no espaço e mudança de posição ou função social, referindo-se, enfim, aos modos de movimentação humana.

Geralmente pensamos a mobilidade a partir da perspectiva dos transportes, mas os diversos complementos à palavra mobilidade dão conta dessa amplitude do conceito: mobilidade urbana, mobilidade social, mobilidade profissional, mobilidade estudantil, mobilidade de pessoas com deficiência, entre outras.

A mobilidade é parte integrante da vida. O homem é um ser móvel. Movimenta-se sem sair do lugar, assim como faz movimentos que o deslocam. Move-se, seja com uma intenção em direção a um objetivo, seja aparentemente ao acaso, sem que haja uma determinação necessária de seus movimentos. Nos dois casos, a pessoa descobre, explora, partilha, constrói, nomeia o espaço vivido, isto é, apropria-se dele. Movemo-nos com vistas tanto ao suprimento das nossas necessidades mais básicas quanto à realização de nossos desejos mais sublimes. A etimologia das palavras mobilidade e motivação, ambas do latim *movere*, aponta para a compreensão de mover-se em busca de algo que nos falta. A motivação, sendo uma energia interna, impulsiona-nos à ação. Sendo a mobilidade própria do processo vital, está relacionada a aspectos subjetivos, como necessidades, vontades, motivações, esperanças, limitações e imposições.

Para exemplificar a importância da mobilidade em nossas vidas e para evidenciar melhor sua relação com a subjetividade humana, evocamos dois exemplos: 1) Intuitivamente as mães sabem que permanecer parada ou restrita a um local determinado faz a criança sofrer, mesmo em sua mais tenra idade. Por isso, um dos castigos frequentes que atribuem aos filhos é: "Fique sentado aí e não saia até que eu lhe dê permissão". Da mesma forma, o educando sofre restrições em sua liberdade quando seus pais entendem que precisam puni-lo, proibindo-lhe de sair de casa e, muitas vezes, obrigando-o, inclusive, a permanecer em seu quarto; 2) Quando, por acidente ou doença, somos privados de nossa liberdade de ir e vir e passamos a depender de outrem para realizar nossas necessidades mais básicas, sofremos por termos de permanecer imóveis, apesar de nossa intrínseca capacidade de adaptação. Tal sofrimento nos conduz a percepções, experiências e sentimentos que podem acarretar o desenvolvimento de novos potenciais ou a submersão em estados de depressão profunda. Nesses dois exemplos observa-se toda uma gama de estados subjetivos ocasionados pela perda da mobilidade. A noção de mobilidade supera, portanto, a ideia de deslocamento, e não se resume à ação, uma vez que também engloba necessidades, desejos e sentimentos.

O conceito de mobilidade tenta ainda integrar a ação de se deslocar – seja uma ação física, virtual ou simbólica – ao conjunto de atividades do indivíduo e da sociedade. Nas ciências sociais, mobilidade designa formas de movimento de homens, bens ou ideias além de suas motivações, possibilidades ou constrangimentos, que influem tanto na projeção quanto na realização dos deslocamentos.

Nessa perspectiva, corroborando Araújo, entendemos mobilidade como

> a capacidade de deslocação e de ultrapassagem de fronteiras de vários tipos que distinguem domínios diferentes no espaço e no tempo [...]. A mobilidade não é somente a deslocação e a transação, ela implica também a consciência sobre a capacidade de o fazer (Araújo, 2004, p. 2).

Todavia, ao nos referirmos apenas à mobilidade no espaço, vemos que ela implica mudança de lugar e que pode ser articulada em torno das dimensões temporal e espacial do movimento. A dimensão temporal envolve a intenção de retorno num curto espaço de tempo (movimento circular de ida e volta) ou a ausência de intenção de retorno breve (movimento linear). A dimensão espacial tem relação com o deslocamento dentro do lugar de vida ou com o deslocamento fora deste lugar. Articuladas, estas duas dimensões forjam quatro tipos de mobilidade: 1) Mobilidade cotidiana (movimento interno e cíclico); 2) Mobilidade residencial (movimento interno e linear); 3) Viagens e turismo (movimento externo e cíclico); 4) Migrações (movimento externo e linear). Esses tipos de mobilidade são apresentados por Balbim (2003) e a cada um deles correspondem temporalidades sociais específicas:

• Mobilidade cotidiana – refere-se ao ritmo da vida diária, a temporalidades curtas e repetitivas que implicam retorno cotidiano à origem. A repetição demonstra hábitos de deslocamentos e práticas espaciais, e está ligada aos modos de transporte de cada cultura e às condições de acessibilidade.

• Viagens e turismo – envolve temporalidades mais longas, ultrapassando um dia; é uma rica possibilidade de formação pelo acúmulo de novas experiências.

• Mobilidade residencial – condição temporal ligada à história de vida da pessoa que às vezes a leva a mudar de habitação com maior ou menor frequência.

• Migração – pode ser temporária ou definitiva. Em qualquer dos casos marca em maior ou menor intensidade a existência da pessoa, pois está ligada ao conjunto total de sua vida.

Diante da complexidade do conceito, destacamos a importância de discutir as condições de mobilidade cotidiana, aquela que é constituída por temporalidades curtas com duração máxima de uma jornada, implicando, portanto, retorno cotidiano à origem e correspondendo aos ritmos sociais da vida diária (deslocamentos domicílio-trabalho, domicílio-escola, trabalho-escola etc.). A mobilidade cotidiana forja hábitos e práticas espaciais locais, pois, sendo circunscrita ao espaço urbano, é tanto consequência da estrutura espacial quanto fator de reorganização da cidade.

Mobilidade urbana

Esta é talvez a principal forma de mobilidade cotidiana, referindo-se aos deslocamentos que envolvem as pessoas de forma individual e coletiva, seus estilos de vida e os diversos modais por elas utilizados.

A mobilidade urbana, além da sua função primordial de proporcionar os necessários deslocamentos cotidianos, também contribui para a apropriação dos espaços da cidade e para o estabelecimento de vínculos entre as pessoas, bem como entre elas e os espaços percorridos. Isso porque o espaço público se apresenta, *a priori*, como um espaço de convivência, despertando percepções e representações naqueles que nele transitam (Sant'Anna, 2010).

A ação de se deslocar para a realização dos compromissos cotidianos permite a vivência e a apropriação simbólica dos espaços públicos, bem como a construção de vínculos sociais que exercem impacto sobre a construção da identidade social e de lugar dos citadinos. A mobilidade permite cruzar as histórias de vida individuais com a história da cidade e nos autoriza a contar nossa história a partir dos lugares – lugares de permanência, de estudo, de trabalho, de lazer, praças ou lugares de passagem, terminais de ônibus, estações de metrô, lugares de encontros. A possibilidade de nos mover nos espaços nos situa nos lugares e marca a temporalidade e a espacialidade de nossa existência. Qualquer que seja a forma de deslocamento – das mais simples, como andar a pé ou de bicicleta, às mais complexas, utilizando veículos motorizados –, a mobilidade é fundamental para a construção identitária, pois permite uma vivência mais intensa da cidade. Nesse mesmo sentido, as viagens para estudo, trabalho, turismo ou com qualquer outro objetivo, viagens curtas ou longas, também contribuem para a formação da identidade na medida em que ampliam horizontes a partir de nosso lugar no mundo.

Vale ressaltar que a percepção dos espaços urbanos bem como a relação espaço-tempo e a relação entre as distâncias e os corpos na cidade são alteradas pela utilização dos diferentes tipos de modais. A mobilidade em escala humana (Gehl, 2013), aquela que envolve somente o corpo, permite sobremaneira parar, conversar com alguém, mudar mais facilmente de rumo, entender e se comunicar com os espaços e as pessoas; em suma, é aquela que permite "ver a vida acontecer" (Gehl, 2013, p. 119). Ela também possibilita a relação inevitável entre o corpo físico e o corpo da cidade (Jacques, 2006) e propicia a errância, ou seja, a experiência de perambular pela cidade, perdendo-se, encontrando-se, descobrindo novos lugares, fazendo novas experiências. Todavia, observa-se que, nos dias atuais, urbanistas e gestores públicos, privilegiando as questões funcionais e formais da cidade, deixam cada vez menos espaço para que esse tipo de experiência aconteça. Diz Jacques (2006):

> No urbanismo contemporâneo, a distância, ou deslocamento, entre sujeito e objeto, entre prática profissional e vivência-experiência da cidade se mostra desastrosa ao esquecer o que o espaço urbano possui de mais poético, que seria precisamente seu caráter humano, sensorial e corpóreo (p. 134).

As possibilidades de mobilidade na cidade são definidas e marcadas pelas políticas públicas, que variam de acordo com o momento histórico e com os interesses administrativos e políticos vigentes em cada lugar. No Brasil, a partir da década de 1950, começou uma forte predominância da valorização e dos investimentos para o uso do transporte motorizado sobre rodas, tanto para uso privado quanto para público (coletivo), sucedendo, na mesma proporção, uma desvalorização e gradativo desmantelamento da malha ferroviária no país (Costa, Silva & Cohen, 2013).

A supervalorização dos veículos automotores está associada ao modelo de desenvolvimento urbano vigente que, ao longo dos anos, estendeu geograficamente o espaço da cidade, criando subúrbios que geram a necessidade de uma mobilidade cotidiana intensa.

Desse modo, as políticas de mobilidade adotadas tornaram os citadinos dependentes do transporte rodoviário e das consequências danosas que ele possa acarretar, embora o automóvel tenha sido concebido para facilitar o cotidiano das pessoas. Os prejuízos à saúde e à qualidade de vida nas cidades são inúmeros, destacando-se, entre outros, o aumento da poluição do ambiente, prejudicando a qualidade do ar pela emissão de gases e partículas nocivas à vida, o aumento dos ruídos e vibrações e o estresse causado pelas longas esperas nos congestionamentos, acarretando sensação de impotência, angústia e medo.

É importante lembrar ainda os interesses diversos dos vários atores sociais que compartilham e disputam o espaço urbano. Vias, calçadas, praças e até praias são disputadas por pedestres, motoristas, motociclistas e ciclistas. Convívio e conflitos devido à diversidade de interesses constituem dois lados de uma mesma moeda (Ferreira, Castro & Cavalcante, 2015). Por isso o conceito de mobilidade, conquistado como direito no trânsito da cidade, também inclui o controle da possibilidade de se movimentar para evitar situações perigosas, bem como conflitos espaciais de densidade e de perda de privacidade (Günther, 2010). A esses conflitos vêm somar-se aqueles relacionados ao desconhecimento e desrespeito às leis de trânsito e à intolerância de muitos motoristas, prejudicando a circulação pacífica entre os diversos tipos de usuários nas vias públicas (Costa, Silva & Cohen, 2013).

Tais problemas se repetem em muitas cidades do mundo nas quais a mobilidade cotidiana é um problema, evidenciado, entre outros, pelas inúmeras pesquisas sobre o tema e pelo volume de experiências compartilhadas em torno das dificuldades nos deslocamentos. Novas estratégias de enfrentamento são adotadas diariamente para evitar congestionamentos e estresse. Em geral, buscam-se os meios mais eficazes para diminuir o tempo de trajeto, chegar sem retardo aos compromissos e conseguir mais facilmente vagas nos estacionamentos etc., sempre em busca de uma maior qualidade de vida. Analisadas a partir da perspectiva de uma micropsicologia da vida cotidiana (Moles & Rohmer-Moles, 1976), tais situações merecem nossa atenção, tanto por sua repetição quanto pelo número de pessoas afetadas por elas.

Nesse contexto desponta o conceito de "mobilidade sustentável", que indica um maior equilíbrio entre os fatores ambientais, econômicos e sociais relacionados aos transportes (Magagnin & Silva, 2008). Introduzido inicialmente na Europa, América do Norte e Austrália, no Brasil esse conceito tem sido incorporado às discussões dos Planos Diretores de Transportes e Mobilidade numa tentativa de mudança em diversas cidades, por meio da implementação de um bom número de intervenções, como a construção de ciclovias e ciclofaixas com o objetivo de incentivar a utilização da bicicleta como meio de transporte, a implantação de sistemas de transportes públicos sobre trilhos e a construção e ressignificação de espaços públicos que estimulem a convivência na cidade.

Além da insustentabilidade energética (ocasionada pelo grande consumo de combustíveis fósseis) e da insustentabilidade ambiental (causada pela alta emissão de gases), Herce (2009) aponta um terceiro tipo, a insustentabilidade social, traduzida pela falta de equidade no acesso à mobilidade. As carências ou dificuldades de acesso à mobilidade por parte de grande parcela das populações são fatores de exclusão social. Nesse sentido, a mobilidade assume a forma de direito à conexão. Não haverá justiça social enquanto algumas pessoas tiverem que passar horas do seu dia nos movimentos cotidianos casa-trabalho, enquanto não houver o devido investimento em diferentes modos de transporte público, enquanto a possibilidade de caminhar a pé ou pedalar for relegada a segundo plano por um planejamento urbano que privilegia o uso de veículos automotores particulares.

Por consequência, o conceito de mobilidade urbana compreende a vivência da cidade e se apresenta atualmente como uma das principais problemáticas a serem enfrentadas quando se pensa em melhoria da qualidade de vida nos grandes centros urbanos, objetivando a construção de cidades mais saudáveis, aprazíveis e igualitárias.

Em suma, nota-se que o conceito de mobilidade articula questões sociais, econômicas e de planejamento das cidades, sofrendo a influência direta das políticas públicas para o espaço urbano e do percurso sócio-histórico que concerne ao ambiente envolvido pela mobilidade.

Referências

Araújo, E. R. (2004). *A mobilidade como objeto sociológico*. Recuperado de http://repositorium.sdum.uminho.pt/handle/1822/3913

Balbim, R.(2003). *Práticas espaciais e informatização do espaço da circulação. Mobilidade cotidiana em São Paulo* (Tese de Doutorado). São Paulo: FFLCH-USP.

Costa, R. G., Silva, C. G. T., & Cohen, S. C. (2013). A origem do caos: a crise de mobilidade no Rio de Janeiro e a ameaça à saúde urbana. *Cad. Metropole. 15*(30), pp. 411-431.

Ferreira, K. P. M, Castro, H. S. B., & Cavalcante, S. (2014). Mobilidade urbana de pessoas com deficiência e cultura de paz na cidade pelas ondas do rádio. In Matos, K. S. L. *Cultura de paz, educação e espiritualidade* (pp. 390-403). Fortaleza: Edições UFC.

Gehl, J. (2013). *Cidades para pessoas*. São Paulo: Perspectiva.

Günther, H. (2010). Questões socioambientais, urbanas e qualidade de vida: refazendo as geografias das cidades. In Conselho Federal de Psicologia. *Psicologia e mobilidade: o espaço público como direito de todos* (pp. 151-159). Recuperado de http://www.pol.org.br

Herce, M. (2009). *Sobre la movilidad en la ciudad*. Barcelona: Editorial Reverté.

Houaiss, A., & Villar, M. S. (2009). *Dicionário Houaiss de língua portuguesa*. Rio de Janeiro: Objetiva.

Jacques, P. (2006). Elogio aos errantes: a arte de se perder na cidade. In P. Jacques & H. Jeudy. *Corpos e cenários urbanos*. Salvador: Edufba.

Magagnin, R. C., & Silva, A. N. R. (2008). A percepção do especialista sobre o tema mobilidade urbana. *Revista Transportes, 16*(1). Recuperado de http://dx.doi.org/10.14295/transportes

Moles, A. A., & Rohmer-Moles, E. (1976). *Micropsychologie et vie quotidienne*. Paris: Denoël Gonthier.

Sant'Anna, R. M. (2010). Políticas públicas para mobilidade: desafios da Psicologia. In Conselho Federal de Psicologia. *Psicologia e mobilidade: o espaço público como direito de todos* (pp. 57-64). Recuperado de http://www.pol.org.br

Leia também neste livro os capítulos 15 Perambular; 23 Wayfinding.

13
Open spaces
(Espaços livres públicos)

Ariane Kuhnen
Ana Rosa Costa Picanço Moreira
Patrícia Maria Schubert Peres

Entendimento geral

O intenso crescimento da população mundial urbana ocorrido nas últimas três décadas tem levado estudiosos do espaço vinculados a diversos campos do conhecimento (Arquitetura, Urbanismo, Geografia, Psicologia Ambiental, Antropologia) à investigação de questões circunscritas aos aspectos objetivos e subjetivos dos chamados *open spaces*. Esse termo pode ser encontrado na literatura nacional como "espaços livres públicos" (ELPs). O uso da terminologia em inglês neste capítulo se justifica pela abundância do tema na literatura estrangeira que concerne às pesquisas no campo da Psicologia Ambiental e áreas afins. *Open spaces* constituem-se um tipo de espaço livre, descoberto, ausente de edificação, com vegetação ou pavimentado, público ou privado, encontrado em contextos urbanos ou rurais (Magnoli, 1982 apud Hijioka et al., 2007). São áreas típicas do contexto urbano e compreendem os sistemas viários (ruas, avenidas, largos, calçadas) e os ambientes de recreação e lazer (praças, parques, praias e outros espaços que oportunizam o encontro, a convivência, o descanso e a recreação). *Open spaces* também são considerados elementos importantes de conexão entre diferentes pontos da cidade, bem como referências espaciais, orientando os deslocamentos das pessoas (Dorneles et al., 2013).

Estudos sobre *open spaces*

Vários estudos têm relacionado *open spaces* à promoção da saúde física e mental e à sensação de bem-estar dos indivíduos (Bedimo-Rung et al., 2005; Fermino & Reis, 2013; Kaczynski & Henderson, 2007, 2008; Hino et al., 2011). Dentre os benefícios ligados à saúde mental, destacam-se a redução de estresse, a promoção de relaxamento e a descontração, intimamente relacionadas à presença de vegetação nos espaços públicos urbanos (Colesanti, 1994). Esse tipo de investigação tem como base os estudos pioneiros de Roger Ulrich e equipe (1991), segundo os quais a redução do estresse foi um dos principais benefícios observados de forma consistente em mais de 100 estudos realizados em áreas selvagens.

Atualmente, enaltecem-se as preciosas contribuições da Teoria da Restauração da Atenção, de Kaplan e Kaplan (Kaplan, 2001; Kaplan, 1995; Kaplan, Kaplan & Ryan, 1998) que, baseada na teoria de James (1892/1962), afirma que os seres humanos têm dois tipos de atenção: voluntária (dirigida, usada deliberadamente quando prestamos atenção) e involuntária (que não requer esforço, útil para o descanso). Segundo os autores, o uso intenso e prolongado da atenção dirigida, provocada pelas exigências da vida nos grandes centros urbanos, acarreta fadiga, perda de concentração e irritabilidade, colocando a pessoa em risco de estresse crônico. Nesse contexto, ambientes com presença de vegetação e que facilitem a recuperação das energias mentais são conhecidos como ambientes restauradores, por não exigirem esforço da atenção e permitirem que a pessoa possa recuperar a capacidade de atenção perdida, circunstância acompanhada de sensações de bem-estar (Bell et al., 2008; Van der Berg et al., 2007; Velarde et al., 2007; Alves, 2011).

Com relação aos benefícios relacionados à saúde física, estudos epidemiológicos realizados na Austrália, Inglaterra, Japão e Holanda consideram a presença de áreas verdes em vizinhanças como indicadores de saúde (Grahn & Stigsdotter, 2010; Sugiyama et al., 2008; Mitchell & Popham, 2007; Takano et al., 2002). Isso se deve à qualidade desses espaços e às formas de uso que proporcionam aos seus visitantes, que se refletem em benefícios físicos, psicológicos e sociais (Park et al., 2011). Assim, por exemplo, a presença de parques e praças próximos a residências é convidativa para a prática de atividades esportivas e recreativas e para a sociabilidade (Boone et al., 2009; Kaczynski & Henderson, 2007, 2008; Fermino & Reis, 2013; Liberalino, 2011; Silva, 2014).

O uso de *open spaces* por crianças vem ganhando espaço como enfrentamento às questões de saúde pública que afligem esse público. Nesse campo, McCurdy et al. (2010) mostraram que o aumento da obesidade infantil e dos casos de crianças com *deficits* de atenção e hiperatividade estão correlacionados ao estilo de vida sedentário. Sendo assim, a investigação sobre a presença, na cidade, de *open spaces* com elementos da natureza (vegetação, lago, areia etc.) ganha importância, justificada pelo impacto que a visualização de paisagens verdes tem no processo cognitivo (Korpela et al., 2002; Taylor et al., 2002), pelos tipos de brincadeiras que as crianças desenvolvem nesses espaços (Jansson, 2008; Fjortoft, 2004) e pelas oportunidades de socialização e privacidade que oferecem (Anggard, 2010; Castonguay & Jutras, 2009; Czalczynska-Podolska, 2014; Min & Lee, 2006).

Durante muito tempo os espaços livres públicos, como as ruas, foram considerados contextos privilegiados para a socialização. Com o crescimento urbano, no entanto, esses espaços passaram a ser tidos como lugares perigosos e impróprios às crianças, com exceção daqueles planejados para a brincadeira, como parques e praças. No entanto, alguns estudos têm revelado que, em cidades pequenas e áreas periféricas e de baixa renda das metrópoles, as crianças continuam brincando nas ruas (Carvalho & Pontes, 2005; Silva et al., 2006). Além disso, pesquisas de Bichara, Modesto, Medeiros e Cotrim (2011), Bichara, Fiaes, Marques, Brito e Seixas (2006), Cotrim e Bichara (2013), Fiaes, Marques, Cotrim e Bichara (2010) investigaram os efeitos das características de diferentes *open spaces* da cidade de Salvador – os destinados à infância (parques) e os não planejados para crianças (ruas, calçadas, rotatórias etc.) –, verificando que eles influenciam na modalidade das brincadeiras.

Conforme argumenta o arquiteto Jan Gehl (2010), os espaços assumem significados de acordo com o contexto urbano e as características do local, as quais irão orientar seus usos, seja de passagem ou de permanência. Nesse sentido, um espaço projetado para a circulação de pessoas (espaço de passagem), como ruas e avenidas, pode ser transformado em espaço de convivência (permanência), assim como espaços projetados para a permanência humana podem se tornar ambientes sem vida e sem utilidade. Mekideche (2004) relata algumas práticas urbanas em países europeus de "abertura" da rua para atividades lúdicas infantis. No Brasil, algumas cidades de grande e médio porte têm adotado essa prática especialmente durante o domingo, quando algumas ruas são transformadas em áreas de lazer.

Desafios metodológicos da investigação em *open spaces*

Investigar os fenômenos psicológicos envolvidos na relação das pessoas com *open spaces* representa um desafio metodológico. Isso se dá pela presença de variáveis múltiplas e complexas que participam da construção do significado de um lugar, muitas vezes dificultando ou tornando inviável o estudo. Segundo David Canter (apud Canter & Tagg, 1975), o significado de um lugar é resultado das relações entre atributos físicos, concepções e ações, como propõe a Teoria do Lugar.

Barker foi um dos cientistas pioneiros da ciência psicológica que observou comportamentos em espaços abertos e identificou que o ambiente tem forças físicas e sociais, as quais, em interação com as características da pessoa (como suas motivações e habilidades), comunicam o leque de comportamentos possíveis em um determinado lugar (Barker & Wright, 1949). Um importante fundamento proposto pelos autores é a análise de *behavior settings*, que tem se mostrado um modo eficiente de analisar o comportamento das pessoas tanto em espaços fechados quanto em áreas livres (Barker, 1968; Pinheiro, 2011; Wicker, 1979).

Apresentando possibilidades de pesquisa sobre a relação pessoa-ambiente sob o ponto de vista psicológico, Pinheiro e Günther (2008) coordenaram uma coletânea de textos sobre métodos, instrumentos e técnicas de pesquisa, fruto de investigações de psicólogos ambientais no contexto brasileiro e que abarca procedimentos tradicionais e específicos da Psicologia Ambiental. Experimento ecológico, entrevista, questionário, diário pessoal, observação comportamental (mapeamento e análise de vestígios comportamentais), autobiografia ambiental e mapas afetivos são alguns exemplos de procedimentos para a coleta de dados descritos naquele volume e passíveis de ser utilizados no estudo de espaços livres.

Qualidade dos *open spaces*

Tendo em vista os benefícios diretos que o uso de espaços verdes urbanos oferece às pessoas (Fuller et al., 2007; Mass et al., 2006), era de se esperar que esses fossem abundantes, seguros e com boa qualidade ambiental. No entanto, o que se observa, tanto no Brasil como em outros países, é a inacessibilidade a espaços saudáveis de lazer, como praças e parques públicos, para população em geral, sobretudo para as camadas socioeconomicamente mais carentes. Além disso, em muitas situações, quando tais espaços existem, eles estão degradados e são percebidos como locais que propiciam atividades ilícitas e que ameaçam a segurança de seus frequentadores (Chatered Society of Designers, 2011; Gomes & Soares, 2003).

Complementando essa argumentação, Londe e Mendes (2014) advertem que, embora o conceito de qualidade ambiental seja amplamente discutido e citado em estudos científicos e na legislação, poucos investimentos têm sido feitos para a melhoria ambiental do espaço urbano, notadamente os espaços verdes públicos. Especificamente no Brasil, pensar os espaços livres públicos parece não ser prioridade na gestão das cidades, embora, de acordo com Fermino e Reis (2013), 84% da população more em áreas urbanas, sendo que em alguns municípios esse índice alcança 100%. Uma das consequências dessa intensa urbanização é a diminuição do convívio das pessoas com a natureza (Miller, 2005; Santos, 1996; Wilson, 1984), o que tem desafiado os gestores públicos a melhorarem a infraestrutura das cidades para absorver o alto contingente populacional. No entanto, diante da urgência em investir nas esferas de habitação, transporte, educação, saúde etc., pouquíssimo é destinado à construção e manutenção de *open spaces* (Cunha, 2003), notadamente no que se refere à vegetação, com frequência subestimada no planejamento urbano (Nucci, 2008).

Outro ponto a ser discutido no tocante aos *open spaces* refere-se a favorecer a diversidade de usuários, em especial a acessibilidade de pessoas com deficiência física, garantindo acesso livre e irrestrito para que todos possam ser beneficiados (Dorneles et al., 2013; Duarte & Cohn, 2005). Lima, Carvalho-Freitas e Santos (2013) analisaram as repercussões psicossociais da acessibilidade para a pessoa com deficiência física nos espaços urbanos. Ressaltaram que sentimentos de dependência, exclusão, cansaço, revolta e raiva em face do não comprometimento do poder público foram relatados pelos participantes. Evidencia-se que a falta de acesso a tais espaços ou a sua má conservação não constituem apenas um problema social, mas também uma questão de saúde física e psicológica.

Considerações finais

Os *open spaces* desempenham papéis funcionais, ambientais, sociais e culturais (Cunha, 2003); sua presença potencializa a qualidade ambiental do espaço urbano, favorecendo condições técnicas relacionadas à sua utilização (funcionalidade), condições ambientais e sanitárias (salubridade) e condições de saúde e lazer (sociabilidade), além de promover sensações agradáveis que favorecem a aproximação e o estabelecimento de vínculos entre as pessoas e os lugares.

Os estudos dos espaços urbanos envolvem variáveis múltiplas e complexas que podem apresentar interferência direta na qualidade de vida do ser humano (como a percepção) e/ou indireta (como as políticas públicas de lazer que determinam a oferta, a configuração e o uso desses espaços). Sendo assim, considerando a necessidade de essa problemática ser enfrentada a partir da adoção de abordagens interdisciplinares e interventivas, é fundamental ressaltar a importância de as ciências humanas preocuparem-se com a compreensão da relação estabelecida entre as pessoas e os *open spaces*, na busca por modelos teórico-metodológicos explicativos que possam subsidiar diretrizes e políticas públicas para o planejamento adequado desses ambientes.

Referências

Alves, S. M. (2011). Ambientes restauradores. In S. Cavalcante & G. A. Elali (Orgs.). *Temas básicos em Psicologia Ambiental* (44-52). Petrópolis: Vozes.

Änggård, E. (2010). Making use of "nature" in an outdoor preschool: classroom, home and fairyland. *Children, Youth and Environments, 20*(1), 4-25.

Barker, R. (1968). *Ecological Psychology: concepts and methods for studying the environment of human behavior.* Standford: Standford University Press.

Barker, R. G., & Wright, H. F. (1949). Psychological ecology and the problem of psychological development. *Child Development, 20*(3), 131-143.

Bedimo-Rung, A. L., Mowen, A., & Cohen, D. (2005). The significance of parks to physical activity and public health – a conceptual model. *American Journal of Preventive Medicine*, San Diego, *28*(2), 159-168.

Bell, J. F., Wilson, J. S., & Liu, G. C. (2008). Neighborhood greenness and 2-year changes in body mass index of children and youth. *American Journal of Preventive Medicine, 35*(6), 547-53.

Bichara, I. D., Fiaes, C. S., Marques, R. L., Brito, T., & Seixas, A. A. C. (2006). Brincadeiras em contexto urbano: um estudo em dois logradouros em Salvador/BA. *Boletim da Academia Paulista de Psicologia, 26*, 39-52.

Bichara, I. D., Modesto, J. G. M., Medeiros. S. S., & Cotrim, G. S. (2011). Espaços externos para brincar: o olhar das crianças através das fotos. *Psicologia: teoria e prática, 13*(23), 167-179.

Boone, C. G., Buckley, G. L., Grove, J. M. & Sister, C. (2009). Parks and people: an environmental justice inquiry. In M. Baltimore, D. Canter & S. K. Tagg. Distance estimation in cities. *Environment and Behavior, 7*, 59-80.

Castonguay, G., & Jutras, S. (2010). Children's use of the outdoor environment in a low-income Montreal neighborhood. *Children, Youth and Environments, 20*(1), 200-230.

Chatered Society of Designer (2011). *Understanding the contribution parks and green spaces can make to improving people's lives full report.*

Colesanti, M. T. M. (1994). *Por uma educação ambiental: o Parque do Sabiá, em Uberlândia/MG.* Tese de Doutorado. Rio Claro/SP: Unesp.

Cotrim, G. S., & Bichara, I. D. (2013). Brincar no ambiente urbano: limites e possibilidades em ruas e parquinhos de uma metrópole. *Psicologia, Reflexão e Crítica,* Porto Alegre, *26*(2), 388-395.

Czalczynska-Podolska, M. (2014). The impact of playground spatial features on children's play and activity forms: an evaluation of contemporary playground's play and social value. *Journal of Environmental Psychology*, (38)132-142.

Dorneles, V. G., Afonso, S., & Ely, V. H. M. B. (2013). O desenho universal em espaços abertos: uma reflexão sobre o processo de projeto. *Gestão e tecnologia de projetos, 8*(1), 55-67.

Duarte, C. R. S., & Cohn, R. (2005). Pesquisa e projeto de espaços públicos: rebatimentos e possibilidades de inclusão da diversidade física no planejamento das cidades. *Projetar: II Seminário sobre ensino e pesquisa em projeto de Arquitetura.* Rio de Janeiro.

Fermino, R. C., & Reis, R. S. (2013). Variáveis individuais, ambientais e sociais associadas ao uso de espaços públicos abertos para a prática de atividade física: uma revisão sistemática. *Revista Brasileira de Atividade Física & Saúde, Pelotas,* RS, *18*(5), 523-535.

Ferreira, A. (2007). *Efeitos positivos gerados pelos parques urbanos: o caso do Passeio Público da cidade do Rio de Janeiro.* Dissertação de mestrado. Programa de Pós-Graduação em Ciência Ambiental. Universidade Federal Fluminense, Niterói.

Fiaes, C. S., Marques, R. L., Cotrim, G. S., & Bichara, I. D. (2010). Gênero e brincadeira em parquinhos públicos de Salvador/BA. *Interação em Psicologia, 14*(1), 31-41.

Fjortoft, I. (2004). Landscape as playscape: the effects of natural environments on children's play and motor development. *Children, Youth and Environments, 14*(2), 21-44.

Fuller, R. A., Irvine, K. N., Devine-Wright, P., Warren, P. H., & Gaston, K. J. (2007). Psychological benefits of greenspace increase with biodiversity. *Biology Letters*, *3*(4), 390-394.

Gehl, J. (2010). *Cities for people*. Washington: Island Press.

Gomes, M. A. S., & Soares, B. R. (2003). A vegetação nos centros urbanos: considerações sobre os espaços verdes em cidades médias brasileiras. *Estudos Geográficos*, Rio Claro, *1*(1), 19-29.

Grahn, P., & Stigsdotter, U. K. (2010). The relation between perceived sensory dimensions of urban green space and stress restoration. *Landscape and Urban Planning*, *94*, 264-275.

Hijioka, A. et al. (2007). Espaços livres e espacialidades da esfera de vida pública: uma proposição conceitual para o estudo de sistemas de espaços livres urbanos no país. *Paisagem Ambiente: ensaios*, *23*, 116-123.

Hino, M. (2011). Dirichlet spaces on H-convex sets in Wiener space. *Bulletin des Sciences mathématiques*, *135*, 667-683.

Jansson, M. (2008). Children's perspectives on public playgrounds in two Swedish communities. *Children, Youth and Environments*, *18*(2), 88-109.

Kaczynski, A. T., & Henderson, K. A. (2008). Parks and recreation settings and active living: a review of associations with physical activity function and intensity. *J. Phys. Act. Health 5*(4), pp. 619-632. Recuperado de http://www.ncbi.nlm.nih.gov/pubmed/18648125

_____ (2007). Environmental correlates of physical activity: a review of evidence about parks and recreation. *Leis. Sci. 29*(4), pp. 315-354.

Kaplan, R., Kaplan, S., & Ryan, R. L. (1998). *With people in mind: design and management of everyday natures*. Washington: Island Press.

Kaplan, S. (1995). The restorative benefits of nature: toward and integrative framework. *Journal of Environmental Psychology*, *15*, pp. 169-182.

_____ (2001). Meditation, restoration, and the management of mental fatigue. *Environmental. Behavior*, *33*, pp. 480-506.

Karsten, L. (2003). Children's use of public space: the gendered world of the playground. *Childhood*, London, *10*(4), pp. 457-473.

Korpela, K. M., Ylén, M., Tyrväinen, L., & Silvennoinen, H. (2010). Favorite green, waterside and urban environments, restorative experiences and perceived health in Finland. *Health Promotion International*, *25*(2), 200-209.

Liberalino, C. C. (2011). *Praça: lugar de lazer – relações entre características ambientais e comportamentais na Praça Kalina Maia – Natal/RN.* Dissertação de Mestrado. Programa de Pós-Graduação em Psicologia, Universidade Federal do Rio Grande do Norte, Natal.

Lima, S. S., Carvalho-Freitas, & Santos, L. M. M. (2013). Repercussões psicossociais da acessibilidade urbana para as pessoas com deficiência física. *Psico, 44*(3), 362-371.

Londe, P. R., & Mendes, P. C. (2014). A influência das áreas verdes na qualidade de vida urbana. *Hygeia, 10*(18), 264-272.

Mass, J., Verheij, R. A., Groenewegen, P. P., De Vries, S., & Spreeuwenberg (2006). Green space, urbanity, and health: how strong is the relation? *Journal of Epidemiology Community Health, 60*(7), 587-592.

McCurdy, L. E., Winterbottom, K. E., Mehta, S.S., Roberts, J. R. (2010). Using nature and outdoor activity to improve children's health. *Curr Probl Pediatr Adolesc Health Care, 40*(5), 102-117.

Mekideche, T. (2004). Espaços para crianças na cidade de Argel: um estudo comparativo da apropriação lúdica dos espaços públicos. In E. T. O. Tassara, E. P. Rabinovich & M. C. Guedes (Eds.). *Psicologia e Ambiente* (pp. 143-167). São Paulo: Educ.

Michell, R., & Popham, F. (2007). Greenspace, urbanity and health: relationships in England. *Journal of Epidemiology and Community Health, 61*, 681-683.

Miller, J. R. (2005) Biodiversity conservation and the extinction of experience. *Trends Ecol. Evol, 20*, 430-434.

Min, B., & Lee, J. (2006). Children's neighborhood place as psychological and behavior domain. *Journal of Environmental Psychology, 26*, 51-71.

Nikolopoulou, M., & Steemers, K. (2003). Thermal comfort and psychological adaptation as a guide for designing urban spaces. *Energy and Buildings, 35*(1), 95-101.

Nucci, J. C. (2008). *Qualidade ambiental e adensamento urbano: um estudo de ecologia e planejamento da paisagem aplicado ao distrito de Santa Cecília.* Curitiba: O autor.

Park, J. J., O'Brien, L., Roe, J, Ward Thompson, C., Mitchell, R. (2011). The natural outdoors and health: assessing the value and potential contribution of secondary public data sets in the UK to current and future knowledge. *Health & Place, 17*, 269-279.

Pinheiro, J. Q. & Günther, H. (2008) (Orgs.). *Métodos de pesquisa nos estudos pessoa-ambiente.* São Paulo: Casa do Psicólogo.

Pinheiro, J. Q. (2011). Behavior setting. In S. Cavancante & G. A. Elali. *Temas básicos em Psicologia Ambiental*. Petrópolis: Vozes, pp. 83-97.

Santos, M. (1996). *A natureza do espaço: técnica e tempo, razão e emoção*. São Paulo: Hucitec.

Sugiyama, T., & Thompson, C. W. (2005). Environmental support for outdoor activities and older people's quality of life. *Journal of Housing for the Elderly*, *193*(4), p. 18.

Takano, T., Nakamura, K., & Watanabe, M. (2002). Urban residencial environments and senior citizens longevity in megacity areas: the importance of walkable Green spaces. *Journal of Epidemiology and Community Health*, *56*, pp. 913-918.

Taylor, A. F., Kuo, F. E., & Sullivan, W. C. (2002). Views of nature and self-discipline: evidence from inner city children. *Journal of Environmental Psychology*, *22*, 49-63.

Ulrich, R. et al. (1991). Stress recovery during exposure to natural and urban environments. *Journal of Environmental Psychology*, *11*, 201-230.

Van den Berg, A. E., Hartig, T., & Staats, H. (2007). Preference for nature in urbanized societies: stress, restoration, and the pursuit of sustainability, *Journal of Social Issues*, *63*, pp. 79-96.

Velarde, M. D., Fry, G., & Tveit, M. (2007). Health effects of viewing landscapes. Landscape types in environmental psychology. *Urban Forestry & Urban Greening*, *6*, 199-212.

Viegas, C. C. L., Silva, E. A., & Elali, G. A. (2014). Um oásis urbano: dois estudos das interações pessoa-ambiente na Praça Kalina Maia, Natal/RN. *Psico*, *45*(3), pp. 305-315.

Wicker, A. (1979). *An introduction to ecological psychology*. Belmont, Califórnia: Brooks Cole.

Wilson, E. O. (1984). *Biophilia*. Cambridge, MA: Harvard University Press.

Leia também neste livro os capítulos 1 Ambiência; 14 Paisagem.

14
Paisagem

Beatriz Maria Fedrizzi
Patsy Owens

Entendimento geral

Definir paisagem colabora no entendimento do cenário no qual pesquisadores da área pessoa-ambiente estão trabalhando, uma vez que a paisagem influencia e é influenciada por todos ali presentes, quer atores e/ou espectadores, usuários permanentes ou eventuais. Compreendemos todavia que, enquanto os ecologistas e paisagistas têm definido paisagem para seus fins de pesquisa (geralmente mais focada no ambiente físico), para os pesquisadores que trabalham na área das relações pessoa-ambiente (RPA), as definições anteriores são limitadas, pois, nesse campo, a paisagem não é apenas o que é visto, mas também aquilo que é assimilado perceptiva e cognitivamente, o que torna a definição deste termo muito complexa.

Introdução

A intenção deste capítulo é apresentar a definição de paisagem, suas origens e o modo como é disponibilizada em diferentes dicionários. Nesse contexto, vemos a necessidade de uma definição comum, uma iniciativa importante na medida em que permitirá que os pesquisadores, particularmente aqueles que trabalham na área das relações pessoa-ambiente, possam ter uma compreensão usual do significado da palavra, tornando-a um meio para descrever o cenário no qual trabalham. O uso da palavra paisagem deve estar claro e ser bem compreendido de modo a permitir, por exemplo, sua identificação em publicações científicas.

É importante esclarecer que este capítulo foi escrito por duas paisagistas, professoras pesquisadoras, que têm em comum um entendimento da profissão baseado na realização de pesquisas na área de ambiente e comportamento, assim como a busca por um processo de projetar/desenhar o espaço aberto que seja focalizado nos seres humanos. Como diferenças importantes entre as autoras estão o idioma, a cultura e a formação em Arquitetura Paisagística, que não existe no Brasil, enquanto nos Estados Unidos já está profundamente sedimentada: há faculdades credenciadas e os profissionais comprovam sua *expertise* em exames específicos para poder atuar na área. No Brasil, apesar de a obra do paisagista Roberto Burle Marx ser reconhecida internacionalmente, não há faculdades de paisagismo. Profissionais que atuam nessa área geralmente são formados em Arquitetura ou Agronomia e buscam, de alguma forma, complementar o conhecimento não adquirido na universidade.

Paisagem é uma palavra conhecida por muitos, mas seu significado varia entre grupos profissionais, de pessoa para pessoa e até nos dicionários.

Paisagem deriva do francês *paysage*. Esse termo tem origem na palavra *pay*, e pode ser definido, de forma simplificada, como regiões de ocupação humana que apresentam relativa homogeneidade física e registram a história. Essa associação aos *pays* marcou também o desenvolvimento da paisagem como conceito científico, traçando uma proximidade grande com o conceito de região, também de grande importância para a Geografia (Carneiro, 2011). Cabe destacar que, apesar de possuir sentido equivalente ao termo *landshaft*, de origem alemã (e de onde deriva a palavra inglesa *landscape*), o sentido colocado entre esses termos possui grandes diferenças ontológicas e, enquanto o conceito no francês se associa ao olhar colocado sobre uma região, o conceito alemão abrange dimensões de "toda uma região com suas complexidades morfológicas, e não se limitando, portanto, ao sentido estrito daquilo que se abarca com o olhar, a cena" (Holzer, 1998, p. 52).

De acordo com o geógrafo James Duncan (1995), a definição de paisagem tem duas origens: uma é proveniente da Holanda e da Grã-Bretanha e define paisagem por suas qualidades pitorescas através de pinturas e da criação de cenários para serem visualizados; a outra vem da Alemanha e dos Estados Unidos, e define paisagem como parte do ambiente natural e cultural.

Essas raízes são refletidas nas definições oferecidas no Dicionário Aurélio (2015), o qual apresenta paisagem como "extensão de território que se abrange com um lance de vista; desenho, quadro, gênero literário ou trecho que representa ou em que se descreve um sítio campestre". Na definição do Oxford Dictionary (2015), tem-se paisagem como "todas as características visíveis de uma área de campo ou terreno, muitas vezes considerada em termos de seu apelo estético" (*all the visible features of an area of countryside or land, often considered in terms of their aesthetic appeal*). Ambas as fontes indicam que as origens da palavra paisagem são do final do século XVI, a partir do *landschap* holandês.

O Cambridge Dictionary Online (2015) oferece três definições para a palavra paisagem: a primeira designa uma grande área do campo, geralmente sem muitas edificações ou outros elementos que não sejam naturais (*landscape is a large area of countryside, usually one without many buildings or other things that are not natural*); a segunda refere-se a uma visão ou imagem de um campo pitoresca ou visual (*a view or picture of the countryside*); a terceira definição, mais de acordo com as atuais indicações da profissão de arquiteto-paisagista abordada neste capítulo, corresponde à forma da terra e às características relacionadas a uma determinada área (*the shape of the land and related features in a particular área*).

Definições de profissionais da área

Enquanto a Sociedade Americana de Arquitetos Paisagistas não define paisagem, a Federação Internacional de Arquitetos Paisagistas fornece uma definição que é o reflexo da perspectiva da profissão de paisagista e da Convenção Europeia da Paisagem. Segundo essa definição, paisagem é uma área percebida pelas pessoas, cujas características resultam da ação e interação de fatores naturais e/ou humanos. Além disso, essa organização também define paisagem cultural como aquela que abrange a diversidade de manifestações e interações entre o homem e seu ambiente natural, o que inclui a paisagem projetada, a paisagem natural e a combinação de ambas (International Federation of Landscape Architects, 2012).

Vários pesquisadores têm definido o termo paisagem, a evolução do uso da palavra e a importância da clareza quando se discute paisagens, como, por exemplo, Duncan (1995), Palka (1995) e Sorvig (2002). Em revisão nesse campo, Palka (1995) explorou as semelhanças entre definições e descreveu quatro aspectos importantes a serem considerados: (1) enfoque sobre o que é visível; (2) entendimento de que as paisagens evoluem através de um processo de interação pessoa-ambiente; (3) reconhecimento de uma dimensão de tempo, no que se refere à evolução da paisagem; e (4) indefinição em torno da dimensão espacial ou extensão da área de uma paisagem. Além disso, o autor propôs uma definição que incorpora essas características: "Paisagem é o conjunto de fenômenos humanos e naturais contidos dentro de um campo de visão no espaço aberto" (Palka, 1995, p. 71).

Segundo Magalhães (2001), para um arquiteto-paisagista, o conceito de paisagem é holístico, pois sobre um substrato físico atuam de modo complexo os seres vivos – plantas e animais, incluindo o ser humano. Este último está imerso em uma cultura, dando origem a determinada imagem, que é, portanto, muito mais do que aquilo que se vê, sendo portadora de significados ecológicos e culturais, o que engloba fatores econômicos e sociais.

Embora os ecologistas paisagistas definam paisagem para seus fins de pesquisa, essa definição é insuficiente para os pesquisadores que trabalham com as relações pessoa-ambiente. Sob esse ponto de vista, considera-se fundamental valorizar que a definição de paisagem contemple uma perspectiva humano-ambiental, aproximando-se da proposição de Duncan (1995), que procura identificar paisagens baseando-se no modo como a cultura e a terra são interligadas uma à outra. É importante notar que se trata de uma definição diferente da proposta por Palka (1995) e por alguns dicionários quanto a uma paisagem ter de ser visível para existir.

McGarigal (2000), da Universidade de Massachusetts, propõe uma compreensão semelhante de paisagem. De acordo com ele, independentemente do modo como paisagem é definida, o ato de conceituá-la é equivocado, pois todas as paisagens têm uma estrutura definida pelo usuário (modelo) que, hipoteticamente, influencia a sua função (processo). Segundo ele, o que define o conceito de paisagem é justamente essa interação entre o modelo espacial e o processo.

Paisagem é, portanto, uma entidade demasiadamente complexa, estimulante e dispersiva para ser prontamente assimilada pela subjetividade e sensibilidade humanas.

Em 2000, o Conselho da Europa adotou a Convenção Europeia da Paisagem (ELC) para promover o planejamento sustentável, a preservação e a gestão de suas paisagens. O documento define paisagem como "Uma área percebida por pessoas, cujas caraterísticas são resultado das ações e interações de fatores naturais e humanos" ("An area, as perceived by people, whose character is the result of the action and interaction of natural and/ or human factors"). Tal definição enfatiza a percepção da paisagem, uma vez que envolve a experiência subjetiva, englobando o significado perceptivo, artístico e existencial (Antrop, 2005).

Existe uma relação mútua entre o indivíduo e o ambiente. As pessoas estão intrinsecamente envolvidas com seus ambientes; elas usam e moldam o ambiente físico para satisfazer as suas necessidades físicas e sociais. Enquanto os ambientes são moldados pelas pessoas, elas são influenciadas e afetadas por eles. A fim de entender e explicar essa interação, a percepção do ambiente – ou da paisagem – tornou-se uma área de interesse de vários pesquisadores. Segundo Kuhnen e Higuchi (2011), a percepção ambiental está relacionada ao modo como as pessoas experienciam os aspectos ambientais presentes em seu entorno, para o que são importantes os aspectos físicos, sociais, culturais e históricos. Graças à sua função de interpretação e de construção de significados, a percepção ambiental exerce papel fundamental nos processos de apropriação e de identificação dos espaços e ambientes.

Assim, podemos questionar que tipos de paisagem (ambiente) oferecemos às pessoas e de que forma ela nos influencia. Sabemos, por exemplo, que a paisagem urbana com seu conglomerado de edificações é estressante aos seus usuários, levando-os à fadiga mental. Na Psicologia Ambiental, pesquisadores trabalham para entender e minimizar os efeitos estressantes da paisagem urbana e promover ambientes restauradores. Ambientes restauradores são entendidos como aqueles que permitem a renovação da atenção direcionada e, consequentemente, a redução da fadiga mental (Alves, 2011). Eis que as paisagens naturais têm poder restaurador, diminuindo nosso processo de estresse.

Kaplan e Kaplan (1989), em suas pesquisas, explicam que o ambiente natural é influente e que o contato com ele é profundamente restaurativo no que se refere à fadiga mental (estresse). Outros estudos identificaram que paisagens naturais são eficientes em trazer à tona mudanças no estado emocional, independentemente da condição de estresse. Essas descobertas, combinadas com as pesquisas da ciência cognitiva, sugerem que a exposição a ambientes naturais aumenta a criatividade e a organização funcional cognitiva em geral, conforme defende Ulrich (1993). Analisando o comportamento de pacientes em pós-operatório que tinham acesso a áreas verdes e o de pacientes que não o tinham, esse autor constatou que os primeiros convalesciam mais rapidamente e recebiam alta em menos tempo, além de consumir menos remédios contra a dor.

Grahn (1994) afirma que, quando passam mais tempo em contato com a natureza, crianças em creches, escolas e hospitais mostram comportamento mais harmonioso: têm melhor relação com os funcionários, brincam, fantasiam e percebem melhor o espaço.

Existem inúmeros tipos de paisagem no planeta; como não é possível caracterizar adequadamente todas, neste capítulo vamos considerar apenas três: a natural, a rural e a urbana. Na paisagem natural predominam elementos da natureza não modificados pelo ser humano; na rural, é a fauna e a flora que nos alimentam; e na urbana predominam edificações.

Se a paisagem urbana nos estressa e a rural e a natural são restauradoras, é compreensível a necessidade de trazer para a área urbana elementos e funções das paisagens rurais e naturais. Nos últimos anos tem crescido o número de trabalhos sobre *healing gardens* (jardins de cura), comparando tratamentos realizados em clínicas e jardins ou grandes áreas verdes, como no *Arboretum*, da Universidade de Copenhague na Dinamarca. Nesta universidade, a professora paisagista Ulrika Stigsdotter e seu grupo de pesquisa atuam nessa perspectiva e utilizam uma vasta área com estufa, lago, espaço para caminhadas e, em um lugar reservado entre coníferas, uma sala com paredes de vidro (para proteção do frio) que funciona como consultório para as sessões de terapia. Tudo foi planejado por uma equipe composta por paisagistas e psicólogos.

Na Suécia, o paisagista pesquisador Patrik Grahn, da Swedish University of Agricultural Sciences, construiu diferentes tipos de jardins no *campus* de Alnarp, onde estão sendo avaliados pacientes que sofrem de doenças ligadas ao estresse. Além de desfrutarem dos jardins, os pacientes também podem fazer jardinagem. Os grupos de pesquisadores suecos e dinamarqueses estão aprofundando as investigações da paisagista americana Clare Cooper-Marcus, que é uma referência em jardins de cura.

Como as paisagens existem e estão por todo lado, pesquisas neste campo avançam no sentido de entender sua influência sobre o comportamento humano e utilizar seus resultados para projetar (e ensinar estudantes a projetar) ambientes melhores.

Referências

Alves, S. (2011). Ambientes restauradores. In Cavalcante, S. & Elali, G. A. (Orgs.). *Temas básicos em Psicologia Ambiental*. Petrópolis: Vozes, p. 40.

Antrop, M. (2005). From holistic landscape synthesis to transdisciplinary landscape management. In B. Tress, G. Tress & P. Fry. *Landscape research to landscape planning: aspects of integration, education and application*. Heidelberg: Opdam, pp. 27-50.

Cambridge Dictionary (2015). *Landscape in American English*. Recuperado em 3 novembro, 2015, de http://dictionary.cambridge.org/us/dictionary/english/landscape

Carneiro, J. P. J. A. (2011). O conceito de *pays* e sua discussão na geografia francesa do século XIX. *Revista Geográfica da América Central* (n. esp.), pp. 1-13.

Council of Europe (2000). Recuperado em 27 agosto, 2016, de http://www.coe.int/en/web/landscape

Dicionário Aurélio (2015). *Paisagem*. Recuperado em 3 novembro, 2015, de http://dicionariodoaurelio.com/paisagem

Duncan, J. (1995). Landscapegeography, 1993-1994. *Progress in Human Geography, 19*(3), 414-422.

Grahn, P. (1994). The importance of green urban areas for peoples' well-being. *European Regional Planning*, (56), 89-112.

Holzer, W. (1998). *Um estudo fenomenológico da paisagem e do lugar: a crônica dos viajantes do Brasil do século XVI*. Tese de doutorado. Departamento de Geografia, Universidade de São Paulo. São Paulo.

International Federation of Landscape Architects. (2012). *Ifla/Unesco Charter for Landscape Architectural Education*. Recuperado em 3 novembro, 2015, de http://iflaonline.org/wp-content/uploads/2014/11/IFLA-Charter-for-Landscape-Architectural-Education-Revised-2012.pdf

Kaplan, R., & Kaplan, S. (1989). *The experience of Nature*. Nova York: Cambridge University Press.

Kuhnen, A., & Higuchi, M. I. G. (2011). Percepção ambiental. In S. Cavalcante & G. A. Elali (Orgs.). *Temas básicos em Psicologia Ambiental* (p. 250). Petrópolis: Vozes.

Magalhães, M. R. (2001). *A arquitectura paisagista*: *morfologia e complexidade*. Lisboa: Estampa.

McGarigal, K. (2000). *What is a landscape?* Recuperado em 3 novembro, 2015, de http://www.umass.edu/landeco/teaching/landscape_ecology/schedule/chapter3_ landscape.pdf

Oxford Dictionaries. (2015). *Landscape*. Recuperado em 3 novembro, 2015, de http://www.oxforddictionaries.com/us/definition/american_english/landscape

Palka, E. J. (1995). Coming to grips with the concept to flandscape. *Landscape Journal, 14*(1), 63-73.

Sorvig, K. (2002). Nature/Culture/Words/Landscapes. *Landscape Journal, 21*(2), 1-14.

Ulrich, R. S. (1993). Biophilia, biophobia, and natural landscapes. In S. R. Kellert & E. O. Wilson (Eds.). *The biophilia hypothesis.* Washington: Island Press.

Leia também neste livro os capítulos 5 Emoções e afetividade ambiental; 13 *Open spaces.*

15
Perambular

Sylvia Cavalcante
Ada Raquel Teixeira Mourão
Hartmut Günther

Entendimento geral

A mobilidade é parte integrante da vida. O ser humano é um ser móvel. Move-se, seja com uma intenção, em direção a um objetivo, seja ao azar, sem que haja uma determinação para seus movimentos. Neste caso, ele perambula ou "flana" – incorporação pelo português do francês *flâner* – e se "abandona à impressão e ao espetáculo do momento", descobrindo, explorando o espaço vivido e se apropriando dele. Na cidade ou megacidade contemporânea, lugar privilegiado de vida, as distâncias se impõem e a circulação passa a exigir meios de transporte, de modo que o fluxo de veículos, bem como sua impossibilidade, tornaram-se características do urbano. Diante desse contexto, pergunta-se: É possível deslocar-se sem propósito? Que sentido pode adquirir o perambular na atualidade? É possível andar a pé, ver as coisas "a grané", como disse o músico Luiz Gonzaga? O ato de perambular apresenta uma relação pessoa-ambiente paradigmática numa perspectiva transacionalista, e oferece a possibilidade de ampliar a compreensão do objeto de estudo da Psicologia Ambiental e dos comportamentos de mobilidade dos indivíduos no ambiente urbano.

Conceito e histórico

Perambular, vaguear, deambular, zanzar, errar são verbos sinônimos que designam a ação de andar à toa, sem pressa, sem destino, sem um objetivo específico. Significam o caminhar pela fruição e pelo prazer de sentir e vivenciar o espaço e, até mesmo, nele se perder.

No perambular, o processo perceptivo é ressaltado por todos os sentidos: a vista se perde entre múltiplas imagens sem se fixar; o corpo se move lentamente, se deixando levar pela embriaguez das sensações; a "paisagem é construída de pura vida" (Hofmannsthal, n/d apud Benjamin, 2009, p. 462). Perambular é, portanto: "Sair quando nada nos obriga a fazê-lo, e seguir nossa inspiração como se o simples fato de virar à direita ou à esquerda já constituísse um ato essencialmente poético" (Edmond Jaloux, n/d apud Benjamin, 2009, p. 479).

A ideia do "perambular" encontra suas raízes no nomadismo humano, tão antigas quanto o deslocar-se num espaço para caçar ou para seguir o rebanho. Esses atos de ocupação do espaço geraram percursos que, antes de qualquer arquitetura, representaram as primeiras marcações humanas na terra. A errância deu início a um processo de apropriação e de mapeamento do território e à concomitante construção do lugar simbólico em que se desenrolava a vida comunitária. Segundo Careri (2013):

> O caminhar, mesmo não sendo a construção física de um espaço, implica uma transformação do lugar e dos seus significados. A presença física do homem num espaço não mapeado – e o variar das percepções que daí ele recebe ao atravessá-lo – é uma forma de transformação da paisagem que, embora não deixe sinais tangíveis, modifica culturalmente o significado do espaço e, consequentemente, o espaço em si, transformando-o em lugar (p. 51).

A citação de Careri evidencia a relação pessoa-ambiente, objeto da Psicologia Ambiental (PA), enquanto unidade holística (Rivlin, 2003) na qual aspectos psicológicos, contextuais e temporais são inseparáveis: a pessoa e seu entorno se definem e se transformam dinamicamente ao longo do tempo, sem direção estabelecida *a priori* (Valera, 1996).

Da necessidade de busca do alimento, atravessar o espaço "transformou-se numa forma simbólica que tem permitido que o homem habite o mundo" (Careri, 2013, p. 27). O ser humano, ao marcar o espaço por seu passo, foi construindo valores culturais associados ao ambiente que podem ser identificados por meio de percursos sagrados, peregrinações, locais de rituais, de festas e danças. Somente no século XIX o caminhar ganhou um sentido estético, ligado à criação literária e à arte.

O ato de perambular pela cidade tem uma origem demarcada historicamente pela figura urbana do *flâneur*, um tipo social parisiense que floresceu depois da Revolução de 1830[12] e se tornou personagem comum nas "passagens urbanas", até o momento em que apareceram os grandes bulevares e as grandes lojas de departamentos que afastaram as pessoas das ruas e as transportaram ao interior desses estabelecimentos, onde passaram a caminhar entre labirintos de mercadorias. Naquela época as passagens parisienses eram (e até hoje algumas ainda subsistem) galerias cobertas de vidro com paredes revestidas de mármore construídas pelos comerciantes, que davam abrigo aos compradores ao mesmo tempo em que os atraíam para as lojas. A primeira dessas passagens foi inaugurada em 1799, e elas proliferaram de tal sorte que em 1840 somavam aproximadamente uma centena. As passagens cobertas se inseriram no ambiente urbano ligando ruas, proporcionando numerosos sons, odores, cenas e personagens próprios à cidade, ou seja, ampliando a experimentação da vida urbana. Por isso mesmo Benjamin (2009, p. 465) declarava que a "cidade é o autêntico solo sagrado da *flânerie*".

Essas galerias eram o território privilegiado do *flâneur* enquanto passante, observador e personagem ocioso da cidade, que em alguns momentos se aproximava do *dandy*[13] e do boêmio, mas que, em outros, podia também colher cenas para produzir textos. Por pura contemplação e sem objetivo, *vagueava o flâneur*, personagem que, "rebelando-se contra a Modernidade, perdia seu tempo deleitando-se com o insólito e com o absurdo, vagabundeando pela cidade" (Careri, 2013, p. 74). Por sua vez, Benjamin (2009) utilizava a *flânerie* como método para observar, ler (decifrar os significantes urbanos) e criar textos. Para o autor, "o espaço pisca para o *flâneur*", que se enamora da cidade e para ela produz prosa e versos.

A *flânerie* surgiu como um método de observação (incluída a escuta), leitura (interpretação) e escrita (representação) da cidade, que se nutria de uma multitude de elementos e imagens fornecidos pelo espaço urbano, que podiam ser captados por um tipo de observador que *atrapa las cosas al vuelo*, representado pela figura do detetive, do artista, do jornalista ou do sociólogo (Frisby, 2007, p. 51). Enquanto método e movimento de contestação, a *flânerie* foi inspirada pelos escritos de Charles Baudelaire que, por sua vez, e por intermédio de Walter Benjamin, influenciou outros mo-

---

12. Revolução de caráter liberal e antiabsolutista liderada pela burguesia descontente com a diminuição das liberdades e com a crise econômica que atingia a França de Carlos X.

13. Indivíduo elegante que cultiva o belo em sua própria pessoa como símbolo da superioridade aristocrática de seu espírito; sente prazer em provocar admiração (Baudelaire, 1996).

vimentos estéticos do início do século XX, como o dadaísmo, o surrealismo e o situacionismo. Esses três movimentos tiveram em comum o caráter contestatório da estética burguesa, do sistema vigente de representação da arte e da Modernidade.

O dadaísmo promovia visitas a lugares banais e inúteis da cidade. A ideia era realizar uma contestação ao que era considerado arte, levando os artistas para o espaço público, para o cotidiano e para a vida real. A obra de arte era a própria visita.

No surrealismo realizava-se a deambulação, inicialmente pelo campo e, em seguida, pelas zonas marginais de Paris "a fim de sondar aquela parte inconsciente da cidade que escapava às transformações burguesas" e "[...] compreender as pulsões que a cidade provoca nos afetos do pedestre" (Careri, 2013, p. 80-82). O surrealismo apoiava-se na nascente psicanálise e comparava o território da cidade às estruturas da mente humana. Seu papel seria trazer à tona essa parte inconsciente da cidade e sua relação com a consciência urbana ou realidade.

Em 1957 os situacionistas reconheceram no "perder-se na cidade uma possibilidade expressiva concreta de antiarte e o adotam [adotaram] como meio político-estético através do qual é possível subverter o sistema capitalista do pós-guerra" (Careri, 2013, p. 83). A essa forma de perder-se os situacionistas chamaram de *derive*, que consistia em uma atividade lúdica, coletiva e objetiva de exploração da cidade, pretendendo investigar os efeitos do ambiente urbano nos indivíduos, ao que denominaram psicogeografia[14]. O importante não seria mais o sonho ou o inconsciente da cidade, mas a experimentação do espaço por meio de comportamentos na situação real de errância urbana em lugares marginais.

Perambular na atualidade

Perambular, como tratamos nesse texto, inspira-se nos projetos artísticos e contestatórios acima elencados; entretanto, incorpora outros aspectos da relação e vivência do ambiente urbano. Em essência, perambular é o caminhar despropositado que une ambiente, corpo e mente, sendo uma atividade relacional, física e terapêutica. Ao perambular, o caminhante não

---

14. "Estudo dos efeitos precisos do meio geográfico, conscientemente organizado ou não, que atuam diretamente no comportamento afetivo dos indivíduos" (*Définicions*. Internationale Situacioniste, n. 1, 1958 apud Careri, 2013, p. 90).

possui objetivo específico, anda sem pressa, ele se entrega ao momento e, portanto, tem a oportunidade de sentir o ambiente de formas diversas.

Quem perambula se insere numa lógica subjetiva: *moi, ici, maintenant* (eu, aqui, agora) (Moles & Rhomer, 1998), no *hic et nunc* (aqui e agora) da vivência presente. Na liquidez da Pós-modernidade, com seu ritmo acelerado e tempo monetizado, entregar-se a uma atividade de ócio e fruição – ao mesmo tempo lúdica e crítica – do ambiente percorrido pode ser considerada uma ação política, uma maneira de insurgir-se contra um sistema controlador e autocrático, que delimita as formas, o tempo e os percursos a serem vivenciados.

Sentir o ambiente

Uma das características distintivas do perambular é a forma como o caminhante sente e percebe o ambiente e o quanto se disponibiliza para esse contato. Assim, perambular pode propiciar sensações corporais que atingem todos os sentidos. O vento, o calor, o frio, a chuva que tocam a pele levam o caminhante ao usufruto do ambiente que interage com ele. O corpo que se move experimenta o fazer; o ser passa a ser ativo diante do mundo. Ao perambular, o sujeito está disponível para entrar em contato com as diversas feições do ambiente, sejam elas provisórias ou estruturas permanentes: a visão fica aguçada; o olfato diferencia e seleciona os odores; a escuta reconhece um som como agradável ou quando se impõe como agressão, através de ruídos (Le Breton, 2011, p. 34). Por meio dessas sensações o sujeito percebe e lê o ambiente que percorre. A legibilidade é uma qualidade essencial do ambiente para a orientação (Lynch, 2005). Um ambiente legível produz tranquilidade e permite à pessoa ficar em paz consigo mesma para estar à deriva e entrar em contato com suas próprias questões subjetivas. Ao interagir com o ambiente o sujeito desvela paisagens e descobre a si mesmo.

Relacionar-se com o ambiente

Perambular é uma maneira de relacionar-se com o ambiente; não significa somente mover-se pela cidade, mas, sobretudo, mover-se como uma forma de abertura para o mundo e para o outro. Nessa perspectiva transacionalista "tanto a pessoa quanto o entorno se definem dinamicamente e se transformam mutuamente ao longo do tempo como dois aspectos de uma unidade global" (Valera, 1996, p. 5). Essa construção mútua é evidenciada por um dos pressupostos da Psicologia Ambiental – "a pessoa tem qualidades ambientais tanto quanto características psicológicas individuais" (Ittelson, Proshansky, Rivlin & Winkel, 1974, p. 10, Rivlin, 2003, p. 217) – ou seja, elas são componentes do ambiente e contribuem para o que acontece no local, uma vez que pessoa e ambiente estão indelevelmente entrelaçados.

Reapropriar-se do ambiente

Essa inserção no ambiente permite a percepção de detalhes e sensações que só aparecem quando experienciamos a cidade em escala humana, diferentemente das viagens de carro ou de ônibus, quando o sujeito observa passivo, sem interagir com o espaço ou perceber suas sutilezas. Como comenta Le Breton (2011, p. 24), ao caminhar o indivíduo está "nu diante do mundo, ao contrário de motoristas e usuários de transporte público, o caminhante se sente responsável por suas ações, está à altura do ser humano e dificilmente pode esquecer a sua humanidade mais elementar". Segundo Gondim (2014), a caminhada, por seu ritmo lento, é agregadora, enquanto a mensagem transmitida pela velocidade é de divisão.

Hoje o perambular é pouco frequente, embora ressurja como possibilidade de reapropriação da cidade e, nesse sentido, pode ser visto como um processo simbólico e subjetivo, bem como a partir da ideia de ação-transformação, na medida em que o sujeito age sobre o ambiente, transformando-o de alguma maneira, se apropriando dele (Pol, 1996).

Como diria Certeau (1994, p. 171), ao caminhar, os "praticantes ordinários da cidade", os pedestres, criam a cidade que percorrem. Assim, por construir uma maneira de apropriar-se do espaço, ao perambular, ao vivenciar e criar paisagens, a errância se torna uma "forma de intervenção urbana" (Careri, 2013).

Perambular como ação política

Durante milhares de anos o ser humano contou somente com seus pés e pernas para mover-se; no entanto, atualmente o caminhar raramente é visto como uma forma de transporte, embora nenhum modo de deslocamento deixe de ter uma parte do percurso a pé.

As grandes distâncias da cidade dispersa, os meios de comunicação que aceleram a vida, a insegurança urbana e o péssimo estado das vias para os pedestres nos transformaram em seres "sem pés". Andar a pé, a mais trivial das mobilidades, parece ser incompatível com a vida atual;

assim, o corpo perde sua resistência física e os pés servem apenas para dirigir o automóvel ou para manter o corpo ereto.

Se o simples ato de andar a pé perde espaço nas sociedades atuais, o ato de perambular rompe com a lógica da pressa, constituindo-se uma atitude de resistência nas sociedades que valorizam cada vez mais a urgência e o rendimento (Le Breton, 2011). Perambular passa a ser, portanto, uma forma de indignar-se e de manifestar-se contra o modelo atual de sociedade, logo, torna-se um ato político.

Territórios opacos ou sombras urbanas

A insurreição contra a demarcação do tempo pode também ser estendida ao espaço. No perambular o sujeito se permite sair dos caminhos programados do seu cotidiano e contatar espaços "banais" ou locais "marginais", longe ou mesmo centrais, porém isolados, sombrios ou invisíveis para a maioria dos cidadãos.

Mover-se é parte da experiência cotidiana na cidade, identificando caminhos, escolhendo uns e excluindo outros, sejam eles espaços ordenados pela racionalidade urbanística e governamental, sejam de errância e marginais. Todavia, nem todos os movimentos na cidade são passíveis de controle. A cidade enquanto espaço plural permite também uma circulação "livre" por espaços não programados, longe da cidade mais praticada e conhecida de todos, [...] por espaços que não aparecem nos guias turísticos, espaços urbanos indeterminados, marginais, periféricos, territórios em plena transformação, espaços mutantes [...] (Jacques, 2013, p. 8).

Santos (1982) chamou esses espaços indeterminados de espaços opacos, considerados como espaços abertos do aproximativo e da criatividade, em oposição aos espaços luminosos, considerados como espaços fechados da exatidão, racionalizados e racionalizadores (Jacques, 2013, p. 13). Esses espaços pouco frequentados ou ignorados pelos guias turísticos e planos urbanísticos dizem muito sobre a cidade real, seus moradores e a relação que se estabelece entre ambos. Assim, "la relación del hombre que camina con su ciudad, con sus calles, con sus barrios, ya le sean éstos conocidos o los descubra al hilo de sus pasos, es primeramente una relación afectiva y una experiencia corporal" (Le Breton, 2011, p. 118).

Por meio do corpo se percebe o espaço, suas características, seus contornos. O perambular permite esse contato, que a cada experiência se torna mais íntimo e significativo, possibilitando que a pessoa se aproprie ou reaproprie simbolicamente da cidade, tenha uma vivência afetiva dos seus espaços e descubra criticamente seus problemas e possibilidades.

Perambular como método de pesquisa

Diante do interesse pelo estudo da vida nas cidades, a deriva também se apresenta como um método de pesquisa, uma técnica de observação participante que permite captar o fluxo que rege o movimento da cidade no momento em que ele acontece para entendê-lo e analisá-lo. Assim, "de perto e de dentro" (Magnani, 2002), o caminhante investigador compartilha a ambiência do local e se torna um intérprete privilegiado daquilo que analisa, sendo capaz de compreender os percursos e trajetos traçados pelos urbanistas e deles extrair os significados sociais que se constroem.

Através de um olhar interrogativo, crítico e atento aos detalhes, o pesquisador busca captar o movimento a partir do próprio movimento e encontrar a transformação social. Sua imersão no espaço urbano lhe permite olhar e olhar de novo, olhar de uma nova perspectiva, se deslocar e retomar seu caminho, experimentando a vida, coletando e registrando imagens, interações e tipificações sociais. Como observador urbano, o *flâneur*, segundo Frisby (2007, p. 51), "faz botânica no asfalto".

Segundo Pellicer, Vivas-Elias e Rojas (2013, p. 131), para adotar a deriva como método, o pesquisador deve seguir algumas recomendações-chave: 1) eleger um ponto de início de seu percurso; 2) estabelecer o espaço de tempo que dedicará a se perder na cidade; 3) disfarçar-se de *flâneur* e se deixar levar pelas oscilações da cidade; 4) usar ferramentas de coleta de dados, tais como gravador, câmera de vídeo etc.; 5) buscar observar os detalhes com olhar investigativo e atenção curiosa e direcionada a tudo o que acontece; 6) traduzir e "passar a limpo" os dados coletados durante a deriva. Nesse caso, portanto, a deriva deixa de ser uma atividade espontânea e passa a ter um objetivo.

Assim, a deriva é uma metodologia móvel que se adequa aos constantes movimentos, fluxos e interconexões de pessoas, objetos, mercadorias, dados e ideias que acontecem no espaço da cidade e, enquanto observação participante, resgata a atividade de Walter Benjamin que, como escritor, utilizava a *flânerie* como método para observar e decifrar os significantes da vida urbana e produzir textos.

Conclusão

Perambular é andar a pé; distingue-se, todavia, do caminhar cotidiano com direção definida *a priori* em busca da realização de um objetivo predeterminado. Perambular é andar sem pressa, a esmo, desfrutando das paisagens do caminho, permitindo-se o encantamento com os estímulos que o percurso oferece. Sem propósito ou destino definido, os caminhos tomados podem seguir vias e ruas menos frequentadas, escolhidas pela inspiração do momento, desprezando os percursos estabelecidos pela lógica do planejamento oficial.

Sozinho ou em grupo, o *flâneur* é um personagem ocioso que, com seu estilo de vida, nega a lógica burguesa que se impõe a partir da Modernidade, e busca vivenciar na cidade a experiência primal do nomadismo humano.

A prática da *flânerie* floresceu depois da Revolução de 1830 e foi facilitada pela construção das passagens parisienses que davam abrigo aos compradores das grandes lojas. Foi inspirada pelos textos de Baudelaire (1996) e posteriormente adotada por Walter Benjamim (2009). Enquanto atividade de contestação, influenciou outros movimentos estéticos de oposição à lógica burguesa que floresceram no início do século: o dadaísmo o surrealismo e o situacionismo.

Apesar de o caráter aleatório, espontâneo e descontraído ser característica inerente à noção do perambular, na atualidade, diante da complexa dinâmica urbana que se impõe aos habitantes dos grandes centros, este tipo de caminhada emerge como uma atividade de pesquisa racional e programada – a deriva –, em busca da possibilidade de compreensão da vivência humana nesses espaços.

Para os estudiosos da relação pessoa-ambiente é importante resgatar esse perambular em todas as suas dimensões e apresentá-lo como possibilidade de vivência e apropriação dos espaços urbanos que, inserido na lógica subjetiva do *moi, ici, maintenant*, permitirá tanto o usufruto da cidade como um mergulho na própria subjetividade. Atividade de entrega à fruição, por meio dos passos descontraídos daquele/a que o pratica, o perambular une percepção e estímulos ambientais, pessoa e ambiente.

Referências

Baudelaire, C. (1996). *Sobre a Modernidade*. São Paulo: Ed. Paz e Terra.

Benjamin, W. (2009). *Passagens*. Belo Horizonte: Editora UFMG/São Paulo: Imprensa Oficial do Estado de São Paulo.

Careri, F. (2013). *Walkscapes: o caminhar como prática estética*. São Paulo: Gustavo Gili.

Certeau, M. (1994). *A invenção do cotidiano: artes de fazer*. (6a. ed.). Petrópolis: Vozes.

Frisby, D. (2007). *Paisajes urbanos de la Modernidade: exploraciones críticas*. Bernal: Univ. Nacional de Quilmes/Buenos Aires: Prometeo Libros.

Gondim, M. F. (2014). *A travessia no tempo: homens e veículos, da mitologia aos tempos modernos*. Tese de doutorado. Universidade de Brasília, Brasília.

Ittelson, W. H., Proshansky, H. M., Rivlin, L. G., & Winkel, G. H. (1974). *An introduction to Environmental Psychology*. Nova York: Holt, Rinehart & Winston.

Jacques, P. B. (2013). O grande jogo do caminhar. In F. Careri. *Walkscapes: o caminhar como prática estética* (pp. 7-16). São Paulo: Gustavo Gili.

Le Breton, D. (2011). *Elogio del caminar*. Madri: Siruela.

Lynch, K. (2005). *A imagem da cidade*. São Paulo: Martins Fontes.

Magnani, J. G. C. (2002). De perto e de dentro: notas para uma etnografia urbana. *Revista Brasileira de Ciências Sociais, 17*(49), pp. 11-29.

Moles, A. A., & Rohmer, E. (1998). *Psychosociologie de l'espace*. Paris: L'Harmattan.

Pellicer, I., Vivas-Elias, P., & Rojas, J. La observación participante y la deriva: dos técnicas móviles para el análisis de la ciudad contemporánea. El caso de Barcelona. *Eure, 39*(116), Enero, 2013, pp. 119-139.

Pol, E. (1996). A apropiación del espacio. In L. Iñiguez & E. Pol. *Cognición, representación y apropiación del espacio* (pp. 45-62). Barcelona: Universitat de Barcelona.

Rivlin, L. (2003). Olhando o passado e o futuro: revendo pressupostos sobre as inter-relações pessoa-ambiente. *Estudos de Psicologia*, Natal, *8*(2), pp. 215-220.

Santos, M. (1982). *Pensando o espaço do homem*. São Paulo: Hucitec.

Valera, S. (1996). Psicología Ambiental: bases teóricas y epistemológicas. In L. Iñiguez & E. Pol. *Cognición, representación y apropiación del espacio* (pp. 1-14). Barcelona: Universitat de Barcelona.

Leia também neste livro os capítulos 12 Mobilidade; 23 Wayfinding.

16
Percepção de risco

Ariane Kuhnen
Alessandra Sant'anna Bianchi
Roberta Borghetti Alves

Entendimento geral

Como um dos fenômenos de estudo da Psicologia Ambiental, a percepção de risco é um modo de o ser humano compreender as informações do ambiente que chegam aos seus canais sensoriais. As informações sobre possíveis riscos estão no ambiente, de modo que, ao explorar um local, cabe a cada pessoa perceber ou não tais indícios. Isso ocorre porque o ser humano seleciona as informações de acordo com os seus propósitos em uma situação, dando maior ou menor atenção aos diferentes aspectos envolvidos. Nesse sentido, a percepção de risco será influenciada por um grupo de fatores pessoais e ambientais que estão inter-relacionados, tais como: experiências passadas e atitudes atuais voltadas ao risco, crenças, grau de exposição e proximidade dos riscos, medidas governamentais para a gestão do risco, dentre outros.

Os estudos da percepção de risco

O estudo científico sobre percepção de risco surgiu no final da década de 1960, em plena Guerra Fria, em um artigo publicado na revista *Science* (Starr, 1969). O final da Segunda Guerra Mundial havia demonstrado o poder da tecnologia nuclear, induzindo uma percepção de seu potencial destrutivo para o ambiente ao mesmo tempo em que a qualificava como fonte de poder e controle coercitivo para as potências que a detinham. O mundo debatia aspectos de outra aplicação: a geração de energia. O contexto da época era de preocupação com a nova aplicação para a tecnologia mortal, o que ensejava um debate sobre os riscos a ela associados e o quanto a sociedade estaria disposta a aceitar. Nesse artigo, originário de um simpósio sobre ecologia humana, Starr (1969) discutia a questão de fatores importantes para estimar quanto risco a sociedade está disposta a aceitar, e indicava que riscos voluntários são mais bem aceitos que os involuntários, que a aceitação social de um risco é diretamente influenciada pela consciência pública sobre os benefícios da atividade e que o risco estatístico de morte por doença parece ser um critério psicológico para o estabelecimento do nível de aceitabilidade de outros riscos.

Uma questão importante é que durante muitos anos a percepção de risco dos não especialistas (leigos) foi vista como irracional; Fischoff, Slovic, Lichtenstein, Read e Coombs (1978) propuseram uma mudança de perspectiva, demonstrando haver lógica nesse raciocínio; além disso também os leigos faziam avaliação de riscos e benefícios, o que tornava possível operacionalizar o conceito de risco percebido. Outro aspecto importante é que os estudos sobre percepção de risco estiveram sistematicamente associados a questões ambientais, ou seja, sobre o local e a forma de viver.

Quase 20 anos depois do estudo de Starr, em 1987, Paul Slovic, um professor do Departamento de Psicologia na Universidade de Oregon (Estados Unidos), publicou um artigo que se tornou um clássico da área de estudos de percepção de riscos (Slovic, 1987). Nele o autor apontou para a multidisciplinaridade da área e conceituou percepção de risco como o julgamento intuitivo que é feito por pessoas leigas para avaliar o risco de determinada atividade, ou seja, a percepção de risco é quantificável e previsível. Ele propôs que a questão é bifatorial: o primeiro fator corresponde a quesitos como controlabilidade, possibilidade de consequências catastróficas globais, fatabilidade, equitatividade, individualidade, risco para as gerações futuras, facilidade de redução, decremento voluntário do risco e temeridade; o segundo fator congrega aspectos referentes ao risco de não ser observável, ser desconhecido para as pessoas expostas, ter efeito retardado, ser novo e pouco conhecido pela ciência. Slovic (2010) também indicou que o afeto é um componente importante na hora de avaliar os riscos, assim como a existência de uma relação inversa entre benefícios e riscos percebidos.

Em 1993, Lima, autora portuguesa dedicada ao tema, considerou a avaliação de riscos feita por pessoas em geral como sendo tridimensional. Tais dimensões seriam: o grau de informação disponível sobre o risco, o grau de controle possível sobre o desastre e a importância pessoal do desastre. A referida autora (Lima, 2005) também salientou que o risco não está diretamente associado com o número de mortes provocado pelo desastre, mas sim com o carácter devastador do evento (se é controlável ou não) e/ou o grau de conhecimento existente acerca do risco. Assim, os riscos percebidos como desconhecidos e com consequências não controláveis são considerados particularmente inaceitáveis; no entanto, riscos que são familiares tendem a se tornar comuns para a população, perdendo o poder de mobilizar e assustar.

A partir de uma revisão não sistemática, Marcon, Nguyen, Rava, Braggion, Grassi e Zanolin (2015) indicam evidências de associação entre percepção de risco e sexo (homens percebem menos riscos), nível de escolaridade (maior escolaridade corresponde a menor percepção de riscos), nível socioeconômico (quanto maior o nível, menor a percepção de risco) e ter filhos pequenos (aumenta a percepção de riscos). Os referidos autores também defendem que a percepção de risco é específica ao contexto e deve ser avaliada empiricamente.

Uma consulta à base de dados Web of Science, em 3 de outubro de 2015, com as palavras *risk perception* e *environment*, mostrou resultados interessantes sobre o crescimento da preocupação com o tema. A princípio foram realizadas pesquisas considerando blocos de 10 anos, iniciando em 1960 e indo até 2009. Os resultados indicaram que: foi na década de 1990 que apareceram os primeiros trabalhos indexados dessa forma (46 trabalhos); na década seguinte a produção cresceu mais de 400%; na década atual, que ainda está na metade, o crescimento já ultrapassou 150% em relação à sua antecessora.

Examinando as pesquisas publicadas em 2015 percebe-se que há uma diversidade de perspectivas, e que na percepção de risco e de ambiente estão implicadas questões relacionadas aos temas: exposição a pesticidas (Rodriguez et al., 2015), acidentalidade no trânsito (Kaplan & Prato, 2015), câncer (Rice, Brandt, Hardin, Ingram & Wilson, 2015) e discursos políticos sobre mudança climática (Shin & Choi, 2015).

Enquanto nas questões relativas à energia nuclear ou à escolha de locais para descarte de lixo as percepções de risco dos leigos tendem a ser maiores que as dos *experts*, no caso do trânsito a questão é inversa: leigos tendem a perceber o ambiente de trânsito mais seguro do que objetivamente analisando ele é. Devido aos altos números de mortalidade derivados dos acidentes de trânsito (World Health Organization, 2015) e à constatação de que em torno de 90% deles são atribuíveis a causas humanas (Montoro, Alonso, Esteban & Toledo, 2000), a questão da percepção de risco tem sido muito estudada nesse ambiente.

Percepção de risco e suas possibilidades de pesquisa

A sobrevivência dos seres humanos depende da capacidade de identificarem e avaliarem corretamente os riscos presentes no ambiente. No início da humanidade isso poderia estar conectado a identificar a presença de animais predadores ou mesmo a diminuição de alimentos em uma determinada área. Na atualidade, identificar ameaças das mudanças climáticas ou mesmo do arrefecimento de discussões políticas ou religiosas está relacionado com a percepção de risco necessária para a sobrevivência de nossa espécie como um todo. Por outro lado, no âmbito pessoal somos cotidianamente desafiados a identificar pequenos e grandes riscos para a nossa sobrevivência, seja ao atravessar uma rua, seja ao escolher um parque público para a prática de exercícios.

Uma das possibilidades de pesquisa do fenômeno percepção de risco é o trânsito, cujo ambiente é amplo e abrange desde o interior de um carro até o sistema viário como um todo (Günther, 2001). Nesse contexto a percepção de risco torna-se importante dada a possibilidade de que, ao interpretar o ambiente, o indivíduo tome decisões essencialmente perigosas para ele ou para o grupo em que vive. Há dois modelos que implicam a percepção de risco no trânsito. Eles surgiram a partir da década de 1970, quando houve uma transição dos modelos de habilidades (que consideram os acidentes de trânsito como um resultado de incompatibilidade entre as habilidades do condutor e as demandas da tarefa) para os modelos motivacionais (que levam em conta a adaptação condutual (Summala, 1985) e o risco percebido).

O primeiro desses modelos recebeu o nome de Teoria do Risco Zero e enfatiza a competição entre o desejo do condutor de desempenhar certo ato – induzido por motivos (excitatórios) – em uma certa situação de trânsito e o risco subjetivo percebido (risco percebido) associado com esse desejo (Näätänen & Summala, 1974). O modelo do risco zero postula que a percepção de risco (de acidente ou de sanção) é igual a zero na maior parte do tempo (risco subjetivo nulo). A diferença entre o risco objetivo (real) e o subjetivo (risco percebido) é o motivo por que sucedem os acidentes. No que diz respeito à tomada de decisão quando considerado o risco subjetivo percebido da situação de trânsito preponderante, a ação elegida pelo condutor é normalmente dirigida a reduzir o risco experimentado ou medo. Assim, na Teoria do Risco Zero, demonstra-se como o benefício esperado pode ser perdido quando o risco subjetivo (risco percebido) é atenuado, por exemplo, por mudanças no ambiente de trânsito que o fazem parecer mais seguro.

O segundo modelo foi desenvolvido por Wilde (1994) e é conhecido como Teoria da Homeostase do Risco. Nesse modelo, cada pessoa se caracteriza pelo nível de risco que aceita. No caso do condutor, este compara o nível de risco ao qual se sente exposto (risco percebido) com aquele que está disposto a aceitar, e tenta reduzir a diferença a zero, ou seja, vai realizando os ajustes necessários para conseguir que o risco aceito seja igual ao risco ao qual se sente exposto, o risco percebido. O nível de risco percebido será relativamente baixo se a pessoa confia em ter as habilidades necessárias para afrontá-lo, e será mais alto no caso de pessoas que duvidam de suas habilidades. Nesse enfoque, o ser humano é visto como um estrategista que tenta otimizar, e não minimizar, o nível do risco assumido com o propósito de maximizar os benefícios – econômicos, biológicos e psicológicos – que podem ser derivados da vida.

No Brasil, os estudos sobre percepção de risco aplicados ao ambiente ainda são escassos. Quando o ambiente é o trânsito, particularmente, existem poucos estudos publicados que tratem da percepção de risco (Cuffa & Bianchi, 2012). Ainda assim há consistência com estudos internacionais ao apontarem que homens têm menor percepção de risco para comportamentos perigosos no trânsito do que as mulheres (Cuffa, 2012; Torquato, 2011). E, de forma importante para o desenvolvimento de projetos na área de saúde pública, aqueles que avaliam um comportamento como mais seguro (aqueles com menor percepção de risco) realizam com maior frequência comportamentos de risco (Torquato, 2011).

Outra possibilidade de pesquisa com o referido fenômeno consiste em utilizá-lo em estudos voltados a desastres. De acordo com o Relatório Anual de Desastres de 2013, o Brasil foi considerado pelo Center for Research on the Epidemiology of Disasters – Cred como o oitavo país que mais foi atingido por desastres naturais (Sapir, Hoyois & Below, 2014). A percepção de risco tem sido considerada um componente importante para a mitigação de desastres, notadamente quando há uma distinção entre os riscos reais e os percebidos. Há diferentes riscos. Um deles é o risco ambiental. Ele é compreendido como um resultado da associação dos riscos naturais (deslizamento e/ou inundação) aos riscos provenientes da ação e ocupação do homem no ambiente (Veyret & Richemond, 2007). A existência do referido risco está relacionada com o sujeito ou grupo social que o aprende por meio de representações, percepções e ações (Coelho, 2007). Não há risco sem que haja uma população ou um indivíduo que seja atingido por ele e o perceba como tal (Esteves, 2011).

A percepção de risco é compreendida como um fenômeno complexo influenciado por um grupo de fatores pessoais e ambientais que estão inter-relacionados, tais como: experiências passadas, expectativas futuras e atitudes atuais voltadas ao desastre, bem como crenças e valores (Ruiz et al., 2009, Coelho, 2007), grau de exposição e proximidade ao risco (Miceli, Sotgiu & Settanni, 2008), estratégias de enfrentamento (Meacham, 2004) e, por fim, medidas governamentais para a gestão do risco – dentre elas se destaca a comunicação do risco dos analistas técnicos para a população (Ruiz et al., 2009, Arma & Avram, 2008).

As pessoas, e presumivelmente as comunidades, aprendem com a experiência, incorporando nos seus repertórios as lições que aprenderam em eventos prévios com desastres, de modo a estarem melhor capacitadas para responder ao próximo evento. Para tanto, a crescente familiaridade com o evento recorrente muda de forma gradual em nível conceitual o significado do evento para as comunidades, influenciando a avaliação do risco pelo grupo (Coelho, 2007, Miceli et al., 2008). Nesse sentido, a literatura indicada considera alguns fatores que podem aumentar ou reduzir a percepção de risco. Os riscos são considerados mais graves quando: colocam a vida das pessoas em risco e este risco é imediato; identificam as vítimas e os sobreviventes de um evento; dão credibilidade às fontes de informação (técnicos, rádios, TV etc.) sobre o risco. Todavia, os eventos são considerados menos perigosos quando a mortalidade é distribuída em uma área geográfica e o risco à vida é indireto. Isso significa que uma enchente seria considerada muito mais séria do que uma seca (Coelho, 2007).

Em âmbito nacional pode-se destacar o estudo de Coelho (2007), que investigou as percepções de risco dos residentes de duas cidades localizadas no Nordeste. Os resultados demonstraram que os participantes da região não atingida pela seca apresentaram níveis de percepção de risco mais altos do que os participantes da região atingida. Para a autora, essa diferença pode ser explicada pelo significado da experiência com o desastre. Nesse sentido, ela destaca a importância da avaliação da subcultura do desastre, pois ela pode alterar o significado do evento e a resposta ao mesmo.

Nesse enfoque, destacamos o artigo de Kuhnen (2009), segundo o qual a percepção poderá estar carregada de afetos que poderão alterar a "percepção de risco real do ambiente". Por exemplo, devido ao apego ao lugar, o morador de uma casa atingida pela enchente poderá encarar como secundário o risco a que está exposto ao continuar a residir nesse lugar. Portanto, segundo a autora, para compreender a percepção de risco em toda a sua amplitude e complexidade é preciso analisar aspectos cognitivos, emocionais, avaliativos e interpretativos relacionados ao fenômeno, ou seja, é essencial considerar a relação entre a pessoa e o ambiente.

Para tanto, a Psicologia Ambiental poderá contribuir na compreensão e explicação do fenômeno ao considerá-lo a partir da relação estabelecida entre a pessoa e o ambiente, de modo a ponderar o contexto ambiental existente e as interações nele vividas. Nesse sentido, destaca-se a necessidade de investigar como se dá a comunicação dos riscos entre a comunidade e as autoridades/órgãos públicos. Deve-se pensar a implantação de plano de contingência municipal, de Núcleos Comunitários de Defesa Civil (Nudecs), a fim de que a comunidade possa participar das decisões da Defesa Civil e também contribuir na construção de simulações de desastres; a elaboração de mapas de risco de modo que a população saiba a localização das áreas de risco, dentre outros. Essa dinâmica deve ser considerada para que possa ser pensada uma gestão integral do risco.

Referências

Arma, I., & Avram, E. (2008). Patterns and trends in the perception of the seismic risk. Case Study: Bucharest Municipality/Romania. *Natural Hazards, 44*, 147-161.

Coelho, A. E. L. (2007). Percepção de risco no contexto da seca: um estudo exploratório. *Psicologia para a América Latina*, México, 10. Recuperado em 13 novembro, 2015, de http://pepsic.bvsalud.org/scielo.php?script=sci_arttext& pid= S1870-350X2007000200012&lng= pt&tlng=pt

Cuffa, M. (2012). *Percepção e comportamento de risco de beber e dirigir: um perfil do universitário de Curitiba*. Dissertação de Mestrado. Departamento de Psicologia, Universidade Federal do Paraná, Paraná.

Cuffa, M., & Bianchi, A. S. (2012). Beber e dirigir: percepção e comportamento de risco no trânsito. *Saúde em Debate, 36*(93), pp. 297-305.

Esteves, C. J. O. de. (2011). Risco e vulnerabilidade socioambiental: aspectos conceituais. *Caderno Ipardes, Estudos e Pesquisa, 1*(2), 62-79.

Fischoff, B., Slovic, P., Lichtenstein, S., Read, S., & Coombs, B. (1978). How safe is safe enough? A psychometric study of attitudes toward technological risks and benefits. *Policy Science, 9*, 127-152.

Günther, H. (2001). Ambiente, trânsito e psicologia: antecedentes de comportamentos inadequados no trânsito. *Seminário Nacional "Psicologia, circulação humana e subjetividade"*, organizado pelo CRP-06, 24 e 25 de novembro, São Paulo.

Kaplan, S., & Prato, C. G. (2015). A spatial analysis of land use and network effects on frequency and severity of cyclist-motorist crashes in the Copenhagen region. *Traffic Injury Prevention, 16*(7), 724-731

Kuhnen, A. (2009). Meio ambiente e vulnerabilidade a percepção ambiental de risco e o comportamento humano. *Geografia (Londrina), 18*, 37-52.

Lima, M. L. (1993) *Percepção do risco sísmico: nedo e ilusões de controlo.* ISCTE, Lisboa. Tese de doutoramento em Psicologia Social e Organizacional.

_____ (2005). Percepção de riscos ambientais. In Luís Soczka (Org.). *Contextos humanos e Psicologia Ambiental.* Lisboa: Fundação Calouste Gulbenkian, pp. 203-245.

Marcon, A. et al. (2015). A score for measuring health risk perception in environmental surveys. *Science of the Total Environment*, 527-528, 270-278.

Meacham, B. J. (2004). Decision-making for fire risk problems: a review of challenges and tools. *Journal of Fire Protection Engineering, 14*(2), 149-168.

Miceli, R., Sotgiu, I., & Settanni, M. (2008). Disaster preparedness and perception of flood risk: a study in an alpine valley in Italy. *Journal of Environmental Psychology, 28*, 164-173.

Montoro, L., Alonso, F., Esteban, C., & Toledo, F. (2000). *Manual de seguridad vial: el fator humano.* Ariel: Barcelona.

Näätänen, R., & Summala, H. (1974). A model for the role of motivational factors in drivers' decision-making. *Accident Analysis & Prevention, 6*, 243-261.

Rice, L. J., Brandt, H. M., Hardin, J. W., Ingram, L. A., & Wilson, S. M. (2015). Exploring perceptions of cancer risk, neighborhood environmental risks, and health behaviors of blacks. *Journal of Community Health, 40*(3), 419-430.

Rodriguez, A. G. P. et al. (2015). Risk perception and chronic exposure to organochlorine pesticides in maya communities of Mexico. *Human and Ecological Risk Assessment, 21*(7), 1960-1979.

Ruiz, J. C. G. et al. (2009). Exploring the factors that influence the perception of risk: The case of Volcán de Colima, Mexico. *Journal of Volcanology and Geothermal Research*, 186, 238-252.

Sapir, D. G., Hoyois, P., & Below, R. (2014). *Annual Disaster Statistical Review 2013. The numbers and trends*. Centre for Research on the Epidemiology of Disasters (Cred). Institute of Health and Society (IRSS). Université catholique de Louvain, Brussels, Belgium.

Shin, H., & Choi, B. D. (2015). Risk perceptions in UK Climate change and energy policy narratives. *Journal of Environmental Policy & Planning, 17*(1), 84-107.

Slovic, P. (1987). Perception of risk. *Science, 4.799*(236), 280-285.

_____ (2010). The Psychology of risk. *Saúde e Sociedade, 19*(4), 731-747.

Starr, C. (1969). Social benefit *versus* technological risk. What is our society willing to pay for safety? *Science, 165*, 1.232-1.238.

Summala, H. (1985). Factores técnicos y accidentes de tráfico: el papel del conductor em Dirección General de Tráfico (D.G.T.). (Ed.). *Primera reunión internacional de psicología de tráfico y seguridad vial* (pp. 439-447). Madri: D.G.T.

Torquato, R. J. (2011). *Percepção de risco e comportamento de pedestres*. Dissertação de mestrado não publicada, Universidade Federal do Paraná, Curitiba.

Veyret, Y., & Richemond, N. M. (2007). O risco, os riscos. In Y. Veyret (Org.). *Os riscos – o homem como agressor e vítima do meio ambiente* (pp. 23-79). São Paulo: Contexto.

Wilde, G. (1994). Risk homeostasis theory and its promise for improved safety. In R. M. Trimpop & G. Wilde (Eds.). *Challenges to accident prevention: the issue of risk compensation processes* (pp. 9-24). Groningen, Netherlands: Styx.

World Health Organization (2015). *Global status report on road safety 2015*. Itália: World Health Organization.

Leia também neste livro os capítulos 9 Espaço defensável; 11 Justiça ambiental; 19 Responsabilidade socioambiental; 21 Territorialidade(s).

17
Permacultura

Raquel Diniz
Ângela Maria da Costa Araújo

Entendimento geral

Diante da crise ecológica que se evidencia ao longo das últimas décadas, faz-se necessário o reconhecimento de que a questão ambiental tem o comportamento humano como um importante elemento a ser considerado. Nesse sentido, a Psicologia tem buscado contribuir para a construção de conhecimento sobre os processos cognitivos, emocionais e motivacionais que predispõem comportamentos em prol da conservação do meio ambiente e da formação de sujeitos ecológicos. Sob o referencial da sustentabilidade, a Psicologia Ambiental tem se dedicado a compreender os estilos de vida sustentáveis (EVSs), suas predisposições psicológicas e suas práticas efetivas. Nesse âmbito, a permacultura pode ser compreendida como um EVS, tendo em vista que constitui uma alternativa aos modos de vida contemporâneos e sinaliza novos caminhos para a transformação das relações pessoa-ambiente.

Perspectiva histórica

Para compreender as origens e os determinantes da problemática ambiental em suas múltiplas escalas, assim como pensar e propor possíveis alternativas, é necessário considerar a complexidade desse cenário e as múltiplas relações que o constituem. Com o entendimento de que ao transformar a natureza externa o ser humano transforma sua própria natureza, observa-se que essa ação repercute nas relações sociais e ambientais que garantem a sua existência. Historicamente – e de forma mais acentuada no contexto de emergência e consolidação do modo de produção capitalista – a relação entre o ser humano e a natureza vem sendo mediada por instrumentos e objetos previamente produzidos, o que implica a cisão entre a espécie humana e os condicionantes naturais necessários à sua sobrevivência (Foladori, 2001; Foster, 2010).

Assim, o ser humano e a natureza têm interagido de diferentes formas ao longo da história da civilização ocidental. O homem pré-renascentista era dependente e extremamente ligado à natureza em sua luta pela sobrevivência, luta essa que não alterava de forma considerável o equilíbrio ecológico. No Renascimento, o ser humano assume uma postura predominantemente ativa em relação à natureza, preparando o caminho para as grandes descobertas científicas e industriais dos séculos seguintes (Ittelson, Proshansky, Rivlin & Winkel, 1974).

Apenas no fim do século XIX foi cunhado o conceito de identidade como psicologicamente genérico. Dessa noção individualizante do homem psicológico depreende-se a ideia de singularidade, que se distancia dos valores de transcendência característicos dos momentos anteriores. Segundo Ittelson, Proshansky, Rivlin e Winkel (1974), é a partir da noção de identidade que se começa a pensar em ambiente e comportamento, chegando-se ao homem ambiental, ou seja, à noção de pessoa ambiental consciente de seu ambiente e da interdependência que os une (Rivlin, 2003). Essa mudança de visão, enquanto remove o indivíduo do isolamento em que ele vinha sendo estudado, serve aos propósitos do campo de estudos das relações pessoa-ambiente.

Tal mudança na visão de ser humano tem possibilitado avanços nas reflexões acerca de sua interferência no equilíbrio ecológico, gerando uma consciência da sua importância para o entendimento da questão ambiental. A cisão entre seres humanos e natureza constitui as bases da crise ecológica, que é, por assim dizer, uma "crise humano-ambiental" (Pinheiro, 1997, p. 381). É necessário ter em conta que os problemas ambientais não são apenas problemas de ordem técnica que requeiram soluções da física, da química ou da engenharia. As ciências sociais adquirem um papel crucial nesse contexto, levando em consideração a ação humana como intrinsecamente ligada à perturbação do equilíbrio ambiental (Oskamp, 2000; Kurz, 2002).

Surge, então, como demanda para a ciência psicológica o entendimento dos processos cognitivos, emocionais e motivacionais que favorecem comportamentos em prol do meio ambiente, ao mesmo tempo em que jogam luz sobre as condutas que lhe são danosas. A partir dessa compreensão o estudo das transações entre as pessoas e o ambiente busca promover uma harmonia entre ambos e, consequentemente, o bem-estar humano e a sustentabilidade ambiental (Wiesenfeld, 2005). A Psicologia Ambiental (PA), como disciplina no campo dos estudos pessoa-ambiente, se utiliza de seu aparato teórico-metodológico e de seu referencial de interdependência para tratar da bidirecionalidade das relações humano-ambientais.

Orientada pelos ideais da sustentabilidade, a PA busca contribuir para o entendimento dessa problemática e para conter o descompasso entre o estilo de vida comum a boa parte dos sete bilhões de habitantes do planeta, possibilitando a manutenção dos recursos naturais (Bonnes & Bonaiuto, 2002; Pol, 2007). Satisfazer as reais necessidades das sociedades atuais sem comprometer a renovação desses recursos, tal como proposto no relatório *Nosso futuro comum* (1987), torna-se um desafio para nossa geração em prol das gerações futuras. Kazdin (2009) aponta a PA como uma disciplina central e capaz de formar parcerias com diversos campos do saber, de forma a contribuir para a realização desse objetivo. O autor refere-se aos problemas ambientais como grandes desafios e afirma que os mesmos exigem novas formas de pensar e elaborar estratégias de resolução. Afirma, ainda, que a Psicologia está numa clara expansão em direção a questões críticas e de impacto na sociedade, e aponta a sustentabilidade como uma nova etapa de direcionamento da atenção, considerando tanto a produção do saber quanto o desenvolvimento de intervenções.

Na interface da PA com a sustentabilidade destaca-se a noção de Estilo de Vida Sustentável (EVS). Tal noção nos desafia a promover comportamentos que resultem na preservação dos recursos naturais, pois ela contempla tanto a dimensão efetiva das práticas de cuidado ambiental quanto as dimensões de natureza psicológica e comportamental.

Estilo de vida sustentável

Ao longo das últimas décadas as investigações com foco nos comportamentos com impacto positivo e negativo no meio ambiente e em seus determinantes têm sido cada vez mais frequentes, o que aponta para a relevância do tema no campo das relações pessoa-ambiente. Os estudos neste contexto comportam diferentes nomenclaturas (comportamento pró-ambiental, comportamento de conservação, atitudes ambientais, conduta sustentável, cuidado ambiental, topofilia, entre outros), mas com o objetivo comum de compreender as práticas efetivas de base pró-ecológica, os fatores envolvidos em sua promoção e as dificuldades de sua implementação.

Mais recentemente, com a incorporação das dimensões da sustentabilidade, tais investigações passam a considerar, para além dos que vinham sendo enfocados, novos aspectos psicossociais, como a efetividade e a deliberação. Desse modo, Corral-Verdugo e Pinheiro (2004) apresentaram a noção de "conduta sustentável", definida como "o conjunto de ações efetivas, deliberadas e antecipadas que resultam na preservação dos recursos naturais, incluindo a integridade das espécies animais e vegetais, assim como o bem-estar individual e social das gerações atuais e futuras" (p. 10). Trata-se, portanto, de um conceito multidimensional que extrapola o nível das intenções e do discurso, contemplando práticas efetivas de cuidado ambiental que levem em conta, entre outros aspectos, uma perspectiva temporal de futuro.

Reflexões posteriores levaram ao entendimento de que não é possível pensar comportamento sustentável como um conjunto homogêneo ou único. Corral-Verdugo (2010) esmiuçou e aprimorou a noção de conduta sustentável, reunindo as dimensões psicológicas que a compõem em três eixos: predisposições, repercussões psicológicas e comportamentos. Considerada a complexidade do fenômeno, o termo "conduta" torna-se inadequado por estar restrito à acepção de comportamento. A denominação "estilo de vida sustentável" passa a ser utilizada por abranger de forma mais apropriada todas as referidas dimensões, inclusive dimensões não psicológicas, como os fatores situacionais. Tal como proposto, o estilo de vida sustentável constitui uma conceituação ambiciosa e de difícil abordagem empírica por englobar fundamentalmente a dimensão comportamental aliada a preceitos inerentes à noção de sustentabilidade, como a perspectiva temporal.

O primeiro eixo proposto por Corral-Verdugo (2010), relativo às predisposições psicológicas, reúne um conjunto de determinantes que antecedem o comportamento. Nesse eixo são contemplados os seguintes aspectos: 1) as visões de mundo, concebidas como sistemas de crenças que orientam a ação pró ou antiecológica; 2) a deliberação, a vontade e a intenção de atuar; 3) o apreço pela diversidade, marcado pela tendência a preferir a complexidade e as variações no meio biofísico e sociocultural; 4) as emoções, relativas aos afetos positivos perante o meio ambiente; 5) a efetividade, que comporta habilidades e competências para atuar; 6) a orientação de futuro, ou seja, a antecipação de consequências das ações.

No segundo eixo, relativo aos benefícios psicológicos do estilo de vida sustentável, Corral-Verdugo (2010, 2012) trata da aproximação entre Psicologia Ambiental e Psicologia Positiva ao afirmar que a felicidade e o bem-estar subjetivo estão entre os objetivos da sustentabilidade. Os poucos estudos realizados nessa interface já apontam que pessoas que cuidam do meio ambiente apresentam altos índices de felicidade e promovem ações que resultam na felicidade de outras pessoas. Outra resultante positiva seria o contato com ambientes naturais que atuam como restauradores, proporcionando melhoria na qualidade de vida e satisfação.

Por fim, o terceiro eixo engloba a dimensão comportamental, que se constitui como algo inerente ao estilo de vida sustentável. O comportamento pró-ecológico compreende "o conjunto de ações deliberadas e efetivas que respondem a requerimentos sociais e individuais e que resultam na proteção do meio" (Corral-Verdugo, 2001, p. 40). Essa dimensão engloba a austeridade, relativa ao uso de produtos sem o afã consumista, práticas de cooperação e busca pela equidade na distribuição de recursos e acesso a benefícios. Estudos mais recentes vêm destacando novas dimensões psicológicas associadas ao EVS. Muiños, Suárez, Hess e Hernández (2015) apontaram como uma dessas dimensões a frugalidade, definida como a restrição deliberada do consumo de recursos e bens, assim como seu uso engenhoso, considerando uma perspectiva de longo prazo.

Considera-se, assim, a aproximação entre as dimensões do estilo de vida sustentável e a proposta da permacultura. Concebida como parte de um movimento contemporâneo de problematização dos modos de vida em nossa sociedade, a permacultura aponta para a transformação das relações entre o ser humano e a natureza na medida em que busca a convivência harmoniosa entre a pessoa e seu ambiente.

Permacultura como estilo de vida sustentável

Diante do agravamento da crise ambiental, já evidente nos primeiros anos da década de 1970, os australianos Bill Mollison e David Holmgren desenvolveram a permacultura, que se configura como um estilo de vida que vai além da simples contestação dos sistemas políticos e industriais, responsáveis pelo incremento das práticas de degradação ambiental em larga escala. A permacultura deriva de três fontes de conhecimento: da observação atenta dos sistemas naturais associada à criatividade individual; da sabedoria contida nos sistemas produtivos tradicionais; do conhecimento científico e tecnológico acumulados. Ainda segundo Soares (1998),

A palavra "permacultura", que (ainda) não consta nos dicionários de língua portuguesa, nasceu da contração dos termos *perma*nente e agri*cultura*, tendo posteriormente seu entendimento ampliado para a ideia de cultura permanente, contemplando todas as dimensões da existência humana, como a produção de alimentos, o *habitat* (tecnologias construtivas), o suprimento energético (luz, água e vento) e as estratégias econômicas, políticas e de convivência social.

Por estar preocupada com a produção de alimentos, a permacultura é às vezes pensada equivocadamente como exclusividade dos ambientes rurais. Na realidade, ela pode ser aplicada a qualquer sistema ambiental, rural ou urbano, de maior ou menor amplitude – casa, apartamento, instituição, sítio, bairro, comunidade etc. Ao trazer a produção de alimentos de volta às cidades e vilarejos, a permacultura facilita a autonomia das pessoas e contribui para tornar o espaço urbano mais sustentável pela diminuição da distância entre os locais de produção e o consumo final.

A permacultura configura-se como uma proposta essencialmente interdisciplinar, que faz a junção de conhecimentos tradicionais com estratégias desenvolvidas nos mais diferentes campos científicos, como arquitetura, biologia, engenharia florestal, ecologia, geologia, agronomia, física e química. É, portanto, uma abordagem holística que procura atender necessidades materiais e não materiais de modo sustentável. Adota uma ética específica, respaldada nos seguintes pilares: cuidado com o Planeta Terra, que implica cuidar das coisas vivas e não vivas, como solos, águas, ar, plantas e animais mediante atividades inofensivas, reabilitantes e de conservação; cuidado com as pessoas, de forma a suprir as necessidades básicas de alimentação, abrigo, educação, trabalho satisfatório e contato humano saudável; por consequência, compartilhamento dos excedentes de tempo, dinheiro e materiais para que os demais possam também alcançar os objetivos acima. Dessa maneira, sua ética fundamenta-se no reconhecimento do valor intrínseco de todas as formas de vida e permeia todos os aspectos dos sistemas ambientais, comunitários, sociais e econômicos (Mollison, 1998).

Embora a permacultura possa sugerir uma certa centralidade no ser humano na medida em que lhe atribui a responsabilidade pelos danos ambientais e sua consequente restauração, não se trata de uma proposta antropocêntrica no sentido tradicional do termo, visto que a intervenção que ela propõe não está orientada exclusivamente para o alcance de objetivos humanos, mas para a proteção e benefício de todos os elementos que compõem o ecossistema.

De acordo com seu fundador, Bill Mollisson (1998, p. 13), a permacultura pode ser definida como

> um sistema de *design* para a criação de ambientes humanos sustentáveis. [...] O objetivo é a criação de sistemas que sejam ecologicamente corretos e economicamente viáveis; que supram suas próprias necessidades, não explorem ou poluam e que, assim, sejam sustentáveis, em longo prazo.

Os princípios do *design* permacultural são fundados em grande parte nas contribuições da ecologia. Trata-se, por conseguinte, de uma ecologia cultivada, planejada e executada pelo homem em sintonia com a natureza. Inspirado nos processos naturais, o sistema permacultural procura alcançar a diversidade, a estabilidade e a resiliência dos ecossistemas naturais, com maior produtividade.

A tradução do termo *design*, que está em sua definição, vai além de desenho enquanto projeto. Trata-se de um planejamento consciente, representando as conexões entre os elementos do sistema, visando uma maior eficiência energética.

Efetivamente, em sua operacionalização, a permacultura recorre a várias estratégias metodológicas, iniciando-se por um diagnóstico da situação (local e contexto), passando por uma análise minuciosa dos elementos preexistentes e daqueles que se pretende introduzir (suas características intrínsecas, necessidades e produtos), sem deixar de lado a identificação das diversas formas de energias que perpassam o sistema, tais como luz solar, vento, fogo e fluxo de águas. Compreender as direções da incidência dessas energias ajuda a melhor posicionar estruturas e vegetação.

Essas etapas da fase exploratória permitirão a construção do diagrama de conexões, que consiste em planejar a localização de cada elemento em relação ao outro de forma que se auxiliem mutuamente.

Finalmente, o *design* se completa pelo zoneamento do sítio, que pode contemplar até seis zonas – da zona zero à zona cinco –, a zona zero sendo considerada o centro de irradiação da atividade humana, ou seja, o lugar onde a pessoa se localiza (sítio, casa, escola, vila etc.). O zoneamento serve para posicionar os elementos de acordo com a quantidade ou frequência de assistência que demandam.

> O zoneamento é decidido a partir de: 1) o número de vezes que você precisa visitar o elemento (planta, animal ou estrutura) para colheita ou retirada da produção e 2) o número de vezes que o elemento necessita que você o visite (Soares, 1998, p. 22).

Até a zona quatro, ocorre a atividade de manejo do sistema. A zona cinco deve ser conservada em seu estágio "selvagem" para servir como local de contemplação e aprendizagem, no qual a pessoa é apenas um visitante, e não um gerente. Nela o permacultor, observando atentamente os processos naturais, busca inspiração para pensar seu próprio *design*. Como dito, um dos objetivos centrais desse planejamento é a eficiência energética em relação tanto ao trabalho humano quanto ao uso de outras fontes de energia. Considera-se que a energia deve fluir ciclicamente, necessitando de manejo adequado para seu melhor aproveitamento em benefício do sistema. Quanto menos dependente de energia e recursos externos, mais autossuficiente será o sistema. Na permacultura a matéria orgânica e a água da chuva, por exemplo, são consideradas potenciais fontes de energia. A eficiência no uso dos recursos só é possível a partir da observação atenta dos ciclos da natureza e de suas interconexões (Henderson, 2012).

As resultantes desse planejamento, quando feito de forma adequada, devem incluir: estratégias para a utilização da terra sem desperdício ou poluição, sistemas de produção de alimento saudável, restauração de paisagens degradadas e preservação de espécies, integração de todos os organismos vivos em um ambiente de interação e cooperação em ciclos naturais, utilização de tecnologias sustentáveis de construção, mínimo consumo energético e a captação e armazenamento de água e nutrientes (Soares, 1998).

Como afirmam Soares e Oliveira Junior (2010), além de adotar uma racionalidade compatível com a produção familiar, a permacultura vai de encontro aos modos de vida típicos do padrão vigente. Assim, pode ser considerada um modo de viver alternativo, posto que estabelece microcosmos de resistência à ordem imposta, modificando e criando novos paradigmas locais e processos com potencial para transformar realidades imediatas.

Assim, a permacultura se aproxima da noção de estilo de vida sustentável, traduzindo para o campo do real o fenômeno psicológico enfocado pela PA. A multidimensionalidade do EVS pode ser encontrada na ética e na prática permaculturais, que valorizam tanto o bem-estar humano quanto o ambiental, numa perspectiva essencialmente ecossistêmica e de valorização e zelo de todas as formas de vida.

Ressalte-se também a preocupação com a sustentabilidade e a positividade da proposta, que vai além do mero discurso, traduzindo-se em uma prática viável e necessária para o presente. Tem explícita a importância da dimensão temporal que, como afirma Pinheiro (2002), constitui um aspecto fundamental das relações pessoa-ambiente, com ênfase na perspectiva de futuro, que pressupõe a solidariedade intergeracional, presente na própria definição de sustentabilidade.

Ao pensarmos a mudança nos nossos modos de vida devemos partir de situações bastante concretas, como o assoreamento dos rios, a erosão dos solos, a destruição das florestas e a poluição da atmosfera. É nessa perspectiva que, inspirando-se no exemplo dos povos originários, a permacultura se propõe a criar um sistema sustentável de convivência com os recursos naturais (Mollison, 2001). Na escolha das práticas adotadas neste contexto interferem os pilares éticos, assim como o reconhecimento da importância de considerar as consequências futuras das ações praticadas no presente.

Atender a esse desafio pressupõe a existência de um novo sujeito ecológico. Nesse sentido, é possível constatar, por meio da disseminação da permacultura pelo mundo, a existência de uma verdadeira pedagogia ambiental. A formação do permacultor se inicia com a capacitação através do chamado PDC (Permaculture Design Course), ministrado em 72 horas, no qual são trabalhados seus conteúdos básicos, mas só se completa com a efetiva implementação do *design*. A eficácia dessa estratégia pedagógica parece decorrer do fato de que ela atenta para os níveis já consagrados pela Psicologia Ambiental, quais sejam: 1) o nível perceptivo/cognitivo – a permacultura estimula a acuidade dos sentidos na percepção da realidade, além de transmitir conhecimentos fundamentais sobre o funcionamento dos ecossistemas; 2) o nível valorativo/afetivo – implementado através da ética que fortalece o comprometimento socioambiental; 3) o nível do desenvolvimento de habilidades e competências – que instrumenta o sujeito em sua intervenção e, ao fazê-lo, reforça sua vinculação afetiva com o ambiente (Legan, 2007). "Quem ama cuida", afirma o poeta Caetano Veloso. Com igual pertinência, pode-se dizer que "cuidar leva a amar".

A interação com o ambiente e o modo de organizá-lo presentes nas práticas permaculturais constituem a dimensão comportamental do estilo de vida sustentável, marcado pela austeridade e pela frugalidade, visto que se define pela redução e restrição do consumo e pelo uso engenhoso dos recursos disponíveis, constituindo práticas autossustentáveis de subsistência. Caracteriza-se, ainda, pela ajuda mútua, com ênfase na equidade e divisão justa dos recursos, tempo e atividades.

Considerado o contexto sócio-histórico contemporâneo, um estilo de vida orientado para a sustentabilidade se configura como uma oposição voluntária e deliberada aos modos de vida hegemônicos na cultura ocidental. Finalmente, embora se aproxime de um ideal de difícil consecução dentro dessa cultura, seus princípios e sua ética podem orientar a formação de sujeitos ecológicos e fornecer as bases para transformações cotidianas que possam levar ao questionamento dos padrões de consumo impostos e indicar caminhos para a transformação das relações entre o ser humano e a natureza.

Referências

Bonnes, M., & Bonaiuto, M. (2002). Environmental Psychology: from spatial-physical environment to sustainable development. In R. B. Bechtel & A. Churchman (Orgs.). *Handbook of Environmental Psychology* (28-54). Nova York: Wiley.

Corral-Verdugo, V. (2001). *Comportamiento proambiental.* La Laguna, Tenerife: Resma.

_____ (2010). *Psicologia de la Sustentabilidad: un análisis de lo que nos hace pro-ecológicos y pro-sociales.* Cidade do México: Trillas.

_____ (2012). *Sustentabilidad y Psicología Positiva: una visión optimista de las conductas proambientales y prosociales.* Hermosillo: El Manual Moderno.

Corral-Verdugo, V., & Pinheiro, J. Q. (2004). Aproximaciones al estudio de la conducta sustentable. *Medio Ambiente y Comportamiento Humano, 5*(1/2), 1-26.

Comissão Mundial sobre Meio Ambiente e Desenvolvimento (1991). *Nosso futuro comum.* (2a. ed.). Rio de Janeiro: Editora da Fundação Getulio Vargas.

Foladori, G. (2001). O metabolismo com a natureza. *Crítica Marxista,* (12), 105-117.

Foster, J. B. (2010). *A ecologia de Marx: materialismo e natureza.* Rio de Janeiro: Civilização Brasileira.

Henderson, D. F. (2012). *Permacultura: as técnicas, o espaço, a natureza e o homem.* Monografia. Universidade de Brasília, Departamento de Antropologia.

Ittelson, W. H., Proshansky, H. M., Rivlin, L. G., & Winkel, G. H. (1974). *An introduction to Environmntal Psychology.* Nova York: Holt, Rinehart & Winston.

Kazdin, A. E. (2009). Psychological science's contributions to a sustainable environment: extending our reach to a grand challenge of society. *American Psychologist, 64,* 339-356.

Kurz, T. (2002). The psychology of environmentally sustainable behavior: fitting together pieces of the puzzle. *Analyses of Social Issues and Public Policy, 2*(1), 257-278.

Legan, L. (2007). *A escola sustentável: ecoalfabetizando pelo ambiente.* São Paulo: Imprensa Oficial do Estado de São Paulo/Pirenópolis: Ecocentro Ipec.

Mollisson, B., & Slay, R. M. (1998). *Introdução à permacultura*. Brasília: Ministério do Meio Ambiente.

Mollisson, B. (1981/2001). Introdução à permacultura: panfleto I da Série Curso de Design em Permacultura. *Curso de Design em Permacultura*. Wilton: Yankee Permaculture.

Muiños, G., Suárez, E., Hess, S., & Hernández, B. (2015). Frugality and psychological wellbeing. The role of voluntary restriction and the resourceful use of resources/Frugalidad y bienestar psicológico. El papel de la restricción voluntaria y el uso ingenioso de recursos. *Psyecology*, *6*(2), 169-190.

Oskamp, S. (2000) Psychological contributions to achieving an ecologically sustainable future for humanity. *Journal of Social Issues*, *56*, 373-390.

Pinheiro, J. Q. (1997). Psicologia Ambiental: a busca de um ambiente melhor. *Estudos de Psicologia*, *2*(2), 377-398.

_____ (2002). Apego ao futuro: escala temporal e sustentabilidade em Psicologia Ambiental. In V. Corral-Verdugo (Org.). *Conductas protectoras del ambiente. Teoría, investigación y estrategias de intervencion* (29-48). Cidade do Mexico/Hermosillo: Conacyt & UniSon.

Pol, E. (2007). Blueprints for a History of Environmental Psychology (II): from Architectural Psychology to the challenge of sustainability. *Medio Ambiente y Comportamiento Humano*, *8*(1 e 2), 1-28.

Rivlin, L. G. (2003). Olhando o passado e o futuro: revendo pressupostos sobre as inter-relações pessoa-ambiente. *Estudos de Psicologia*, Natal, *8*(2), 215-220.

Soares, A. L. (1998). *Conceitos básicos sobre permacultura*. Brasília: Ministério do Meio Ambiente.

Soares, L. L., & Oliveira Jr., G. (2010). Permacultura: de uma contra-hegemonia para uma nova realidade. *Anais do IV Encontro da Rede de Estudos Rurais*. Curitiba: Universidade Federal do Paraná.

Wiesenfeld, E. (2005). A Psicologia Ambiental e as diversas realidades humanas. *Psicologia USP*, *16*(1/2), 53-69.

Leia também neste livro os capítulos 14 Paisagem; 20 Sustentabilidade.

18
Privacidade

Sylvia Cavalcante
Natália Parente Pinheiro

Entendimento geral

Necessidade humana de proteção de si ou de um grupo, a privacidade é um conjunto de ações que possibilitam o controle seletivo de acesso de outra(s) pessoa(s) ao *self*. Trata-se de um fenômeno complexo, que se caracteriza por uma relação dinâmica e dialética entre a pessoa e o ambiente e exige mecanismos aprendidos socialmente, apresentando aspectos objetivos (o uso de barreiras físicas, tais como as portas) e subjetivos (culturais, econômicos, políticos etc.). Sua expressão varia em graus ou tipos, podendo configurar-se como solidão, intimidade, anonimato ou reserva. Apesar de ser uma noção universal, seu feitio varia conforme a situação, e pode ser atributo não só de indivíduos, mas também de grupos e organizações. A privacidade possui funções na constituição subjetiva humana e na manutenção do bem-estar e da saúde física e psicológica, destacando-se principalmente sua importância para a autonomia pessoal, o restabelecimento emocional, a autoavaliação, o desenvolvimento e a manutenção da identidade pessoal. Estudiosos também destacam a relevância desta noção segundo as características do período social vivenciado. Apesar de ser tema abordado pelas mais diversas áreas do conhecimento, a privacidade ainda é pouco estudada pela Psicologia Ambiental, carecendo de análises que considerem as características da sociedade contemporânea em sua constituição.

Caracterização

A necessidade de privacidade é condição universal. Prova disso é o estudo do tema por diversas áreas do conhecimento, como Psicologia, Arquitetura, Direito, Publicidade, Ciências Sociais, Ciências da Saúde etc., cada uma delas enfatizando aspectos de seu interesse, multiplicidade que torna difícil traçar uma definição única e abrangente, de forma a abarcar toda complexidade e pluralidade do fenômeno. Todavia, a maioria dos estudos teóricos ressalta dois pontos comuns que caracterizam essa vivência: a condição do sujeito de estar só, separado das outras pessoas, e a possibilidade de controlar o contato de outrem consigo mesmo ou com seu ambiente.

Posto que a Psicologia Ambiental estuda a inter-relação entre as pessoas e seus ambientes a partir dos aspectos psicológicos, o estudo da privacidade destaca-se como intrínseco e fundamental à área. Paralelamente ao desenvolvimento da Psicologia Ambiental, alguns de seus autores seminais – entre os quais Westin (1967), Laufer, Proshansky e Wolfe (1976), Altman (1977) e, posteriormente, Pedersen (1999) e Margulis (2003) – dedicaram-se ao tema.

Ao revisar essas análises, observa-se que, apesar de a privacidade ter sido estudada por muito tempo desvinculada das questões sociais, paradoxalmente tais estudos consideram a necessária relação da pessoa com o mundo físico e social, concebendo a privacidade, por consequência, como um fenômeno interacional.

Fenômeno complexo – psicológico, social, político e econômico –, a privacidade está intrinsecamente associada à cultura e dela depende, sendo sua expressão socialmente aprendida. Assim, seja como uma necessidade humana, um comportamento, uma experiência íntima ou afetiva ou mesmo uma combinação de todas essas situações (Laufer et al., 1976), a privacidade manifesta-se como atributo dos indivíduos, de grupos e de organizações.

Todavia, são poucos os estudos sobre privacidade em Psicologia Ambiental que a abordem de uma forma geral e que, ao mesmo tempo, considerem o contexto atual. A sociedade contemporânea é singular e extremamente influenciada pelo desenvolvimento tecnológico, cujas características devem ser analisadas em estudos que tratem da relação das pessoas com seus ambientes, sejam eles físicos ou virtuais.

Além de dimensões que devem ser levadas em conta a partir da análise do fenômeno – a interação, o *alter ego*, o ciclo de vida, o controle, a ecologia, a cultura etc. –, algumas questões atuais, tais como o papel do governo como defensor da privacidade, a privacidade genética, a privacidade do consumidor, do empregado e o monitoramento eletrônico, são atravessadas pelo fenômeno da privacidade.

Os construtos teóricos de Westin (1967), Altman (1977) e Pedersen (1999) foram fundamentais para o estabelecimento dessa temática na área, razão pela qual é importante revisitá-los visando um melhor entendimento das nuanças deste conceito, trazendo-os para a realidade contemporânea.

Principais teorias relativas à privacidade

Westin (1967) define a privacidade como formas de as pessoas se protegerem, limitando temporariamente o acesso a si mesmas. Para ele, a privacidade é um fenômeno dinâmico, que se modifica ao longo da vida de acordo com a situação, apresentando graus ou estados variados. Este autor indica formas diversas de expressão da privacidade, evidenciando características definidoras de cada uma delas: a) solidão – possibilidade de manter-se longe da observação de outros; b) intimidade – possibilidade de manter relacionamento mais próximo com pessoas; c) anonimato – liberdade de não identificação em espaços públicos; d) reserva – possibilidade de limitar o acesso de outrem a informações próprias, requerendo respeito.

Segundo Westin (2003), a privacidade é uma necessidade humana que cumpre quatro funções principais: 1) autonomia pessoal – possibilidade de evitar manipulação, dominação ou exposição aos outros; 2) restabelecimento emocional – liberação da tensão social dos estados emocionais; 3) autoavaliação – análise de si mesmo em situações sociais; 4) comunicação limitada e protegida – estabelecimento de limites interpessoais, que permitem o intercâmbio de informações com pessoas de confiança. Ele entende que a privacidade também deve ser analisada em seus aspectos político e sociocultural, e realiza uma análise histórica da privacidade, identificando as principais características da organização política e do clima social vivenciado durante os anos analisados, detectando, entre outras, a influência das novas tecnologias nas organizações e nas inter-relações sociais e as consequências desta inserção para os sentidos dados à privacidade. Sua análise identifica quatro períodos relativos ao estudo do fenômeno da privacidade, e enumera as transformações expressivas suscitadas para o seu entendimento:

1) De 1945 a 1960 – a privacidade era entendida como um problema social de terceira ordem, pois havia forte confiança social no governo e nas organizações.

2) De 1961 a 1979 – a privacidade cresceu em importância, tornando-se uma questão social, política e legal.

3) De 1980 a 1989 – a percepção da privacidade não evoluiu na exata proporção do desenvolvimento da tecnologia na sociedade.

4) De 1990 a 2002 – a privacidade torna-se um problema político e social de primeira ordem, transformação impactada principalmente pelo ataque de 11 de setembro e pelos avanços tecnológicos que se tornam mais evidentes e popularizados.

Segundo Westin (2003), as mudanças de paradigma em relação à privacidade devem-se sobretudo ao desenvolvimento da internet, à chegada de aparelhos de comunicação móvel – celular –, ao projeto genoma humano, à melhoria dos softwares de armazenamento de dados e ao endurecimento das leis federais.

Tanto os acontecimentos elencados quanto as dimensões identificadas durante esses períodos nos permitem observar que, para este autor, a privacidade possui um caráter social intrínseco, pois depende de outras pessoas para se estabelecer.

As análises de Westin (1967, 2003) são amplas e completas e têm servido de base para estudos posteriores, apontando, inclusive, para a necessidade de uma avaliação que leve em consideração os desenvolvimentos mais recentes da tecnologia e as consequentes mudanças sociais, que se relacionam dialeticamente com a percepção e conceituação da privacidade. Tais avaliações fazem-se necessárias, principalmente devido à velocidade do progresso tecnológico que acarreta mudanças nas relações entre a pessoa e o ambiente.

Por seu turno, Altman (1977) sublinha o caráter social da privacidade, definindo-a como possibilidade de controle das fronteiras de si em relação ao mundo e detalhando três aspectos relacionados: regulação dos limites das informações que circulam entre as pessoas, otimização entre o que é pretendido e o que é obtido quanto a essas informações e utilização de mecanismos múltiplos para obtenção de privacidade. Segundo esse autor, cada situação vivenciada apresenta níveis variados de privacidade ideal, de acordo com as intenções da relação. Assim, lançando mão de mecanismos ambientais (espaço pessoal e territorialidade) ou comportamentais (verbais e paraverbais), as pessoas sempre buscam controlar e alcançar um nível ótimo de privacidade, apesar de sua forma particular de realizá-lo. Ademais, os estudos do autor sobre diversas sociedades permitiram-lhe concluir que, apesar das singularidades culturais, a noção de privacidade é universal.

Posteriormente, Pedersen (1999) buscou relacionar os diversos tipos de privacidade a suas funções e instituiu a contribuição de cada um, definindo a privacidade como "o controle da quantidade e do tipo de contato que se tem com o outro" (p. 397). O autor observou ainda que, na busca do nível ideal de privacidade, estratégias pessoais e situacionais são utilizadas simultaneamente, dependendo da situação vivenciada. Sob essa perspectiva, suas pesquisas identificaram como principais funções da privacidade a confidencialidade, a autonomia, a contemplação, a criatividade e o rejuvenescimento. Chegando a resultados semelhantes àqueles enumerados por Westin, ele distingue, todavia, dois tipos de intimidade: intimidade com a família e intimidade com os amigos. Entendendo que faltavam estudos sistemáticos que relacionassem a privacidade a suas funções, este autor procurou criar um modelo teórico e experimental que realizasse essas associações.

Segundo Margulis (2003a), as pesquisas de Altman e Westin influenciaram os estudos posteriores e ainda continuam sendo a base para a discussão do fenômeno da privacidade. O autor também sublinhou a importância de se considerar o caráter social da privacidade, principalmente no que se refere à abordagem dos problemas causados pela invasão ou pelo não alcance da privacidade. Nesse sentido, o caráter social desse fenômeno reside sobretudo nos aspectos políticos envolvidos, dada a importância da privacidade na comunicação interpessoal e na interação social. O aspecto social foi ainda enfatizado na abordagem psicológica da privacidade, considerando-se que a forma como reagimos, entendemos, sentimos, interpretamos e experienciamos a privacidade é resultado de nossa cultura.

É importante frisar que cultura, aqui, pode referir-se tanto à de um país ou população específica quanto à de um determinado grupo social. Em recente pesquisa de mestrado elaborada visando traçar os contornos da noção de privacidade entre estudantes do Curso de Arquitetura e Urbanismo e do Curso de Psicologia de uma universidade privada do Nordeste do Brasil, as respostas espelharam a cultura de cada formação: os estudantes de Arquitetura e Urbanismo privilegiaram os aspectos físicos relacionados ao fenômeno, enquanto os estudantes de Psicologia ressaltaram os aspectos subjetivos (Pinheiro, 2015).

Outro exemplo da influência do contexto cultural na vivência e, consequentemente, na noção de privacidade pode ser observado pelo realce dos aspectos físicos ou virtuais relacionados a este fenômeno, conforme as respostas dos participantes tenham sido enunciadas pessoalmente ou via internet. Este fato evidencia a necessidade de se considerar a ingerência da tecnologia na constituição da noção de privacidade em nossos dias (Pinheiro, 2015).

Urge lembrar que os avanços da tecnologia têm permitido o esquadrinhamento de informações de toda sorte sobre as pessoas, ampliando e potencializando o controle social por meio de câmeras de vigilância, relatórios de compras, contatos telefônicos e demais meios de comunicação, evidenciando o controle como face oposta e, muitas vezes, oculta da privacidade. Com efeito, o controle, quando exercido pelo interessado em usufruir de uma situação de privacidade, aparece como a ação necessária para o alcance do estado desejado. Assim, controlar a abertura e o fechamento de portas, permitir ou não a entrada de alguém, conceder ou não permissão ao contato são processos dialéticos e multimodais do comportamento de controle que permitem a otimização de situações, visando o atendimento de necessidades subjetivas opostas.

Ademais, ter o controle dos meios para autorizar o contato oferece à pessoa a segurança que lhe permite baixar suas guardas e usufruir da interação que se lhe apresenta. Entretanto, sem sua autorização, qualquer aproximação pode ser considerada invasiva. Desse modo, pode-se afirmar que os dispositivos tecnológicos de controle são ambivalentes em sua eficácia, podendo tanto favorecer quanto macular a privacidade.

Todavia, convém frisar que, na atualidade, a utilização desse tipo de tecnologia tornou-se constitutiva da organização social, não sendo mais possível desconsiderá-la. Assim, tanto a privacidade quanto a segurança prometida e obtida pela tecnologia disponível se constituem estados imprescindíveis das inter-relações sociais contemporâneas, carecendo de estudos que possam buscar meios de torná-las complementares.

Referências

Altman, I. (1977). Privacy regulation: culturally universal or culturally specific? *Journal of Social Issues*, *33*(3), 66-84. Recuperado de http://doi.org/10.1111/j.1540-4560.1977.tb01883.x

Laufer, R. S., Proshansky, H. M., & Wolfe, M. (1976). Some analytic dimensions of privacy. In H. M. Proshansky, W. H. Ittelson & L.G. Rivlin. *Environmental Psychology: people and their physical settings* (pp. 206-217). Oxford: Holt, Rinehart & Winston.

Margulis, S. T. (2003a). On the status and contribution of Westin's and Altman's Theories of Privacy. *Journal of Social Issues*, *59*(2), 411-429. Recuperado de http://doi.org/10.1111/1540-4560.00071

_____ (2003). Privacy as a social issue and behavioral concept. *Journal of Social Issues, 59*(2), 243-261. Recuperado de http://doi.org/10.1111/1540-4560.00063

Pedersen, D. M. (1999). Model for types of privacy-by-privacy functions. *Journal of Environmental Psychology, 19*(4), 397-405. Recuperado de http://doi.org/10.1006/jevp.1999.0140

Pinheiro, N. P. (2015). *Contornos contemporâneos da noção de privacidade*: perspectiva dos estudantes de Psicologia e Arquitetura e Urbanismo da Universidade de Fortaleza. 120 p. Dissertação de mestrado – Programa de Pós-Graduação em Psicologia. Universidade de Fortaleza.

Westin, A. F. (1967). *Privacy and freedom*. Nova York: Atheneum Press.

_____ (2003). Social and political dimensions of privacy. *Journal of Social Issues, 59*(2), 431-453. Recuperado de http://doi.org/10.1111/1540-4560.00072

Leia também neste livro os capítulos 10 Espaço pessoal; 21 Territorialidade(s).

19
Responsabilidade socioambiental

Fernanda Fernandes Gurgel
Victor Hugo de Almeida

Entendimento geral

A responsabilidade socioambiental (RSA) é o compromisso voluntário que as empresas assumem com o cuidado direcionado ao meio ambiente e à comunidade. Inicialmente era tratada como responsabilidade social empresarial, responsabilidade social corporativa, filantropia empresarial, *performance* social corporativa, dentre outras definições, e estava voltada para aspectos legais, econômicos, éticos e filantrópicos. Mais recentemente incorporou o aspecto ambiental, visto que este interfere diretamente nos aspectos corporativos e sociais da realidade. Diz respeito às iniciativas espontâneas – projetos e programas – desenvolvidas pelas empresas, em articulação com suas atividades, que visem contribuir para a preservação do ambiente, das comunidades de seu entorno, para o bem-estar daqueles que consomem seus produtos e serviços, dos trabalhadores e da sociedade em geral. Não se resume a iniciativas esporádicas e genéricas, ou a ações obrigatórias, sejam elas de ordem econômica, legal, de gestão ou de *marketing*, e precisa estar relacionada às atividades desenvolvidas pela organização. É amplamente estudada pelas ciências da gestão, mas vem adquirindo relevância na Psicologia em função da compreensão e do engajamento solicitados das pessoas envolvidas.

Introdução

Quando você escolhe os produtos ou serviços de uma empresa, leva em conta a imagem que tal empresa possui? Procura saber se há uso de trabalho escravo, infantil, ou se há cuidado com a saúde dos trabalhadores? Ou se a matéria-prima é obtida de modo irregular? Ainda, se a empresa realiza atividades na comunidade onde está inserida, respeitando a cultura local? A empresa já causou danos ao meio ambiente? Repreende práticas discriminatórias? Saiba que a cada dia mais pessoas buscam tais informações antes de consumir uma marca. E essa pressão tem levado um número crescente de empresas a ponderar aspectos sociais e ambientais do seu negócio, adotando assim políticas e práticas de Responsabilidade Socioambiental.

A Responsabilidade Socioambiental (RSA) contempla as iniciativas voluntárias das organizações que buscam aperfeiçoar o relacionamento e atender às expectativas de diferentes grupos sociais, internos e externos à organização – ou *stakeholders*: todas as pessoas ou grupos sociais afetados pelas atividades de uma organização, incluindo seus clientes, trabalhadores, fornecedores, comunidade, acionistas, concorrentes, órgãos governamentais, organizações da sociedade civil, igrejas e outros representantes da sociedade (Sucupira, Ashley, Nadas & Calsing, 2010) –, considerando não só o desempenho econômico da atividade, mas também o bem-estar social, o cuidado ambiental e a sustentabilidade organizacional, o cumprimento de normas legais, a saúde dos trabalhadores, dentre outros aspectos. É importante destacar que a RSA não se limita a cumprir o que já está normatizado, mas extrapola as legislações (trabalhista, ambiental, tributária, previdenciária etc.). Também não se limita à realização de ações de filantropia, com matizes de caridade. É uma forma ética de pensar as práticas e as decisões cotidianas, implicando mudanças nos valores e nas políticas organizacionais (Bastos, Yamamoto & Rodrigues, 2013).

A RSA precisa estar articulada à atividade da empresa, ser planejada e estar atrelada à política organizacional. Não deve ser esporádica ou iniciativa de alguns poucos indivíduos, mesmo que seja o empresário. Também não deve se restringir a mitigar as externalidades da sua atividade, doando para compensar danos ambientais ou sociais. É um tema complexo, visto que envolve questões adicionais às atividades-fim da empresa, não se limitando ao que a empresa produz (qualidade dos produtos), atentando ao que ela emprega em todo o seu processo de produção: escolha dos fornecedores, condições dignas de trabalho, não emprego de trabalho escravo ou infantil, transparência nas relações, ética etc. (Ashley, 2005; Barbieri & Cajazeira, 2009).

A RSA é, portanto, uma área de interesse multi e interdisciplinar, estudada principalmente pelas ciências sociais, humanas e da gestão (Oliveira, 2013). Por sua tradição e natureza, ela adota uma perspectiva essencialmente organizacional, não focada no sujeito, visto que "ultrapassa em muito a possibilidade de ação de um único indivíduo" (Lomônaco et al., 2012) e vem despertando a atenção da psicologia social, organizacional e do consumidor.

Ao longo do tempo a RSA recebeu inúmeras nomenclaturas – Filantropia Empresarial, Cidadania Empresarial, Responsividade Social Corporativa, Responsabilidade Social Empresarial/Corporativa – que variaram conforme o contexto sócio-histórico (Frolova & Lapina, 2014). A incorporação do aspecto ambiental e seu destaque é um fato recente, que será aqui debatido.

Contextualização

O surgimento e as transformações na Responsabilidade Social (RS) estão diretamente ligados às mudanças ocorridas na sociedade, aos meios de produção e às relações econômicas. O incremento no volume da produção e no consumo modificaram a relação das pessoas com as organizações, e destas com a natureza. Visto que as organizações são um sistema aberto, parte de um contexto, a RS é uma resposta diante das demandas da sociedade.

Até o século XIX a RS estava a cargo do Estado, não atraindo interesse das corporações. No cenário pós-Segunda Guerra Mundial, a população norte-americana passou a cobrar mais transparência das empresas e a realizar os primeiros manifestos contrários à poluição. Além da emergência dos movimentos relacionados à proteção do meio ambiente, movimentos sociais em defesa dos direitos civis, direitos das mulheres e direitos do consumidor eclodem e são considerados importantes antecedentes da RS contemporânea (Carroll, 2015).

Após a década de 1970, a partir de uma concepção clássica da administração, Friedman (1977) argumenta que a RS da empresa consiste em existir, seguir as leis, pagar tributos, criar empregos e maximizar os lucros, gerando vantagens para seus investidores. Qualquer filantropia desvirtuaria o objetivo empresarial e deveria ser responsabilidade do Estado. Para o autor, as empresas não possuem vocação para a RS e nem as competências requeridas. Tal argumento foi neutralizado diante da possibilidade de a empresa desenvolver a RS não só via projetos internos, mas também por meio do voluntariado, de fundações e de apoio a Organizações Não Governamentais – ONGs.

Em oposição à visão clássica, a visão socioeconômica (Teoria dos Stakeholders) afirma que o lucro não deve ser o único objetivo empresarial. A empresa precisa contribuir para o bem-estar dos seus trabalhadores e da sociedade (Serpa & Fourneau, 2007).

Na França, a empresa Singer foi pioneira na divulgação do Balanço Social no ano de 1972. Neste mesmo país, em 1977, uma legislação torna obrigatória a realização e a publicação do balanço social de empresas com mais de 300 trabalhadores, que consiste em um relatório contendo informações acerca das práticas sociais organizacionais, tais como gestão de pessoas, condições de trabalho e demonstrativos financeiros (Sucupira et al., 2010).

No Brasil, a RS teve início na década de 1960, a partir da criação da Associação dos Dirigentes Cristãos de Empresas (Adce). Tal ligação com a Igreja Católica e com a entidade Caritas Brasileira elucidou seu aspecto filantrópico, voltado para obras sociais. O tema ganhou força entre as décadas de 1980 e 1990 com o surgimento de diversas instituições que, ligadas ao processo de redemocratização no país, buscam a promoção da cidadania ativa e a defesa da democracia. Entre os marcos da história da RS brasileira encontram-se: a fundação do Instituto Brasileiro de Análises Sociais e Econômicas (Ibase, http://www.ibase.br), idealizado pelo sociólogo Herbert de Souza, o Betinho, que em 1993 desenvolveu a campanha nacional "Ação da cidadania contra a fome, a miséria e pela vida"; a criação da Fundação da Associação Brasileira dos Fabricantes de Brinquedos (Abrinq, http://www.fundabrinq.org.br), instituída em 1990 e voltada para os direitos da infância e da adolescência; e a implantação do Instituto Ethos de Empresas e Responsabilidade Social (Ethos, http://www3.ethos.org.br), por Oded Grajew, em 1998.

A apropriação da Responsabilidade Social no âmbito empresarial passa a se chamar Responsabilidade Social Empresarial (RSE). Atualmente, a RSE vem ganhando adeptos entre as empresas de diversos portes e segmentos, públicas e privadas, embora primeiramente tenha sido incorporada apenas pelas grandes empresas.

Modelos e dimensões da responsabilidade social

Um dos principais modelos conceituais sobre a RS é o Modelo Tridimensional de Performance Social Corporativa (Carroll, 1979). As três dimensões atendidas são: Categorias de Responsabilidade Social, Ações ou Programas Sociais e Comportamento de Resposta diante da Responsabilidade Social.

As Categorias de Responsabilidade Social sofrem uma divisão em subcategorias, que são: econômica, legal, ética e discricionária. A responsabilidade econômica configura o objetivo primordial da organização: gerar lucro a partir da produção de bens e serviços necessários à sociedade. Já a responsabilidade legal está baseada no cumprimento das normas jurídicas que delimitam a existência do negócio. A responsabilidade ética corresponde às normas que não estão estabelecidas formalmente, mas que são julgadas relevantes pela sociedade. São parâmetros considerados corretos, justos e morais pela opinião pública. Por sua vez, a responsabilidade discricionária corresponde a ações filantrópicas que estão voltadas para ações sociais e bem-estar humano (Barbieri & Cajazeira, 2009). Não possuem uma ligação direta com atividade, leis ou expectativas da sociedade, e dependem da iniciativa individual dos empresários. Em posterior revisão do modelo, Carroll (1991) substitui a palavra "discricionária" por "filantrópica", atribuindo a cidadania corporativa a esta subcategoria.

Ações ou programas sociais dizem respeito às áreas priorizadas pela organização e podem estar direcionadas para consumo, ambiente, discriminação, segurança do produto, segurança no trabalho e acionistas. Tratam dos requisitos e qualidade do que é produzido pela empresa, da preservação dos recursos naturais e ações de educação ambiental, coibição de práticas discriminatórias e preconceitos (raciais, religiosos, sexuais, dentre outros) em todas as relações estabelecidas pela empresa, além de iniciativas relacionadas à saúde do trabalhador.

Sobre Comportamento de Resposta, há quatro classificações: reativo, defensivo, acomodativo e pró-ativo. A empresa pode apenas reagir diante de um problema que ameaça suas atividades, tal como uma multa, paralisação das atividades, denúncia ou advertências gerais. De modo defensivo, não há mudança na consciência ou nos valores organizacionais. Medidas mínimas são tomadas com a finalidade de evitar punições. No acomodativo há o entendimento das responsabilidades organizacionais e realiza-se tudo que é sugerido em termos legais e sociais. No comportamento pró--ativo a organização compreende suas responsabilidades, trabalha para prevenir os impactos gerados por sua atividade e antecipa-se diante de necessidades que ainda não foram declaradas.

Posteriormente, o modelo de Performance Social Corporativa (Carroll, 1979) sofre modificações e a responsabilidade voluntária desaparece, visto que o aspecto filantrópico não tem relação direta com a atividade desenvolvida pela empresa e nem busca reverter os impactos gerados. Busca apenas realizar ações compensatórias, mitigadoras e de natureza caritativa. Por outro lado, distintos interesses foram incorporados à RS, tais como o "respeito à diversidade humana, o combate à corrupção, a promoção da qualidade de vida no trabalho e o cuidado com o meio ambiente" (Barbieri & Cajazeira, 2009, p. 63), atendendo aos interesses dos diversos grupos afetados (Carroll, 1991).

Uma das críticas recebidas pelo modelo é a não existência de uma categoria que enfatize o aspecto ambiental inerente à RS (Barbieri & Cajazeira, 2009). Atualmente há o reconhecimento das questões ambientais como componentes da RS, incrementado pelo debate sobre sustentabilidade e pela adoção da Gestão Ambiental (Campos, 2011).

Outra possibilidade de entendimento da Responsabilidade Social se dá a partir da recomendação da Organização das Nações Unidas (ONU), por meio do Pacto Global. A iniciativa tem como objetivo incentivar a comunidade empresarial mundial a assumir, em suas práticas corporativas, diretrizes voltadas para direitos humanos, relações de trabalho, meio ambiente e combate à corrupção. Tais diretrizes estão elencadas em 10 princípios que derivaram da Declaração Universal de Direitos Humanos; da Declaração da Organização Internacional do Trabalho sobre Princípios e Direitos Fundamentais do Trabalho; da Declaração do Rio sobre Meio Ambiente e Desenvolvimento; e da Convenção das Nações Unidas contra a Corrupção (Pacto Global Rede Brasileira – http://www.pactoglobal.org.br/artigo/56/Os-10-princípios).

Os princípios sugeridos pelo Pacto orientam sobre: respeito, proteção e impedimento de violação aos direitos humanos; apoio à liberdade de associação no trabalho; banimento do trabalho forçado e do trabalho infantil; eliminação da discriminação no ambiente de trabalho; apoio à prevenção dos danos ambientais e às tecnologias que não agridem o meio ambiente; promoção da responsabilidade ambiental; e combate à corrupção em todas as suas formas.

No contexto brasileiro, dois modelos se destacam: o Balanço Social Ibase e o modelo Ethos de Responsabilidade Social. O Balanço Social Ibase (Instituto Brasileiro de Análises Sociais e Econômicas) é um modelo amplamente conhecido no país, no qual a organização, no intuito de tornar transparentes suas práticas, publica anualmente um demonstrativo acerca de indicadores financeiros, sociais (benefícios para os trabalhadores e investimentos em projetos para a comunidade), ambientais, de corpo funcional (relacionado à diversidade de seus trabalhadores) e de cidadania empresarial (Rabelo & Silva, 2011).

O modelo Ethos de Responsabilidade Social possui como indicadores componentes aportados em: valores, transparência e governança; público interno; meio ambiente; fornecedores; consumidores e clientes; comunidade, governo e sociedade (Instituto Ethos, 2007). O indicador "meio ambiente" contempla duas dimensões: responsabilidade com as gerações futuras (que remete a uma das dimensões da sustentabilidade) e gerenciamento do impacto ambiental.

Outra forma de abordar o tema é considerando dois focos da RS: interno e externo. No foco interno são levadas em conta as práticas intraorganizacionais, com destaque para as ações voltadas à realização profissional e ao bem-estar de seus trabalhadores por meio de políticas de gestão de pessoas, saúde e segurança do trabalho (Vicente, Rebelo & Inverno, 2011). No externo as ações estão mais voltadas para sociedade, comunidade, clientes, parceiros, fornecedores, dentre outros. Melo Neto e Froes (2002) consideram que a RS interna corresponde ao estágio inicial, e que voltar a atenção para fora da organização corresponde a uma etapa sequencial. Com diferentes estruturas e indicadores, o que une os modelos é a necessidade de apontar critérios e direções que possam ser seguidas pelas empresas, com a finalidade de, rápida e massivamente, fazer conhecer pelos diversos grupos as ações realizadas (Tatim & Guareschi, 2012).

A sustentabilidade no contexto da responsabilidade social

A pressão de diversos setores da sociedade via movimentos sociais, a efetivação de uma legislação ambiental ativa, o crescente debate sobre (in)justiça ambiental (cf. capítulo "Justiça ambiental" neste livro) e a gestão ambiental viabilizada pelos sistemas de gestão e certificações ambientais (a exemplo das NBR 16.000 e da ISO 26.000) ajudaram a impulsionar e a incluir a dimensão ambiental no contexto da Responsabilidade Social (RS). Acrescente-se a isso a influência exercida por consumidores mais conscientes sobre seus direitos e sobre os impactos socioambientais gerados pela atividade empresarial. A sociedade tem buscado organizações com orientações ecocêntricas, nas quais há reciprocidade entre pessoas, ambiente e organizações (Ashley, 2005). Ilustra essa situação o ocorrido em Bento Rodrigues, distrito de Mariana/MG, onde, em 2015, o rompimento de uma barragem usada como área de descarte da empresa mineradora Samarco destruiu casas e matou pessoas provocando um movimento que exigiu providências para enfrentar essa adversidade [Disponível em: http://www.brasil.gov.br/defesa-e-seguranca/2015/11/governo-vai-reconhecer-estado-de-emergencia-em-mariana/pimocchi.jpg/view].

O debate ecológico nas organizações ocorre via noção de sustentabilidade. A relação entre RS e sustentabilidade visa difundir uma imagem de empresa cuja gestão não prioriza só o lucro, mas também o cuidado ambiental, o respeito aos diversos atores/grupos sociais e a adoção de condutas éticas (Tatim & Guareschi, 2012).

Passa-se a utilizar a expressão "sustentabilidade organizacional" para falar sobre a transposição dos valores da sustentabilidade de um contexto ecológico para o contexto corporativo, no qual estão incluídos elementos de preservação ambiental, mas também de sobrevivência diante da competitividade do mercado (Frolova & Lapina, 2014).

Vale destacar que a discussão acerca da sustentabilidade tem seu principal marco no Relatório Brundtland (*Nosso Futuro Comum*) proposto pela Comissão Mundial para o Desenvolvimento e Meio Ambiente (CMDM), órgão da Organização das Nações Unidas (ONU). De início, sob o título de Desenvolvimento Sustentável, presumia a capacidade de prover as necessidades da geração atual sem comprometer a possibilidade de as próximas gerações suprirem as suas necessidades. A sustentabilidade busca conciliar aspectos que garantam ser ecologicamente corretos, economicamente viáveis e socialmente justos (Brundtland, 1987). Tais princípios ficaram conhecidos como Triple Bottom Line ou 3Ps (Profits, Planet, and People) – lucro, planeta e pessoas.

Além de considerar a natureza tríplice da sustentabilidade (eficiência econômica, equidade social e preocupação ambiental), Sachs (1993) sugere que o termo contemple cinco dimensões: sustentabilidade social, econômica, ecológica, geográfica e cultural. Acrescente-se ao já mencionado o aspecto temporal da sustentabilidade, que pode conferir um caráter de permanência e continuidade ao conceito (Carroll, 2015).

Com a incorporação do "sustentável", a responsabilidade social empresarial passa a ser responsabilidade socioambiental empresarial, fazendo com que a "dimensão socioambiental figure como uma dimensão intrínseca na gestão organizacional" (Fernandes & Sant'Anna, 2010, p. 170), não periférica ou reativa diante de apelos mercadológicos, mas norteadora das decisões no contexto organizacional (Kuhnen, 2011).

Para alguns a RSA é entendida como amadurecimento da empresa, indo além dos aspectos ambientais, da adoção de sistemas de gestão ambiental, da realização de programas esporádicos (como a coleta seletiva, o uso de material reciclado, a economia de água e energia, a educação ambiental) ou do cumprimento das exigências legais ligadas ao ambiente.

A inclusão do ambiental à RS não leva prontamente a uma consciência ambiental. Seria uma análise demasiado simplista ou romântica, visto que há inúmeros interesses envolvidos e muitos ganhos para a imagem da marca quando esta se intitula ambientalmente correta (Lomônaco et al., 2012). Nem sempre os motivos para adoção da RSA remetem a questões sociais e/ou ambientais, podendo tratar de elementos relacionados à obrigação moral de ajudar, *status* social e prestígio, resposta à pressão ou expectativa do meio social, benefícios fiscais, culpa, dentre outros motivadores. Aqui não se nega a relevância da motivação econômica, visto que seria negar a vocação da empresa e sua própria condição de existir. O que se defende é a subordinação de tais interesses aos socioambientais (Fernandes & Sant'anna, 2010).

Críticas à responsabilidade socioambiental

O debate sobre a RSA não é algo pacífico ou consensualmente compreendido por organizações e pesquisadores da área. Inúmeras são as críticas recebidas, mas é inegável que a discussão sobre os temas ambientais e sociais no contexto corporativo é irreversível.

Sob a alegação de que o Estado deve seguir sendo o principal responsável pela RS estão dois grupos de argumentos. O primeiro grupo, formado por aqueles que seguem uma visão conservadora/clássica/legalista do tema, acredita que o único objetivo da organização deve ser o lucro e que sua simples existência já gera empregos, tributos, serviços/produtos de qualidade.

O segundo grupo advoga pela responsabilidade do Estado, visto que delegá-la à tutela do capital privado seria assumir o fracasso no cumprimento de suas responsabilidades para com o bem-estar social. Além disso, percebem como danoso o investimento em ações sociais e ambientais por parte dos empresários no Brasil. Tais iniciativas integram as estratégias potencializadoras da hegemonia burguesa e da manutenção do sistema de concentração do capital, tendo a RSA como expressão de um movimento de afirmação das corporações como atores capacitados, que compatibilizam desempenho econômico e desenvolvimento social (Cesar, 2008).

Dito de outra forma, as empresas se apropriam do discurso socioambiental como estratégia empresarial competitiva para continuar gerindo o consumo e a exploração (Harvey, 2014; Souza & Laros, 2010). Ao serem incorporadas à lógica capitalista as questões ambientais tornam-se um negócio lucrativo, o que enfraquece as lutas ambientais.

A RSA também é usada como mero dispositivo de *marketing* social e ambiental (Rabelo & Silva, 2011), ainda tendo o lucro como centro e único objetivo. Nesses casos, a RSA está reduzida ao discurso empresarial, carregado de aspectos simbólicos e atravessamentos ideológicos (Tatim & Guareschi, 2012), o que reconstrói o discurso para impor sutilmente a lógica da lucratividade, subjugando os atores sociais envolvidos e limitando as relações ao aspecto econômico e instrumental (Oliveira, 2013). Aqui não há desenvolvimento da consciência ambiental e social.

> Ao associar uma causa simpática ou um viés humanitário à marca da empresa, busca-se a transferência de uma imagem positiva para os produtos e serviços comercializados, de forma a se obter um apelo emocional e um nível de identificação maior junto aos consumidores, influenciando na preferência e na tomada de decisão entre um produto e outro, uma marca e outra (Araújo, Moreira & Assis, 2004, p. 89).

A adoção de um discurso ecológico por meio da sustentabilidade visa claramente "legitimar o desenvolvimento industrial globalizado, tentando equacioná-lo com preservação ambiental e qualidade de vida" (Carrieri, Silva & Pimentel, 2009). Há, ainda, empresas nas quais a RSA segue reduzida à filantropia, às práticas caritativas. Equivocam-se duplamente, visto que caridade não é RSA e que "a caridade é a máscara humanitária que dissimula o rosto da exploração econômica" (Žižek, 2014, p. 32).

Considerações finais

A Responsabilidade Socioambiental consiste em tornar a empresa corresponsável pelo desenvolvimento social e ambiental por meio do atendimento das necessidades de diversos atores sociais, incorporando a ética aos seus valores organizacionais, fazendo com que todas as decisões levem em conta não apenas os lucros, mas também questões ambientais, sociais, legais, relacionais e éticas.

Em resumo, RSA corresponde às iniciativas voluntárias que vão além do cumprimento de normas, que estão em consonância com as atividades da empresa e que são realizadas de maneira regular e articulada com um planejamento estratégico, levando a mudanças nos valores, políticas e comportamentos organizacionais, assumindo a ética como guia nas práticas e decisões cotidianas.

Existe uma íntima relação entre responsabilidade social e sustentabilidade, já que ambas estão ancoradas em dimensões sociais, econômicas e ambientais. Assim, a partir dessa opção estratégica há imposição de altos padrões à empresa; uma vez adotados, esses padrões precisam tornar-se responsabilidade de toda a organização. É justamente por isso que o negócio precisa ser lucrativo, socialmente justo e ambientalmente correto.

Referências

Araújo, M. M., Moreira, A., & Assis, G. (2004). Significado de responsabilidade social de empresas para o consumidor. *Revista Psicologia Organizações e Trabalho*, 4(2), 85-115.

Ashley, P. A. (2005). *Ética e responsabilidade social nos negócios*. São Paulo: Saraiva.

Barbieri, J. C., & Cajazeira, J. E. R. (2009). *Responsabilidade social empresarial e empresa sustentável: da teoria à prática*. São Paulo: Saraiva.

Bastos, A. V. B., Yamamoto, O. J., & Rodrigues, A. C. A. (2013). Compromisso social e ético: desafios para a atuação em psicologia organizacional e do trabalho. In L. O. Borges & L. Mourão (Orgs.). *O trabalho e as organizações: atuações a partir da psicologia* (pp. 25-52). Porto Alegre: Artmed.

Brundtland, G. H. (1987). *Our common future*: report for the World Commission on Environment and Development, United Nations. Oxford: Oxford University Press.

Campos, C. B. (2011). Gestão Ambiental. In S. Cavalcante & G. A. Elali (Orgs.). *Temas básicos em Psicologia Ambiental* (pp. 198-207). Petrópolis: Vozes.

Carrieri, A. P., Silva, A. F. L., & Pimentel, T. D. (2009). O tema da proteção ambiental incorporado nos discursos da responsabilidade social corporativa. *Revista de Administração Contemporânea, 13*(1), 1-16.

Carroll, A. B. (1979). A three-dimensional conceptual model of corporate social performance. *Academy of Management Review, 4*, 497-505.

_____ (1991). The pyramid of corporate social responsibility: toward the moral management of organizational stakeholders. *Business Horizons, 34*, 39-48.

_____ (2015). Corporate social responsibility: the centerpiece of competing and complementary frameworks. *Organizational Dynamics*, *44*, 87-96.

Cesar, M. J. (2008). *Empresa-cidadã: uma estratégia de hegemonia*. São Paulo: Cortez.

Fernandes, V., & Sant'Anna, F. S. P. (2010). A racionalidade da economia de comunhão e responsabilidade socioambiental: a gestão organizacional influenciada por valores espirituais. *Desenvolvimento e Meio Ambiente*, *21*, 157-171.

Friedman, M. (1977). *Capitalismo e liberdade*. São Paulo: Arte Nova.

Frolova, I., & Lapina, I. (2014). Corporate social responsibility in the framework of quality management. *Procedia – Social and Behavioral Sciences*, *156*, 178-182.

Harvey, D. (2014). *Diecisiete contradicciones y el fin del capitalism*. Quito: Editorial Iaen.

Instituto Ethos (2007). *Indicadores Ethos de responsabilidade social*. São Paulo: Instituto Ethos. Recuperado em 13 setembro, 2015, de http://www3.ethos.org.br/conteudo/ iniciativas/indicadores/

Kuhnen, A. (2011). Desenvolvimento Sustentável. In S. Cavalcante & G. A. Elali (Orgs.). *Temas básicos em Psicologia Ambiental* (pp. 174-181). Petrópolis: Vozes.

Lomônaco, J. F. B. et al. (2012). Conceito de responsabilidade social de gestores e empregados. *Psicologia: Ciência e Profissão*, *32*(1), 220-233.

Melo Neto, F. P., & Froes, C. (2002). *Responsabilidade social e cidadania empresarial: a administração do terceiro setor*. (2a. ed.). Rio de Janeiro: Qualitymark.

Oliveira, C. M. (2013). *Entre tradições e inovações: percepções e práticas de responsabilidade social empresarial*. Fortaleza: Banco do Nordeste do Brasil.

Pacto Global Rede Brasileira. Recuperado em 1 dezembro, 2015, de http://www.pactoglobal.org.br/artigo/56/Os-10-princípios

Rabelo, N. S., & Silva, C. E. (2011). Modelos de indicadores de responsabilidade socioambiental corporativa. *Revista Brasileira de Administração Científica*, *2*(1), 5-30.

Sachs, I. (1993). *Estratégias de transição para o século XXI: desenvolvimento e meio ambiente*. São Paulo: Nobel.

Serpa, D. A. F., & Fourneau, L. F. (2007). Responsabilidade social corporativa: uma investigação sobre a percepção do consumidor. *Revista de Administração Contemporânea*, *11*(3), 83-103.

Souza, M. M., & Laros, J. A. (2010). Satisfação no trabalho e responsabilidade social empresarial: uma análise multinível. *Revista Psicologia Organizações e Trabalho*, *10*(2), 21-37.

Sucupira, J., Ashley, P., Nadas, P., & Calsing, E. (2010). *Responsabilidade Social*. Brasília: Sesi/DN.

Tatim, D. C., & Guareschi, P. A. (2012). O nosso negócio é o bem comum: representações sociais no discurso da empresa socialmente responsável. *Psico, 43*(2), pp. 147-154.

Vicente, A., Rebelo, T., & Inverno, G. (2011). Moderadores do impacto de percepções de responsabilidade social das empresas no comprometimento organizacional: um estudo no setor cerâmico português. *Revista Psicologia Organizações e Trabalho, 11*(2), 65-83.

Žižek, S. (2014). *Violência: seis reflexões laterais*. São Paulo: Boitempo.

Leia também neste livro os capítulos 3 Crenças e atitudes ambientais; 2 Conscientização; 11 Justiça ambiental.

20
Sustentabilidade

Maria Inês Gasparetto Higuchi
Claudia Marcia Lyra Pato

Entendimento geral

Sustentabilidade é um conceito sistêmico que emerge no contexto da globalização e da crise ambiental, assinalando um limite para os modelos de produção e consumo vigentes e apontando para a necessidade de reorientar o processo civilizatório da humanidade (Leff, 2001). É compreendido como um princípio de equilíbrio ecológico e de igualdade social ou como um paradigma que pode permitir a compreensão do mundo e seus problemas e oferecer soluções a eles (Corral-Verdugo, 2010). Apesar de ter origem na ecologia e na economia, os princípios da sustentabilidade têm sido recorrentes nos diversos campos do conhecimento com fins de sua aplicação em diferentes contextos, seja na gestão de cidades, organizações ou eventos (Oliveira, Medeiros, Terra & Quelhas, 2012). Muitas vezes tratado como sinônimo de desenvolvimento sustentável, assume uma dimensão socioambiental e rompe com a visão de conciliação entre aspectos econômicos e ambientais baseados nos modelos de desenvolvimento atuais para buscar novos modelos fundados na vida como princípio maior. Os esforços entre as várias disciplinas têm na psicologia uma importante colaboração, considerando o comportamento humano como premissa básica para a desejada mudança na relação pessoa-ambiente (APA, 2009; Stokols, Misra, Runnerstrom & Hipp, 2009).

O surgimento do termo "sustentabilidade"

A palavra "sustentabilidade" enraíza-se etimologicamente em dois campos do conhecimento: biologia e economia. Na biologia, sustentabilidade se refere à capacidade de resiliência do ambiente diante das agressões advindas do mau uso feito pelos humanos ou por causas naturais. Na economia o termo diz respeito à necessidade de reverter o consumo irracional da sociedade no que concerne aos recursos naturais, notadamente finitos (Nascimento, 2012; Veiga, 2010). Entretanto, antes de ser um termo único, a sustentabilidade é uma ideia que se manifesta por diferentes termos, nem sempre unânimes e não raro complexos.

Os termos "sustentabilidade", "desenvolvimento sustentável", "ecodesenvolvimento", "economia verde" ou "sociedades sustentáveis" têm sido usados de forma recorrente e como sinônimos quando o assunto é relativo às questões ambientais e à necessidade de um novo repertório comportamental na relação pessoa-ambiente.

Bastante evidente nas ciências ambientais, a ideia da sustentabilidade rompeu barreiras e adentrou com propriedade as ciências humanas e sociais, uma vez que parte significativa dos problemas ambientais é causada pelo comportamento humano (Oskamp, 2000; Kurz, 2002). A economia, por exemplo, investiga quais fatores de produção e consumo tornam possível o estilo de vida sustentável, enquanto a sociologia busca compreender como as relações de poder, as instituições sociais e os processos de socialização afetam a sustentabilidade (Corral-Verdugo, 2010).

Sendo uma ideia que assume discursos e práticas atuais e transversais, a psicologia, mais recentemente, passou a considerá-la como aporte teórico importante, sobre o qual se deve aprofundar tanto em entendimento quanto em aplicação. De acordo com Corral-Verdugo (2010), cabe à psicologia determinar que aspectos da conduta, da cognição e das emoções humanas constituem ou influenciam um estilo de vida sustentável.

Atualmente compreende-se que os problemas acerca da sustentabilidade são multidimensionais, polissêmicos e inexoravelmente associados às formas da relação pessoa-ambiente. Esse entendimento tem uma longa história e caminhos diversos.

A longa história de uma ideia

A ideia da inesgotabilidade dos recursos naturais, presente até o final da década de 1960, começou a ser questionada diante do agravamento dos problemas ambientais em curso nos mais diversos lugares do planeta, em especial nos países mais ricos. Apesar de a ideia de sustentabilidade aparecer timidamente como uma necessidade emergente na década de 1960, foi na década de 1970 que a questão sobre os grandes problemas ambientais surgiu de forma mais contundente trazendo o debate sobre a relação entre crescimento econômico (desenvolvimento) e meio ambiente (ecologia) (Romeiro, 2012). No bojo dessas discussões surgiram vozes da sociedade acadêmica que se movimentavam no sentido de indicar uma forma de repensar o estilo de vida predatório e as limitações do crescimento planetário, pois até então a preocupação se referia apenas à possibilidade da finitude dos recursos naturais. Nesse momento, tornou-se público que a racionalidade econômica vigente tinha limitações sérias e que, nesse percurso, a degradação ambiental instalava-se como um desafio inexorável do processo civilizatório da Modernidade que, por sua vez, deflagrava outras crises associadas – sociais, culturais e econômicas (Leff, 2001).

Nessa trajetória, em 1973, o termo "ecodesenvolvimento", proposto por Maurice Strong, ganhou expressão ao incorporar a ideia de desenvolvimento alternativo. A discussão era centralizada no argumento de que a ecologia e o desenvolvimento estavam associados de forma equânime para um fim necessário (Diniz & Bermann, 2012). A ideia da sustentabilidade passou a ganhar mais força nas Conferências das Nações Unidas sobre o Ambiente Humano, cujas preocupações se direcionavam aos limites de crescimento populacional e do capital industrial descritos no Relatório do Clube de Roma (Meadows et al., 1972).

Na década de 1980, o termo "desenvolvimento sustentável" passou a ser utilizado pela Comissão Mundial de Meio Ambiente e Desenvolvimento (World Commission on Environment and Development – WCED) com o Relatório Brundtland, publicado em 1987, também conhecido como *Nosso futuro comum*, e que instituiu o direito a um ambiente saudável, bem como a garantia deste para as gerações futuras, por meio de um desenvolvimento sustentável (Foladori & Tomasino, 2000). Esse relatório propagou as discussões mantidas entre os participantes da conferência mundial ocorrida em 1982, em Nairóbi, sobre a questão de incompatibilidade entre o ritmo de desenvolvimento dos países de todo o planeta e os padrões de consumo em ação, dando a essa nova ordem o nome de "Desenvolvimento Sustentável". Em sua definição original, desenvolvimento sustentável é o desenvolvimento que "satisfaz as necessidades do presente sem comprometer a possibilidade de as gerações futuras satisfazerem suas próprias necessidades" (WCED, 1987).

Tão contundente quanto crítico, o termo sustentabilidade foi (e continua sendo) utilizado para assegurar uma série de medidas visando o equilíbrio entre as demandas sociais e a capacidade de suporte dos recursos ambientais. Essas medidas incluem: limitação do crescimento populacional; garantia de recursos naturais básicos (água, alimentos, energia) em longo prazo, preservação da biodiversidade e dos ecossistemas, diminuição do consumo de energia e desenvolvimento de tecnologias com uso de fontes energéticas renováveis, aumento da produção industrial nos países não industrializados com base em tecnologias ecologicamente adaptadas, controle da urbanização desordenada, integração entre campo e cidades menores, bem como atendimento das necessidades básicas de saúde, escola, moradia (Claro, Claro & Amâncio, 2008). No entanto, Morin e Kern (2001) alertaram que tais aspectos ainda deixavam em segundo plano o protagonista e a dinâmica psicossocial e cultural presentes nesse processo que resulta na produção de (des)equilíbrio.

A proposição de resolver um macroproblema sem efetivamente problematizar a dinâmica social acabou recebendo sérias críticas centradas no fato de aliar duas disposições contrárias, ou seja, o padrão de desenvolvimento atrelado ao crescimento econômico irracional é inconciliável com a proteção ambiental (Acselrad & Leroy, 1999; Daly, 2004; Layrargues, 1997; Porto-Gonçalves, 2006). Pelos rumos alcançados e atual momento vivido, tal crítica tem se mostrado bem posta, uma vez que continuamos a ver o declínio dos recursos ambientais sem precedentes e as condições de bem-estar pouco acessíveis a grande parte da população planetária.

Na década de 1990 a ideia de sustentabilidade ganhou um reforço importante quando a Assembleia das Nações Unidas convocou a Conferência das Nações Unidas para o Meio Ambiente e o Desenvolvimento (conhecida como Rio 1992), que se tornou um marco histórico da discussão sobre as problemáticas socioambientais. Nessa conferência várias convenções foram estabelecidas entre os países participantes; além disso, o Fórum Mundial (evento paralelo ao Rio92) produziu a Agenda 21, um documento propositivo de diretrizes que conciliam o tripé proteção ambiental, justiça social e eficiência econômica (Oliveira, 2012).

Na década de 2000 surgiram novos horizontes incentivados pelo Programa das Nações Unidas para o Meio Ambiente (Pnuma) que, em 2008, lançou a iniciativa "Economia Verde" como significativo eixo para a promoção da sustentabilidade, tendo como prioridade a preservação ambiental, a erradicação da pobreza e das desigualdades (Abramovay, 2012; Almeida, 2012; Jacobi & Sinisgalli, 2012; Lourenço & Oliveira, 2012; Martins,

2002). No entanto, essas expectativas também parecem ter se distanciado de um ideal alentador: a devastação ambiental continua e os bolsões de pobreza mundiais pouco diminuíram, sugerindo que os processos decisórios e os modelos econômicos de desenvolvimento se sobrepõem às dimensões ambientais e sociais (Cavalcanti, 1998; 2012; Agostinho, Ortega & Romeiro 2007).

Esses tipos de contradições nos permitem inferir que, apesar das inúmeras tentativas e dos esforços internacionais conjuntos acima relatados, as nações, as instituições e as sociedades continuam enfatizando e valorizando mais a economia do que a proteção socioambiental e estão pouco atentas para uma sustentabilidade social (Foladori, 2002). Nesse sentido, a sustentabilidade como princípio de equilíbrio entre os níveis econômico, político/institucional, ambiental e social (Corral-Verdugo & Pinheiro, 2004) permanece uma utopia presente nos discursos, nas boas intenções e em iniciativas isoladas. Assim, a raiz econômica da sustentabilidade parece dominar quando, por exemplo, se atribui o conceito de "recurso" à água, à energia, ao ar e assim por diante, uma vez que, ao serem considerados como recursos, tais itens podem ser usados, explorados e apropriados.

Para Veiga (2010), só é possível alcançar a sustentabilidade a partir de uma tríade de indicadores medidos simultaneamente: dimensão ambiental, desempenho econômico e qualidade de vida (ou bem-estar). Nesse caso, sustentabilidade sugere interdependência entre aspectos sociais, econômicos e ambientais, o chamado modelo Triple Bottom Line (TBL). Com o consenso entre estudiosos, empresários e ambientalistas, a medida de desempenho TBL ganha ampla repercussão para estabelecer a desejada sustentabilidade (Lourenço & Carvalho, 2013; Elkington, 2001), sugerindo que prosperidade econômica, qualidade ambiental e justiça social devem invariavelmente andar juntas, de modo equilibrado (Presley, Meade & Sarkis, 2007).

Diante de tantas propostas, convenções e expectativas, cabe perguntar: O que é necessário para que a ideia de sustentabilidade se torne um fato no comportamento do indivíduo e da coletividade? Antes de adentrar nessa problematização mostra-se necessário notar que é justamente da psicologia e da educação que emerge um quarto aspecto a ser considerado para a compreensão da sustentabilidade: a pessoa, ente protagonista de todo o fenômeno em questão. Alguns autores defendem que a psicologia tem um papel importante nesse campo (Clayton & Brook, 2005; Lemos & Higuchi,

2011), embora muitas vezes tenha atuado de forma equivocada (Uzzel & Räthzel, 2009).

Considerando a perspectiva da relação pessoa-ambiente e a sustentabilidade como um sistema complexo de interações entre aspectos pessoais, sociais, econômicos e ambientais com vistas ao equilíbrio e à sustentação da vida no Planeta Terra, e tendo em vista que os valores econômicos fundamentam o modelo de desenvolvimento dominante, cabe à Psicologia, e sobretudo à Psicologia Ambiental, oferecer explicações para a compreensão das condutas sustentáveis e dos meios de como alcançá-las e disseminá-las.

Apesar dos avanços teórico-metodológicos e empíricos de quatro décadas de estudos psicológicos acerca da sustentabilidade, proteção ambiental, adaptação e mitigação da mudança climática, o desafio sobre a mudança comportamental permanece (Kaiser, 2015). Para o autor, a chave está na promoção de comportamentos desejáveis e na inibição ou desencorajamento dos indesejáveis, que têm na psicologia um auxílio crucial da compreensão de sua complexidade e na diversidade de contextos em que se manifesta.

Condutas sustentáveis: a sustentabilidade como comportamento socioambiental

O ideal de uma sociedade sustentável não está apenas no empenho de governos e grandes corporações, mesmo que a eles se delegue uma responsabilidade expressiva, mas principalmente no empenho de cada um dos indivíduos deste planeta. Uma conduta sustentável requer mudanças básicas no comportamento e valores de cada indivíduo indistintamente (Oskamp, 2000). Nesse sentido, os psicólogos têm sido convidados a assumir sua parte nessa empreitada (APA, 2009). Ao assumir uma conduta sustentável a pessoa estará envolvendo não apenas o cuidado consigo mesma, mas com o outro e com o planeta, buscando equilíbrio entre os interesses e necessidades advindos destas esferas para um tempo presente e futuro (Boff, 2004).

Esse equilíbrio tem na dimensão temporal um de seus elementos-chave (Corral-Verdugo & Pinheiro, 2004), pois a sustentabilidade deve ser garantida não só no presente, mas também no futuro. Para esses autores, a conduta sustentável pode ser definida como "um conjunto de ações efetivas, deliberadas e antecipadas que resultam na preservação dos recursos naturais, incluindo a integridade das espécies animais e vegetais e o bem-estar individual e social das gerações humanas atuais e futuras" (p. 10). Portanto, a conduta sustentável tem como meta o cuidado com os recursos naturais e socioculturais necessários para garantir o bem-estar presente e futuro da humanidade.

A definição acima pode sugerir visão antropocêntrica. Parece estar impregnada de sua raiz econômica ao conceber natureza, sociedade e cultura como recursos, o que sugere uso e exploração. Isso pode contribuir para condutas (in)sustentáveis, ao contrário do desejável, podendo refletir uma contradição entre cuidado, uso e exploração. Assim, parece-nos mais coerente considerar esses aspectos como patrimônio e bem da humanidade. Desse modo, espera-se ativar outro modelo de interdependência, centrado na vida e no bem comum. Nessa perspectiva, o olhar sistêmico sobre a realidade passa a ser uma premissa, e os valores de respeito, igualdade e justiça socioambiental, bem como a visão ecocêntrica de mundo ficam subjacentes à ética ecológica e ao princípio da sustentabilidade.

Pesquisas sobre a dimensão comportamental da sustentabilidade apontam para os padrões de consumo e para os estilos de vida das pessoas e dos lares como principais agentes de impacto ambiental negativo (Kaiser, 2015). Nesse sentido, o alcance da sustentabilidade passa pela compreensão desses tipos de comportamento visando mudanças comportamentais, sem desconsiderar o contexto cultural e os aspectos situacionais (Loureiro & Callou, 2007).

Considerando que os padrões de consumo e os estilos de vida das pessoas são bastante heterogêneos e numerosos, para Thogersen (2014) as pesquisas comportamentais devem concentrar-se primariamente nas atividades dos indivíduos que provocam extensos impactos ambientais negativos. Para o autor, assim como os estilos de vida são variados, as forças que os impulsionam também são abundantes. Ele considera que os mais poderosos controladores do desempenho insustentável dos indivíduos consistem nas necessidades humanas e nos valores, hábitos e normas, limitações pessoais e circunstâncias estruturais.

Desse modo, pode-se concluir que as mudanças de comportamento visando condutas sustentáveis devem estar enraizadas em formação e transformação de valores, mudança de hábitos e normas, superação de limites pessoais e mobilização coletiva. Thogersen (2014) considera que as mudanças estruturais, ao invés das psicológicas, em geral são mais eficazes quando as sociedades desejam transformar seu rumo insustentável em sustentável. Um longo debate se segue: O que motiva uma pessoa a ter uma conduta sustentável? Qual seria a gênese dessa conduta, quais as circunstâncias determinantes? Vários estudos apontam aspectos intrínsecos da pessoa, como cognição e afetividade, personalidade (Corral-Verdugo, Carrus, Bonnes, Mosel & Sinha, 2008), ou extrínsecos, como o contexto sociocultural (Clayton & Brook, 2005; Steg, 2005; Uzzel, 2000), ou ainda as próprias características do entorno (Gifford, 2005; Mace, 2005).

A Psicologia está, pois, investida da responsabilidade de não apenas compreender a gênese de uma conduta (não) sustentável, mas também de envolver-se na proposição efetiva de dispositivos que auxiliem nos processos educativos para o empoderamento das pessoas com vistas a uma sociedade sustentável. Enquanto prevalecerem os valores econômicos em detrimento dos socioambientais, bem como a visão antropocêntrica, dificilmente a sustentabilidade será alcançada. Portanto, investir nos aspectos psicológicos que estão subjacentes à sustentabilidade torna-se essencial para viabilizá-la.

Referências

Abramovay, R. (2012). *Muito além da economia verde*. São Paulo: Ed. Planeta Sustentável.

Acselrad, H., & Leroy, J. P. (1999). *Novas premissas de sustentabilidade democrática*. Rio de Janeiro: Projeto Brasil Sustentável e Democrático/Fase.

Agostinho, F., Ortega, E., & Romeiro, A. (2007). Índices *versus* indicadores: precisões conceituais na discussão da sustentabilidade de países. *Ambiente & sociedade, 10*(2), 137-148.

Almeida, L. T. (2012). Economia verde: a reiteração de ideias à espera de ações. *Estudos Avançados, 26*(74), 93-103.

APA (2009). *Psychology & Global Climate Change: addressing multifaceted phenomenon and set of challenges*. A report of the American Psychological Association. Task force on the interface between psychology and global climate change. Nova York.

Boff, L. (2004). *Saber cuidar. Ética do humano*. Petrópolis: Vozes.

Cavalcanti, C. (2012). Sustentabilidade: mantra ou escolha moral? Uma abordagem ecológico-econômica. *Estudos avançados, 26*(74), 35-50.

_____ (1998). Sustentabilidade da economia: paradigmas alternativos de realização econômica. In Cavalcanti, C. (Org.). *Desenvolvimento e natureza: estudo para uma sociedade sustentável*. (2a. ed.). São Paulo: Cortez/Recife: Fundação Joaquim Nabuco.

Claro, P. B., Claro, D. P., & Amâncio, R. (2008). Entendendo o conceito de sustentabilidade nas organizações. *Revista de Administração da Universidade de São Paulo, 43*(4), pp. 289-300.

Clayton, S., & Brook, A. (2005). Can Psychology help save the world? A model for conservation psychology. *Analyses of Social Issues and Public Policy, 5*(1), 87-102.

Corral-Verdugo, V. (2010). *Psicología de la sustentabilidad. Un análisis de lo que nos hace pro ecológicos y pro sociales*. México: Trillas.

Corral-Verdugo, V., Carrus, G., Bonnes, M., Mosel, G., & Sinha, J. (2008). Environmental beliefs and endorsement of sustainable development principles in water conservation. *Environment and Behavior, 40*(5), 703-725.

Corral-Verdugo, V., & Pinheiro, J. Q. (2004). Aproximaciones al estudio de la conducta sustentable. *Medio Ambiente y Comportamiento Humano, 5*, 1-26.

Daly, H. E. (2004). Crescimento sustentável? Não, obrigado. *Ambiente & sociedade, 7*(2), 197-202.

Diniz, E. M., & Bermann, C. (2012). Economia verde e sustentabilidade. *Estudos Avançados, 26*(74), 323-330.

Elkington, J. (2001). *Canibais com garfo e faca*. São Paulo: Makron Books.

Foladori, G. (2002). Avanços e limites da sustentabilidade social. *Revista Paranaense de Desenvolvimento, 102*, 103-113.

Foladori, G., & Tomasino, H. (2000). El Concepto de desarrollo sustentable treinta años después. In *Desenvolvimento e Meio Ambiente: teoria e metodologia em meio ambiente e desenvolvimento*. Curitiba: Editora da UFPR.

Gifford, R. (2005). O papel da Psicologia Ambiental na formação da política ambiental e na construção do futuro. *Psicologia USP, 16*(1/2), pp. 237-247.

Jacobi, P. R., & Sinisgalli, P. A. de A. (2012). Governança ambiental e economia verde. *Ciência & Saúde Coletiva, 17*(6), pp. 1.469-1.478.

Kaiser, F. G. (2015). Using psychology to advance environmental conservation. In D. G. Nemeth, R. B. Hamilton & J. Kuriansky (Eds.). *Ecopsychology: advances from the intersection of psychology and environmental protection* (vol. I, Science and Theory, pp. 227-232). Santa Barbara, CA: ABC-Clio.

Kurz, T. (2002). The psychology of environmentally sustainable behavior: fitting together pieces of the puzzle. *Analyses of Social Issues and Public Policy, 2*(1), 257-278.

Layrargues, P. P. (1997). Do ecodesenvolvimento ao desenvolvimento sustentável: evolução de um conceito. In *Proposta, Fase*, Rio de Janeiro, *25*(71), pp. 5-10.

Leff, E. (2001). *Saber ambiental: sustentabilidade, racionalidade, complexidade, poder*. Petrópolis: Vozes.

Lemos, S. M., & Higuchi, M. I. G. (2011). Compromisso socioambiental e vulnerabilidade. *Ambiente & Sociedade, 15*(2), 123-138.

Loureiro, C., & Callou, A. B. F. (2007). Extensão rural e desenvolvimento com sustentabilidade cultural: o ponto de cultura no sertão pernambucano (Brasil). *Interações, 8*, 213-221.

Lourenço, D. B., & Oliveira, F. C. S. (2012). Sustentabilidade, economia verde, direito dos animais e ecologia profunda: algumas considerações. *Revista Brasileira de Direito Animal, 10*(7), 189-231.

Lourenço, M. L., & Carvalho, D. (2013). Sustentabilidade Social e Desenvolvimento Sustentável. *Race, Unoesc, 12*(1), 9-38.

Mace, W. (2005). James J. Gibson's ecological approach: perceiving what exists. *Ethics & The environment, 10*(2), 195-216.

Martins, C. E. B. (2002). Pobreza, meio ambiente e qualidade de vida: indicadores para o desenvolvimento humano sustentável. *Indicadores Econômicos*, FEE, Porto Alegre, *30*(3), 171-188.

Meadows, D. H., Meadows, D. L., & Randers, J. (1972). *Limites do crescimento*: um *relatório para o projeto Clube de Roma sobre o dilema da humanidade*. São Paulo: Perspectiva, 203 p.

Morin, E., & Kern, A. B. (2001). *Terra-Pátria*. (2a. ed.). Lisboa: Instituto Piaget.

Nascimento, E. P. (2012). Trajetória da sustentabilidade: do ambiental ao social, do social ao econômico. *Estudos Avançados, 26*(74), 51-64.

Oliveira, L. R., Medeiros, R. M., Terra, P. B., & Quelhas, O. L. G. (2012). Sustentabilidade: da evolução dos conceitos à implementação como estratégia nas organizações. *Produção, 22*(1), 70-82.

Oskamp, S. (2000). Psychological contributions to achieving an ecologically sustainable future for humanity. *Journal of Social Issues, 56*(3), 373-390.

Porto-Gonçalves, C. W. (2006). A *globalização da natureza e a natureza da globalização*. Rio de Janeiro: Record.

Presley, A., Meade, L., & Sarkis, J. (2007). A strategic sustainability justification methodology for organizational decisions: a reverse logistics illustration. *International Journal of Production Research, 45*(8-19), 4.595-4.603.

Romeiro, A. R. (2012). Desenvolvimento sustentável: uma perspectiva econômico-ecológica. *Estudos Avançados, 26*(74), 65-92.

Stokols, D., Misra, S., Runnerstrom, M. G., & Hipp, J. A. (2009). Psychology in an age of ecological crisis: from personal angst to collective action. *American Psychologist, 64*(3), 181-193.

Thogersen, J. (2014). Unsustainable consumption: basic causes and implications for policy. *European Psychologist, 19*, 84-95.

Uzzel, D. (2000). The psycho-spatial dimension to global environmental problems. *Journal of Environmental Psychology, 20*(4), 307-318.

Uzzel, D., & Räthzel, N. (2009). Transforming environmental psychology. *Journal of Environmental Psychology, 29*, 340-350.

Veiga, J. E. (2010). Indicadores de sustentabilidade. *Estudos Avançados, 24*(68), 39-52.

World Commission on Environment and Development – WCED (1987). *Our common future*. Oxford: Oxford University Press.

Leia também neste livro os capítulos 14 Paisagem; 17 Permacultura; 22 Validade ecológica.

21
Territorialidade(s)

Maria Inês Gasparetto Higuchi
Igor José Theodorovitz

Entendimento geral

Territorialidade é um conceito originário da etologia que adentra o campo da psicologia e permite compreender as interações sociais e a apropriação do entorno físico. Na psicologia, como na antropologia e na geografia, o ponto central é o comportamento humano, que se manifesta por meio do esforço coletivo de um grupo para converter esse entorno em seu "território" (Little, 2002). Esse processo gera fluxos de informações, significados e afetividades, cujas características são, por essência, de natureza social e que, em última instância, produzem as chamadas territorialidades. Valera e Vidal (2002) apresentam várias definições; no entanto, na perspectiva da Psicologia Ambiental, autores como Altman (1970, 1975) e Gifford (1987) deixam claro que se trata de um padrão de conduta (intencional ou não, por parte de uma pessoa ou de um grupo) relativo à apropriação e posse de um lugar. Essas condutas e atitudes, segundo esses autores, implicam personalização, sinalização e defesa de um território ocupado. A territorialidade está relacionada a uma multiplicidade de fatores, sejam eles pessoais (gênero, idade, personalidade, habilidades etc.), socioculturais (valores, crenças, regras, tipo de atividades, momento histórico etc.) ou contextuais (características biogeofísicas e climáticas do lugar).

Ordenamentos territoriais

Ao produzir um espaço para viver e expressar suas socialidades, as pessoas ou grupos controlam o acesso entre os "de dentro" e os "de fora" a uma área (ambiente físico) por eles ocupada. Ao mesmo tempo em que se delimitam os usos sociais ali possíveis, o senso de apropriação e o apego ao lugar vão se constituindo. Esses processos de vivências promovem, por sua vez, as características de pertencimento e identidade de lugar (Rabinovich, 2004), as quais são parte integrante das territorialidades existentes no ordenamento do espaço. Nesse sentido, uma sociedade é reconhecida pelo ordenamento de seu território a partir das formas de apropriação dos lugares e do uso social que seus ocupantes fazem dos recursos ali disponibilizados.

Além de determinar estilos diferenciados de ocupação do espaço, Fischer (n/d) acrescenta que a ocupação de um território implica a existência de elementos de apropriação que irão inevitavelmente identificar o seu ocupante e/ou usuário. Assim, pode-se dizer que o território, impregnado de significados, símbolos e imagens, é formado em um lugar, como produto da apropriação e do controle por parte de um determinado sistema social, um grupo humano, uma empresa ou uma instituição.

Vários autores, em diferentes disciplinas, reconhecem que a produção desse ordenamento é aspecto das estruturas sociais que a definem e a reproduzem (Lefebvre, 1999; Fischer, n/d; Moreira, 2006; Santos et al., 2006). Em outras palavras, a distribuição e o movimento das pessoas são, de certa forma, ditados por uma macroestrutura social de poder que determina "o lugar certo para a pessoa certa". Na perspectiva da geografia, nesse "regime" de coabitação há um ordenamento que é derivado de uma ordem maior (Moreira, 2006), historicamente constituída e que permite a convivência espacial dos indivíduos em sociedade.

Os movimentos gerados pela ocupação humana provocam uma reflexão no conceito de território, já que este sofre uma intensa formulação e reformulação a partir da perspectiva teórica que o descreve. Guattari e Rolnik (2000) definem território como um todo, dando um sentido que ultrapassa a funcionalidade inerente ao uso que se faz dele, incluindo significados que seriam equivalentes ao sentimento de "estar em casa". Se as características funcionais permitem revelar o modelo de racionalidade presente no arranjo do espaço, a apropriação do território tem que ver com as vivências ali ocorridas pelo indivíduo ou grupo. Numa perspectiva antropológica, Little (2002) nos apresenta o conceito de cosmografia para definir o processo de construção de um território a partir das condutas de territorialidade de um dado grupo e como tal ocupação se manifesta na memória e no cotidiano das pessoas entre si, com os outros e com o lugar.

É nos meandros dessa rede espaço-sociedade que surgem aspectos importantes da relação pessoa-ambiente. Portanto, ao compreender a natureza do uso social, dos ordenamentos territoriais e de como tal relação se processa, poderemos, por exemplo, propor com maior efetividade programas educativos, modos de governança e atuação na gestão ambiental.

Tipos de territórios

Apesar das reformulações do conceito de território nos últimos anos, este ainda reverbera critérios advindos do pensamento geográfico, que estabelece fronteiras materiais (algo concreto) e imateriais (intangível) pertinentes ao controle físico ou simbólico de uma dada área (Valverde, 2004). Pelo fato de esses ordenamentos emergirem das normas sociais, eles acabam se configurando em territórios diferenciados a partir do grau de privacidade, o qual está relacionado com o tipo de controle e com a duração temporal. Dessa forma, os tipos de territórios podem ser caracterizados como públicos e privados. Em alguns casos essa dicotomia se fundamenta nos princípios conceituais do individual e do coletivo, em que individual seria privado e, coletivo, público. Em outros casos essa conceituação se contenta em fazer analogia do privado com a esfera familiar e do público com a esfera política (Moreira, 2006).

As distinções entre privado e público, na perspectiva sociológica, foram incorporadas na produção do espaço, em princípio, por Hannah Arendt (2008), que se inspirou no pensamento grego. O espaço privado estaria relacionado às atividades de manutenção da vida de intimidade, portanto, esfera da família. Já o espaço público se referiria às atividades comuns, ou seja, esfera da pólis no sentido político. Se entre os gregos antigos a família e a pólis eram esferas distintas e claramente definidas, na sociedade atual essas esferas não raro se confundem e, portanto, parecem muito mais permeáveis, e de certa forma difíceis de ser separadas. Nesse processo social surgem arranjos espaciais e formas de organização e uso dos recursos ambientais distintos, ao que Altman (1975) classificou como território primário, secundário e público.

Os territórios primários são ocupados de maneira estável e identificados como uma área de controle exclusivo e permanente, como o da habitação, onde todos os ocupantes reconhecem seus limites e o consideram como refúgio pessoal, assegurando a função de intimidade (Fischer, n/d). São lugares socializados que têm marcas personalizadas e identificam atitudes, valores próprios e expressam a personalidade de um indivíduo ou grupo familiar (Valera & Vidal, 2002). Um exemplo seria a casa onde moramos.

Os territórios secundários, também identificados como semipúblicos, possuem o controle da área um pouco menos permanente e exclusivo. As regras, muitas vezes não explícitas e informais, são instituídas pelos grupos que determinam direito ao acesso e uso desses espaços, visto que esse mesmo território secundário pode vir a ser ocupado por outro grupo num período diferente (Fischer, n/d). Um exemplo seria uma quadra de esportes: nos finais de semana um grupo de jovens da comunidade costuma utilizá-la para jogar basquete e, durante a semana, essa mesma quadra é utilizada pela escola para aulas de educação física de seus alunos. Os primeiros dizem "é a minha quadra de esportes" da mesma forma que os alunos dizem "é a minha quadra de esportes". O que os diferencia é o tempo em que tal espaço é utilizado pelos respectivos grupos.

Por sua vez, os territórios públicos são abertos e fluidos, de modo que qualquer indivíduo ou grupo tem o mesmo direito de ocupá-los (Fischer, n/d.; Valera & Vidal, 2002). No entanto, por mais exclusivo que seu uso seja naquele instante para uma pessoa ou grupo, este será provisório, isto é, não é de forma alguma posse definitiva do ocupante, uma vez que pertence a todos. Um exemplo seria a rua onde, num determinado momento, os feirantes vendem seus produtos, mas que, em outro momento, recebe o movimento de carros ou, ainda, pode tornar-se um espaço para estacionar. Dessa forma, a ocupação pode ser entendida como direito de quem chega primeiro, mas, mesmo assim, é provisória, pois os espaços são inevitavelmente regidos por normas e regras, nem sempre explícitas, convencionadas pelo grupo ou sociedade que as criou.

O território é, portanto, um importante elemento do próprio grupo que o estabeleceu e o controla, além de carregar as próprias características culturais da coletividade em que se insere (Fernandes, 2005). Atuam nesse sentido não só o lugar em si, mas também as pessoas/grupos e os usos que fazem daquele ambiente. O vínculo com o território é, pois, o resultado de um processo gradual no qual atuam relações de várias ordens, entre atores diversos e em tempos diferenciados.

A construção de um território recorre a aspectos funcionais e simbólicos (Haesbaert, 2005, 2007; Fischer, n/d). A funcionalidade é basicamente instrumental, relacionando-se ao objetivo da atividade ali desenvolvida. Já o aspecto simbólico designa uma gama de valores que advém de aspectos construídos nos processos socioculturais. Portanto, qualquer arranjo espacial deve ser considerado em função do tipo de atividades que nele acontecem e dos significados atribuídos socialmente tanto à sua localização quanto aos seus elementos constituintes.

Por um lado, os usos sociais dependem da concretude física do lugar que, por sua vez, manifesta formas sociais dos grupos que o produziram (Ferrara, 1999). Por outro lado, os ocupantes desses lugares se constituirão nesse processo juntamente com a geração do território em que estão engajados, num desenrolar que revela que um é aspecto do outro e ambos são elementos de um mesmo mundo (Higuchi, 2002, 2003). Da mesma maneira, as relações sociais produzidas e reproduzidas nesses territórios formam distintas territorialidades e estão visceralmente associadas aos seus aspectos funcionais e simbólicos.

A formação de territorialidades

Como já apresentado, os territórios se caracterizam como recortes espaciais diferenciados onde se conjugam identidades e diferenças, ou seja, fundamentos do eu e do outro-eu da sociedade (Moreira, 2006). As pessoas ou grupos sociais conjugam suas referências a partir do uso social destinado a cada lugar ocupado; essas referências compõem uma trama de territorialidades num complexo jogo de poder entre si a partir dos recursos que estão à sua disposição no ambiente. Tem-se, portanto, que a sociedade organiza e produz diferentes territorialidades em função de suas necessidades (habitação, trabalho, lazer, credos, entre tantas outras). Podemos dizer, em outras palavras, que as ações das pessoas e/ou grupos sobre e no território apropriado se constituem em territorialidades (Mariani & Arruda, 2010).

O domínio e a posse dos territórios obedecem a uma organização compreendida e compartilhada entre os membros de uma mesma sociedade, o que (re)afirma as identidades e as diferenças concretas entre pessoas e grupos e permite o surgimento de uma regulação social do uso do espaço. Por sua vez, os arranjos espaciais formam territorialidades distintas que, segundo Moreira (2006), são áreas configurativas dos espaços sociais, que podem ser privadas ou públicas, individuais ou coletivas.

A territorialidade, assim tratada pela Geografia Política, passou a ser um termo presente nas mais diversas áreas das ciências humanas e usado pela Psicologia Ambiental. (Para maiores detalhes, cf. Valera & Vidal, 2002.) Embora a territorialidade ocorra em várias espécies de animais, é nos seres humanos que ela se destaca, assumindo complexos significados.

Com efeito, territorialidade é o conjunto de representações que agrega uma série de comportamentos, de investimentos pessoais ou coletivos, nos tempos e nos espaços sociais, culturais, estéticos, cognitivos (Guattari & Rolnik, 2000).

No campo da Psicologia Ambiental, Gifford (1987, p. 137) se refere à territorialidade como "[um] padrão de condutas e atitudes sustentado por um indivíduo ou grupo, baseado num controle percebido, intencional ou real, de um espaço físico definido, objeto ou ideia, e que pode levar a uma ocupação habitual, sua defesa, uma personalização e sinalização deste".

Territorialidade pode ainda integrar em sua constituição a dominação, a posse, a vigilância, a segurança, entre outros aspectos. As territorialidades são produzidas a partir de valores e modos sociais específicos de cada sociedade; portanto, designam ao território uma condição não estável, mas diretamente associada aos acordos sociais estabelecidos entre aquele(s) que detêm direitos e aquele(s) que aceitam ou não esses direitos (Günther, 2003). Günther discorre que territorialidade é um dos quatro conceitos necessários para compreender e regular as relações pessoa-espaço físico. Os demais seriam privacidade, espaço pessoal e densidade/aglomeração/apinhamento.

Privacidade, definida inicialmente por Altman (1975), trata-se do controle seletivo da interação social e da informação oferecida aos outros em duas vias, isto é, de si para os outros e dos outros para si. Valera e Vidal (2002) associam territorialidade a um aspecto direto da privacidade, pois territorialidade é um mecanismo para chegar a um maior grau de privacidade.

Espaço pessoal (cf. capítulo específico neste livro), proposto por Sommer (1969), é uma das zonas subjetivas de proteção do indivíduo. No uso dos territórios entram em ação aspectos relativos ao lugar, ou seja, uma área intersticial estabelecida para que haja uma distância dos outros indivíduos, evitando ameaças reais ou simbólicas (Fischer, n/d). O estabelecimento de um espaço pessoal faz parte de um mecanismo psicológico que garante uma regulação física protetora (de recuo ou aproximação) para assegurar um espaço mínimo de conforto e afirmação de um lugar, do modo de ocupação e do uso que se faz dele, além do sentido que lhe é atribuído (o que esse espaço significa para essa pessoa). A ação e a interação se dão de forma individual e integrada, sendo que a pessoa e o entorno se fundem gerando configurações psico-sócio-ambientais distintas (Valera & Vidal, 2002). O controle seletivo da interação social e da informação oferecida aos outros ocorre sem que ele signifique necessariamente isolamento e reserva do próprio indivíduo. O uso do espaço pessoal implica controlar a interação tanto no âmbito de entradas quanto de saídas de ou para socialização.

Densidade/aglomeração ou apinhamento referem-se à capacidade de suporte do ambiente. Nesse sentido, ao utilizar o termo densidade, a referência é objetivamente mensurável, isto é, o número de indivíduos por unidade de lugar; já apinhamento ou aglomeração estão atrelados aos aspectos subjetivos, isto é, à experiência psicológica originada pela demanda de espaço sentida pela pessoa em uma determinada situação, e que é percebida por ela como uma condição de alta densidade, mesmo que a densidade não seja elevada (Hombrados, 2002).

Todos esses conceitos presentes em estudos da Psicologia Ambiental, segundo Günther (2003), são aplicados tanto ao indivíduo quanto aos grupos e são diretamente afetados por um quinto elemento, que é a mobilidade, o movimento da pessoa ou grupo, que por sua vez implicará acessos e usos dos bens materiais nos diferentes territórios. Alguns estudos nos proporcionam uma leitura sobre esse movimento no qual crianças e adolescentes constituem suas territorialidades nos diversos territórios de acontecimentos sociais (Lopes & Vasconcellos, 2006; Magnani, 2005; Theodorovitz, 2009; Titon, 2008).

Territorialidade é, pois, um bom referencial para aprofundarmos a compreensão do comportamento humano associado ao lugar, considerando tanto macrocondições (como a vida em um planeta turbulento) quanto microcondições (como no caso de moradia vulnerável em suas funções estruturantes na relação das pessoas consigo mesmas, com outros e com seus ambientes). O estudo das territorialidades nos informa o conjunto de subjetividades e padrões materiais que são manifestados por um indivíduo ou grupo, os quais devem contextualizar não apenas aspectos psicossociais e culturais como também o momento histórico dessa manifestação e o ambiente físico em que acontecem.

Referências

Altman, I. (1975). *The environment and social behavior: privacy, personal space territoriality and crowding*. Monterrey, Ca: Brooks/Cole.

Arendt, H. (2008). *A condição humana*. (10a. ed.). Rio de Janeiro: Forense Universitária.

Fernandes, B. N. (2005). Movimentos socioterritoriais e movimentos socioespaciais: contribuição teórica para uma leitura geográfica dos movimentos sociais. *Revista Nera, 8*(6), 14-34.

Ferrara, L. D'A. (1999). *Olhar periférico: linguagem, percepção ambiental.* São Paulo: Edusp.

Fischer, G. (n/d). *Psicologia social do ambiente.* Lisboa: Instituto Piaget.

Gifford, R. (1987*). Environmental Psychology. Principles and practice.* Boston: Allyn and Bacon.

Guattari, F., & Rolnik, S. (2000). *Micropolítica: cartografias do desejo.* (4a. ed.). Petrópolis: Vozes.

Günther, H. (2003). Mobilidade e affordance como cerne dos estudos pessoa-ambiente. *Estudos de Psicologia, 8*(2), 272-280.

Haesbaert, R. (2005). Da desterritorialização à multiterritorialidade. In X Encontro de Geógrafos da América Latina. *Anais.* São Paulo: USP.

_____ (2007). Território e multiterritorialidade: um debate. *GEOgraphia, 9*(17), 19-46.

Higuchi, M. I. G. (2002). Psicologia Ambiental: uma introdução às definições, histórico e campos de estudo e pesquisa. *Cadernos Universitários.* Canoas: Ulbra.

_____ (2003). A socialidade da estrutura espacial da casa: processo histórico de diferenciação social por meio e através da habitação. *Revista de Ciências Humanas, 1*(33), 49-70.

Hombrados, M. I. (2002). Haciamento. In I. A. Aragonés & M. Amérigo (Orgs.). *Psicología Ambiental.* Madri: Pirámide.

Lefebvre, H. (1999). *A revolução urbana.* Belo Horizonte: Ed. UFMG.

Little, P. E. (2002). *Territórios sociais e povos tradicionais no Brasil: por uma antropologia da territorialidade.* Série Antropologia, 322. Brasília, DF.

Lopes, J. M., & Vasconcellos, T. (2006). Geografia da infância: territorialidades infantis. *Currículos sem Fronteiras, 6*(1), 103-127.

Magnani, J. G. C. (2005). Os circuitos dos jovens urbanos. *Tempo Social, revista de sociologia da USP, 17*(2), pp. 173-205.

Mariani, M. A. P., & Arruda, D. O. (2010). Território, territorialidade e desenvolvimento local: um estudo de caso dos empreendimentos econômicos solidários de Corumbá/MS. In *Sober, socied. brasileira de economia e administração e sociolo-*

gia rural,1-18. Recuperado em 22 setembro, 2015, de http://www.sober.org.br/palestra/15/301.pdf

Moreira, R. (2006). O espaço e o contraespaço: as dimensões territoriais da sociedade civil e do Estado, do privado e do público na ordem espacial burguesa. In M. Santos (Org.). *Território, territórios: ensaios sobre o ordenamento territorial*. Rio de Janeiro: DP&A.

Rabinovich, E. P. (2004). Barra Funda, São Paulo: as transformações na vida das crianças e na cidade – um estudo de caso. In H. Günther, J. Pinheiro & R. Guzzo. *Psicologia Ambiental: entendendo as relações do homem com seu ambiente*. Campinas: Alínea.

Santos, M. et al. (2006). *Território, territórios: ensaios sobre o ordenamento territorial*. (2a. ed.). Rio de Janeiro: DP&A.

Sommer, R. (1969). *Personal space: the behavioral basis of design*. Englewood Cliffs, Nova Jersey: Prentice-Hall.

Valera, S., & Vidal, T. (2002). Privacidad y territorialidad. In I. A. Aragonés & M. Amérigo. *Psicología Ambiental*. Madri: Pirámide.

Valverde, R. R. H. F. (2004). Transformação no conceito de território: competição e mobilidade na cidade. *Geousp – Espaço e Tempo*, São Paulo, 15, 119-126.

Theodorovitz, I. J. (2009). *Uso social do ambiente: um estudo com jovens moradores do entorno sul da Reserva Florestal Adolpho Ducke*. Dissertação de Mestrado. Programa de Pós-Graduação em Ciências Ambientais e Sustentabilidade na Amazônia, Universidade Federal do Amazonas.

Titon, A. P. (2008). *Jovens de baixa renda de Florianópolis/SC e suas relações na e com a cidade*. Florianópolis, 2008. Dissertação de Mestrado. Programa de Pós-Graduação em Psicologia, Universidade Federal de Santa Catarina.

Leia também neste livro os capítulos 6 Enraizamento; 5 Emoções e afetividade ambiental; 8 Escolha ambiental; 9 Espaço defensável; 18 Privacidade.

22
Validade ecológica

Mara Ignez Campos-de-Carvalho
Gleice Azambuja Elali

Entendimento geral

Validade ecológica é um dos principais parâmetros psicométricos de pesquisas em Psicologia Ambiental, disciplina que focaliza a inter-relação pessoa(s)-ambiente, priorizando aspectos físicos amplos do ambiente (p. ex.: barulho, conforto térmico, arranjo do espaço etc.) em interdependência com os demais componentes ambientais, tanto físicos quanto humanos. Abordamos pressupostos centrais em perspectivas contextuais em Psicologia e diferenças entre pesquisas ecológicas e não ecológicas, entendendo como ecológico o estudo que coloca em pauta a interação entre o fenômeno investigado e o contexto ou faz análise de eventos contextuais. Apresentamos pesquisas concebidas e executadas considerando sua validade ecológica e discutimos limitações e desafios nesse campo.

Perspectivas contextuais e seus pressupostos

Stokols (1987) aponta quatro pressupostos centrais às diversas perspectivas contextuais na Psicologia: (1) visão do fenômeno psicológico em relação ao meio espacial, temporal e sociocultural no qual ele ocorre; (2) relevância de análises molares e longitudinais das atividades diárias da pessoa e seus contextos, especialmente em estudos focalizando respostas da pessoa a estímulos ambientais discretos ou a eventos de curto prazo; (3) busca por equilíbrio entre leis e relações generalizáveis e por uma análise da especificidade situacional do fenômeno psicológico; (4) análise tanto da validade interna da pesquisa quanto da sua validade ecológica e externa: (a) desde o seu planejamento; (b) na decisão para aplicação de dados de pesquisas em intervenções na comunidade; (c) para o desenvolvimento de políticas públicas.

Embora a validade ecológica seja o objetivo deste capítulo, alertamos que um estudo ecológico, além de buscá-la, deve se preocupar, como qualquer outra pesquisa, com sua validade interna, uma vez que, parafraseando Bronfenbrenner (1977, p. 514), não há "uma dicotomia entre rigor e relevância" (para definição dos demais tipos de validade, cf. Cook & Campbell, 1979).

No campo da pesquisa, a terminologia "validade ecológica" vem sendo utilizada com referência a significados diversos, tais como: ambiente vivenciado pelos participantes do estudo ecológico, validade externa, validade transcontextual ou validade de construto (Bronfenbrenner, 1977, 1979; Campos-de-Carvalho, 1993; Hultsch & Hickey, 1978; Petrinovitch, 1979; Scheidt, 1981; Stokols, 1987; Weisz, 1978). Embora este capítulo não pretenda discutir esses termos, obviamente eles têm origens e significados diferenciados. Apesar disso, é relevante apontar um importante consenso entre os autores: não é ser conduzida em situação de vida diária que confere, automaticamente, validade ecológica a uma pesquisa (Campos-de-Carvalho, 2008; Günther, Elali & Pinheiro, 2008). Ou seja, nenhuma situação de pesquisa é designada, *a priori*, como ecologicamente válida ou não, sendo essa alcunha função da questão investigada.

Bronfenbrenner (1977, 1979) apresenta um claro exemplo nesse campo: em um estudo cujo objetivo seja investigar a interação entre mãe e criança quando a criança está em uma situação não familiar, o laboratório é um ambiente mais apropriado que certas situações de vida cotidiana, conferindo validade ecológica à pesquisa. Por outro lado, algumas situações ditas naturais podem ter um caráter tão excepcional ou atípico para certas pessoas, que não se constituirão como representativas do fenômeno sob investigação (Legendre, 1985).

Em suma, conforme indicam Valsiner e Benigni (1986), o termo "ecológico" não é sinônimo de naturalístico; para que uma pesquisa tenha validade ecológica, dentre outros critérios a seguir especificados, é necessário que seja conduzida em um contexto ambiental representativo do fenômeno sob estudo. Nesse sentido, considerando que investigar o comportamento social (interações) de crianças pequenas quando em grupo é a meta de muitos dos estudos que desenvolvemos, as creches constituem uma realidade social representativa das experiências coletivas das crianças, sendo, então, um contexto ecológico apropriado a esta questão.

Critérios que diferenciam pesquisas ecológicas e não ecológicas

Conectados aos pressupostos básicos que orientam a condução de pesquisas ecológicas, dois critérios permitem diferenciá-las de pesquisas não ecológicas ou não contextuais (Bronfenbrenner, 1977, 1979; Bronfenbrenner & Morris, 1998; Stokols, 1987; Valsiner & Benigni, 1986). Embora tais critérios sejam interligados, nesse texto serão apresentados separadamente, formato considerado adequado sob o ponto de vista didático.

Primeiro critério

Considerando que o fenômeno sob estudo está imerso em um sistema de interdependência de variáveis ou eventos contextuais, sendo influenciado por este sistema (e influenciando-o por meio do comportamento das pessoas), a pesquisa ecológica necessariamente inclui esses eventos contextuais em sua análise do fenômeno, enquanto uma perspectiva não ecológica exclui essas variáveis de seu planejamento. Por exemplo, pela metodologia científica tradicional, manipula-se apenas uma variável por vez, eliminando, tanto quanto possível, as demais variáveis que poderão interferir no fenômeno sob estudo; isso porque são tidas como "ruídos" que obscurecem a verdadeira natureza do fenômeno em questão.

A metodologia do experimento ecológico (Bronfenbrenner, 1977, 1979), utilizada em nossas pesquisas, contempla este critério, buscando preservar a complexidade do sistema ecológico na análise de um de seus componentes. No caso das pesquisas sobre o arranjo espacial (maneira como móveis e equipamentos de um local estão posicionados entre si e sua relação com a ocupação do espaço pelas crianças), nossas manipulações foram feitas no interior do sistema ecológico no qual ocorre o fenômeno, ou seja, no local e horário habituais do encontro diário do grupo de crianças e sua educadora (já familiarizados entre si) para a ocorrência de atividades livres; a coleta de dados somente era feita com a presença da educadora e de pelo menos 70% das crianças do grupo. Outros componentes ambientais também foram mantidos constantes, tais como: utilização de materiais da própria creche e de uso habitual pelo grupo; duração das sessões sob responsabilidade da educadora, tal como o é em sua rotina de trabalho; coleta de dados sem a presença do pesquisador e do operador das câmeras (fotográficas ou de vídeo, com funcionamento automático). Outros cuidados metodológicos foram seguidos: camuflagem das câmeras (cobertas com pano durante a coleta de dados, com exceção das lentes); presença constante dos suportes de madeira nas paredes (nos quais as câmeras eram encaixadas durante a coleta de dados), cobertos pelos panos entre as sessões; coleta de dados com o arranjo habitual do espaço, antes de ser manipulado; fixação (ou determinação) de período de familiarização do grupo aos novos arranjos antes de coletar os dados etc.

Segundo critério

Dada a concepção bidirecional, ou transacional, da relação homem-ambiente, a interação entre fenômeno investigado e contexto torna-se objeto de estudo; a inclusão desse processo de interação em uma pesquisa empírica é necessária para que a investigação seja considerada ecológica. Em uma pesquisa não ecológica, o contexto pode até ser considerado importante à medida que o fenômeno sob estudo interage com ele, porém, não é estudado diretamente. Além disso, em estudos não contextuais, geralmente há atribuição de uma fonte única de causalidade, enquanto, em pesquisas contextuais, há um sistema causal inter-relacionado, incluindo a interdependência tanto de aspectos do organismo como do ambiente.

A prática tradicional na Psicologia quanto a usar a análise de variância é um bom exemplo não ecológico. Por essa análise sinteticamente aqui apresentada, "diferentes porções da variância são 'causadas' por diferentes 'efeitos' ou por suas interações"; presume-se que há a mediação de algum processo psicológico entre a manipulação de variáveis independentes e suas consequências, as variáveis dependentes, processo esse geralmente não especificado; não há

> informação explícita do "como" estes fatores que interagem se relacionam na realidade. A análise da variância, então, abarca a relação pessoa-ambiente simultaneamente, mas separadamente um do outro, pois o processo real de interação não é focalizado na coleta de dados; ou seja, a interação pessoa-ambiente é eliminada do estudo empírico, não fazendo parte do planejamento experimental, faltando assim uma base empírica sobre como "estes fatores realmente interagiram" (Valsiner & Benigni, 1986, p. 214).

É este aspecto que caracteriza o estudo como não contextual ou não ecológico.

Outro exemplo da tradição não ecológica na Psicologia é o uso de testes psicológicos – a análise do fenômeno (inteligência, personalidade etc.)

é feita em relação apenas às respostas dadas pela pessoa (p. ex., certa ou errada em um teste de inteligência), independentemente tanto do contexto de processos psicológicos que a pessoa utiliza para chegar àquela resposta como da situação real de teste (Valsiner & Benigni, 1986).

Nossas pesquisas com crianças em creches (p. ex.: Campos-de-Carvalho, 1989; Campos-de-Carvalho & Mingorance, 1999; Campos-de--Carvalho & Padovani, 2000; Campos-de-Carvalho & Rossetti-Ferreira, 1993; Meneghini & Campos-de-Carvalho, 1997) contemplam este segundo critério, referindo-se especificamente à relação "arranjo espacial e comportamentos infantis". Nelas os dados são coletados diretamente no local de atividade das crianças, e o procedimento inclui tantas fases quantas forem necessárias para manipulação da variável sob análise, havendo pelo menos duas sessões em cada fase: a primeira na presença do arranjo espacial habitual existente no local e a segunda após sua modificação para criação de zonas circunscritas. Geralmente, no momento inicial, o local se caracterizava como um espaço central vazio, com ausência de zonas circunscritas (ou seja, áreas delimitadas pelo menos em três lados por barreiras baixas, estruturadas por mobiliários, parede, desnível do solo etc.). Para transformar o arranjo habitual em arranjo com zonas circunscritas, são introduzidas estantes baixas de madeira, usadas na delimitação das zonas, dada a escassez ou mesmo ausência de móveis nas salas dos grupos de crianças observadas. Numa etapa intermediária essas estantes eram colocadas nas laterais da sala para manter a mesma característica espacial do arranjo habitual das creches observadas (espaço central vazio e ausência de zonas circunscritas). A coleta de dados se iniciava após cerca de 12 dias úteis de familiarização do grupo às estantes (precaução metodológica necessária, pois nosso interesse não era a reação imediata das crianças às transformações realizadas). Na fase seguinte duas zonas circunscritas eram estruturadas, sempre que possível, aproveitando a quina de duas paredes para delimitar dois lados, sendo os outros dois estruturados pelas estantes baixas, havendo um pequeno espaço de abertura para entrada e saída das crianças da zona circunscrita, a critério delas.

Variáveis contextuais

Stokols (1987) apresenta dois passos a serem seguidos em uma pesquisa contextual. Tal como em estudos não ecológicos, a primeira tarefa é a identificação: (a) do fenômeno central a ser investigado (em nosso caso, a relação entre arranjo espacial e interações de crianças em creches); (b) das variáveis-alvos a serem examinadas, as quais incluem a variável de predição e a variável de produto (ou variável consequência) – em nossas pesquisas são, respectivamente, o arranjo espacial e a ocupação do espaço pelas crianças. Uma pesquisa não ecológica focalizaria apenas a relação entre estas duas variáveis (p. ex., tomando-se como hipótese que a ocupação do espaço é consequência apenas do tipo de arranjo espacial); já o pesquisador contextual deveria preocupar-se com o fato de esta relação poder ser afetada e qualificada por outros aspectos ou variáveis contextuais que, em nosso caso, cercam o padrão de ocupação espacial; ou seja, variáveis conectadas, no tempo e no espaço, com a maneira de as crianças ocuparem o espaço. Em outras palavras, a pesquisa contextual engloba variáveis contextuais adicionais às variáveis-alvos, as quais, provavelmente, qualificam a relação entre as duas variáveis-alvos.

O segundo passo do pesquisador contextual, então, seria "definir um conjunto de variáveis contextuais ou situacionais que poderiam exercer uma influência importante sobre a forma e ocorrência do fenômeno-alvo", incorporando medidas destas variáveis adicionais em sua análise contextual do fenômeno (Stokols, 1987, p. 43). Dessa maneira, uma perspectiva contextual amplia o escopo de análise das variáveis sob investigação.

Stokols (1987) aponta que a seleção dessas variáveis contextuais para uma análise empírica pode ocorrer de um modo exploratório e ateórico; ou pode ser guiada por uma teoria contextual com pressupostos sobre o fenômeno-alvo – esta última modalidade é mais eficaz e sistemática. Uma teoria contextual explicitamente já prediz uma mudança na relação entre as variáveis-alvos, dependendo da presença ou ausência de certos fatores situacionais; também explica os motivos das variações no fenômeno-alvo, o que, então, a diferencia de uma teoria não contextual. Na ausência de teorias contextuais, geralmente a identificação de fatores contextuais importantes ocorre em avaliações posteriores, muitas vezes ao acaso, de uma maneira não programada, à medida que os pesquisadores comparam seus dados advindos de estudos conduzidos independentemente. Por exemplo, as primeiras formulações sobre as reações humanas à superpopulação e barulho foram tratadas de uma maneira não contextualizada, sendo os estudos empíricos planejados para testar hipóteses universais. Entretanto, os resultados obtidos eram complexos, revelando diferenças marcantes nas reações, dependendo dos contextos situacionais; daí então, formulações contextuais foram desenvolvidas para explicar os resultados diversos e muitas vezes contraditórios.

Em nossa experiência de condução de pesquisas contextuais sobre o arranjo espacial, a escolha de variáveis adicionais a serem analisadas baseava-se em estudos anteriores. Ou seja, ao término de uma análise específica selecionávamos outras a serem investigadas, seja por meio de nova coleta de dados ou de uma nova análise de dados já coletados. Esse tipo de escolha, embora não se baseie em uma teoria contextual (por falta desta) sobre o fenômeno-alvo – relação entre arranjo espacial e interações de crianças em creches –, foi útil para revelar fatores contextuais que influenciam e que não influenciam as variáveis-alvos.

Ao considerarmos o pressuposto da unicidade do ambiente, um dos aspectos ponderados é o pessoal ou psicológico. O fato de investigarmos duas características ou aspectos pessoais (competência social e idade) não implica necessariamente uma descaracterização da pesquisa como contextual ou ecológica, pois entendemos qualquer contexto ambiental como um sistema de interdependência entre seus componentes físicos e humanos. No entanto, esse ponto de vista contraria parcialmente a visão de Stokols (1987, p. 45), pois, apesar de o autor se referir a teorias contextuais (e não a pesquisas), assinala que o foco das mesmas está "mais em moderadores situacionais do que em moderadores intrapessoais das relações ambiente-comportamento". Tal afirmativa pode levar ao entendimento de que uma pesquisa contextual não deveria focalizar variáveis ou características pessoais, o que difere do nosso ponto de vista.

Nossa perspectiva é muito influenciada por Bronfenbrenner, pesquisador que, com base numa perspectiva sistêmica e ecológica, discute o desenvolvimento humano como fruto da relação bidirecional e interdependente entre pessoa-ambiente. Segundo o autor, o desenvolvimento implica processos por meio dos quais características da pessoa e do ambiente interagem, produzindo tanto continuidade quanto mudança nas características da pessoa durante o curso de vida e no modo como percebe e negocia com seu ambiente; isto é, há mudança e constância nas capacidades da pessoa em descobrir, manter ou alterar as propriedades do ambiente, as quais, por sua vez, também exercem influência nas características da própria pessoa (Bronfenbrenner, 1993; Bronfenbrenner & Morris, 1998).

Finalizamos este tópico sobre pesquisas ecológicas e não ecológicas discutindo se todo fenômeno psicológico seria ou não passível de uma análise contextual ou ecológica. Segundo Stokols (1987), em função dos aspectos sociais e físicos do contexto, podem existir fenômenos psicofisiológicos que são relativamente invariantes em diversas situações. Por exemplo, há processos farmacológicos bem mais dependentes de fatores intrapessoais e/ou do tipo de droga ingerida do que de aspectos físicos e sociais do contexto; de acordo com Stokols, tais processos não se adequariam a uma análise contextual. Concordamos parcialmente com tal afirmação no que se refere à busca de variáveis físicas ou sociais do ambiente relacionadas àqueles processos psicológicos. Mas, em nosso ponto de vista, uma análise contextual seria aplicável, desde que o interesse estivesse em investigar os fatores intrapessoais que poderiam afetar, ou não, aqueles processos farmacológicos (especialmente considerando o homem e seus aspectos intrapessoais como um dos componentes do ambiente).

Um segundo exemplo, também de Stokols, diz respeito às pesquisas sobre sons com intensidade extremamente alta (barulho), fenômeno que não se adequaria a uma análise contextual, pois, segundo o autor, há estudos demonstrando que, acima de um certo limiar de intensidade sonora, o impacto de fatores ambientais torna-se relativamente uniforme, mesmo para diferentes pessoas e em situações diferenciadas.

Em suma, para Stokols (1987), qualquer fenômeno pode ser analisado contextualmente, desde que haja razões suficientes para supor a mediação de fatores situacionais nas influências de condições ambientais sobre os comportamentos ou sobre a saúde das pessoas. A decisão, portanto, para adotar ou não uma perspectiva ecológica para um dado problema de pesquisa, segundo Stokols, depende das evidências empíricas já existentes sobre a variabilidade do fenômeno em diferentes situações (condição considerada adequada para uma análise contextual) ou sobre a sua estabilidade (condição vista como não adequada a uma análise contextual). Ademais, tal decisão depende também de considerações de ordem prática, tais como disponibilidade pessoal e de tempo do pesquisador e de financiamentos suficientes para conduzir estudos empíricos sobre o fenômeno-alvo, em diferentes contextos ambientais. Essa alegação nos remete ao próximo tópico.

Limitações e desafios metodológicos

Campos-de-Carvalho (1993, 1998) indica duas limitações metodológicas ao utilizar uma abordagem ecológica, resumidas nos dois itens a seguir.

1) Considerando a interdependência de variáveis na explicação causal de fenômenos psicológicos, é impossível, do ponto de vista meto-

dológico, analisar simultaneamente vários aspectos ambientais que afetam aquele fenômeno sob estudo. Assim, por necessidade metodológica, é preciso selecionar um aspecto ambiental para estudo, porém preservando o sistema de interdependência entre os componentes ambientais na coleta e, especialmente, durante a interpretação dos dados obtidos.

2) Conforme a questão sob investigação, o planejamento de pesquisa irá priorizar aquele aspecto do ambiente afetando o comportamento observado, ou o comportamento influenciando o ambiente. Dificilmente um planejamento de pesquisa conseguiria abarcar simultaneamente as duas direções, apesar do pressuposto de que ambos, ambiente e pessoa, modificam-se mutuamente. Em nossas pesquisas, por exemplo, priorizamos a influência do arranjo espacial na ocupação do espaço por crianças em creches.

Em decorrência de limitações metodológicas, um planejamento de pesquisa ecológica aparentemente separa o fenômeno psicológico do contexto no qual ele ocorre. No entanto, como afirma Valsiner (1987, p. 17), esta é uma "separação inclusiva" da pessoa em relação ao ambiente, pois o contexto ambiental entra necessariamente na análise do fenômeno estudado; mesmo que o foco priorizado seja o fenômeno, a importância do contexto é reconhecida no estudo e vice-versa; ou seja, se o foco for o contexto, a relevância da influência do comportamento sobre o ambiente deve ser reconhecida. Segundo o autor, os pesquisadores que adotam uma abordagem ecológica estão conscientes de tais limitações ou simplificações do planejamento de pesquisa, sendo relevante: indicar os pressupostos por ele assumidos quanto à concepção das relações pessoa-ambiente; evitar uma explicação unidirecional quanto à influência daquele aspecto ambiental selecionado sobre o fenômeno investigado, o que seria assumir uma causalidade elementarista e não sistêmica.

Portanto, apesar do encanto proporcionado por uma concepção transacional que permita análises amplas sobre a relação homem-ambiente, adotar tal perspectiva também traz muitas incertezas e desafios metodológicos. Autores como Altman e Rogoff (1987), Stokols (1987), Valsiner (1987) e Valsiner e Benigni (1986) indicam como principais questões que permeiam as dificuldades nesse campo:

- Como construir uma teoria de fenômenos mutáveis e holísticos?
- Quais métodos usar para estudar esses fenômenos?

• Considerando que a psicologia tradicionalmente estuda os fenômenos psicológicos a partir de uma base estática, como incorporar mudança e fatores temporais a esses estudos?

• Quais aspectos diferenciam a pesquisa contextual da não contextual?

• A análise contextual é aplicável a todos os fenômenos psicológicos? Quais fenômenos justificam uma análise contextual e quais não a justificam?

• Como traçar os limites contextuais de um fenômeno? Que critérios utilizar para decidir quais variáveis contextuais farão parte da análise?

Stokols (1987) afirma que é de extrema necessidade transformar o ponto de vista transacional em estratégias operacionais, tanto para pesquisas como para o desenvolvimento teórico. Todos esses questionamentos apontam os desafios atuais, que emergem ao se utilizar uma perspectiva ecológica ou contextual, para os quais, cada vez mais, se faz urgente buscar respostas, a fim de podermos avançar tanto na condução de pesquisas como na construção de teorias contextuais.

Em nossas pesquisas, a omissão de uma teoria contextual consistente para interpretação de dados relacionados a pesquisas sobre arranjo espacial em creches tem se mostrado uma limitação. Para reduzir essa lacuna temos utilizado elementos de três propostas teóricas que focalizam aspecto(s) específico(s) da relação pessoa-ambiente: a perspectiva sistêmica de Urie Bronfenbrenner, denominada de Ecologia do Desenvolvimento Humano (Bronfenbrenner, 1977, 1993; Bronfenbrenner & Morris, 1998); o conceito de apropriação do espaço (Moreno & Pol, 1999; Pol, 1996) e a perspectiva teórico-metodológica da Rede de Significações (Rossetti-Ferreira, Amorim & Silva, 2000). Temos tentado buscar as convergências possíveis entre tais propostas, entendendo que eventuais divergências entre elas não impedem a interação desses pontos de vista na busca de explicação teórica para os dados empíricos obtidos nos estudos (Campos-de-Carvalho, Bomfim & Souza, 2004).

Apesar da ausência de uma teoria contextual, a semelhança dos resultados de nossas pesquisas em diferentes creches e, em especial, a afinidade entre nossos resultados e aqueles obtidos por Legendre (1986, 1999) em creches parisienses (com crianças na mesma faixa etária e em locais com o mesmo tipo de arranjo espacial, porém diferindo em muitos outros aspectos) evidencia a forte interdependência entre arranjo espacial e ocupação do espaço por crianças com 2-3 anos. Esse aspecto contribui para a generalização de nossos resultados em outros contextos educacionais coletivos para crianças da mesma faixa etária, apontado para a possibilidade de enfrentamento de uma das dificuldades da abordagem ecológica apontadas por Weisz (1978): a difícil generalização dos achados.

Segundo Stokols (1995), uma das especificidades das pesquisas na área da Psicologia Ambiental é a sua contribuição para a resolução de problemas práticos. Sob esse ponto de vista, nossos estudos têm indicado a relevância do arranjo espacial no planejamento de ambientes coletivos para pré-escolares, favorecendo não apenas as interações entre crianças, mas também delas com a educadora, o que contribui para a melhoria da qualidade do atendimento coletivo de crianças pequenas. Por meio de manipulações pouco custosas, inclusive em termos financeiros, a educadora, ao estruturar o espaço com zonas circunscritas, promove interações entre crianças sem a sua intermediação direta; isso a torna muito mais disponível para observar o grupo e verificar a necessidade (ou não) de estabelecer contato com uma criança individualmente ou com um subgrupo que necessite de sua assistência.

Referências

Altman, I., & Rogoff, B. (1987). Worldviews in psychology: Trait, interactional, organismic, and transactional perspectives. In D. Stokols & I. Altman, *Handbook of environmental psychology*, *I*(5-40). Nova York: John Wiley.

Bronfenbrenner, U. (1977). Toward an experimental ecology of human development. *American Psychologist*, 513-531.

_____ (1979). *The ecology of human development*. Cambridge: Harvard University Press.

_____ (1993). The ecology of cognitive development: research models and fugitive findings. In R. H. Wozniack & K. W. Fischer (Eds.). *Development in context: acting and thinking in specific environments* (3-44). Nova Jersey: Erlbaum.

Bronfenbrennner, U., & Morris, P. A. (1998). The ecology of developmental processes. In W. Damon & R. M. Lerner (Eds.). *Handbook of child psychology*, *I*, pp. 993-1.028. Nova York: Wiley.

Campos-de-Carvalho, M. I. (1989). Organização espacial da área de atividades livres em creches [artigo completo]. 18ª Reunião Anual de Psicologia da Sociedade de Psicologia de Ribeirão Preto. *Anais da...*, pp. 305-310.

_____ (1993). Psicologia Ambiental – algumas considerações. *Psicologia: Teoria e Pesquisa, 9*(2), 435-447.

_____ (1998). Comportamentos de crianças pequenas em creches e arranjo espacial. *Temas em Psicologia – Sociedade Brasileira de Psicologia, 6*(2), 125-133.

_____ (2008). A metodologia do experimento ecológico. In J. Q. Pinheiro & H. Günther (Orgs.). *Métodos de pesquisa nos estudos pessoa-ambiente* (11-52). São Paulo: Casa do Psicólogo.

Campos-de-Carvalho, M. I, Bomfim, J. A., & Souza, T. N. (2004). Organização de ambientes infantis coletivos como contexto de desenvolvimento. In M. C. Rossetti-Ferreira, A. M. A. Carvalho, K. S. Amorim, & A. P. S. Silva (Orgs.). *Rede de significações: uma nova perspectiva teórico-metodológica* (157-170). Porto Alegre: Artmed.

Campos-de-Carvalho, M. I., & Mingorance, R. C. (1999). Zonas circunscritas e ocupação do espaço por crianças pequenas em creche. *Revista Interamericana de Psicologia, 33*(2), 67-89.

Campos-de-Carvalho, M. I., & Padovani, F. H. P. (2000). Agrupamentos preferenciais e não preferenciais e arranjos espaciais em creches. *Estudos de Psicologia, 5*(2), 443-468.

Campos-de-Carvalho, M. I., & Rossetti Ferreira, M. C. (1993). Importance of spatial arrangements for young children in day care centers. *Children's Environments, 10*(1), 19-30.

Cook, T. D., & Campbell, D. T. (1979). *Quasi-experimentation: design and analysis issues for field settings*. Boston: Houghton Mifflin.

Günther, H., Elali, G. A., & Pinheiro, J. Q. (2008). A abordagem multimétodos em estudos pessoa-ambiente: características, definições e implicações. In J. Q. Pinheiro & H. Günther (Orgs.). *Métodos de pesquisa nos estudos pessoa-ambiente* (369-396). São Paulo: Casa do Psicólogo.

Hultsch, D. F., & Hickey, T. (1978). External validity in the study of human development – theoretical and methodological issues. *Human Development, 21*, 76-91.

Legendre, A. (1985). L'experimentation écologique dans l'approche des comportements sociaux des jeunes enfants en groupes. In P. M. Baudonnière (Ed.). *Etudier l'enfant de la naissance à 3 ans* (165-181). Paris: Collection Comportements, CNRS.

_____ (1986). Effects of spatial arrangements on child/child and child/caregivers interactions: an ecological experiment in day care centers. 16ª Reunião Anual de Psicologia da Sociedade de Psicologia de Ribeirão Preto, *Anais da...*, 131-142.

_____ (1999). Interindividual relationships in groups of young children and susceptibility to an environmental constraint. *Environment and Behavior, 31*(4), 463-486.

Meneghini, R., & Campos-de-Carvalho, M. I. (1997). Arranjos espaciais e agrupamentos de crianças pequenas em creche. *Revista Brasileira de Desenvolvimento e Crescimento Humano, 7*(1), 63-78.

Moreno, E., & Pol, E. (1999). *Nociones psicosociales para la intervención y la gestión ambiental* (21-55). Barcelona: Publicaciones de la Universitat de Barcelona.

Petrinovitch, I. (1979). Probabilistic functionalism – a conception of research method. *American Psychologist, 34*, 373-390.

Pol, E. (1996). La apropiación del spacio. In L. Íñiguez & E. Pol (Orgs.). *Cognición, representación y apropriación del espacio* (45-62). Barcelona: Publications Universitat de Barcelona (Monografies psico-socio-ambientals, n. 9).

Rossetti-Ferreira, M. C., Amorim, K. S., & Silva, A. P. S. (2000). Uma perspectiva teórico-metodológica para análise do desenvolvimento humano e do processo de investigação. *Psicologia: Reflexão e Crítica, 13*(2), 281-293.

Scheidt, R. J. (1981). Ecologically-valid inquiry: Fait accompli? *Human Development, 24*, 225-228.

Stokols, D. (1987). Conceptual strategies of environmental psychology. In D. Stokols & I. Altman (Eds.). *Handbook of environmental psychology, I*, pp. 41-70. Nova York: Plenum.

_____ (1995). The paradox of environmental psychology. *American Psychologist, 50*, 821-837.

Valsiner, J. (1987). *Culture and the development of children's action – a cultural-historical theory of developmental psychology*. Nova York: Wiley.

Valsiner, J., & Benigni, L. (1986). Naturalistic research and ecological thinking in the study of child development. *Developmental Review, 6*, 203-223.

Weisz, J. R. (1978). Transcontextual validity in developmental research. *Child Development, 49*, 1-12.

Leia também neste livro o capítulo 20 Sustentabilidade.

23
Wayfinding
(Navegando o ambiente)

Gleice Azambuja Elali
José de Queiroz Pinheiro

Entendimento geral

Nós existimos no espaço e nos movemos continuamente nele, percorrendo caminhos e comunicando direções às outras pessoas. Para nos orientarmos utilizamos habilidades perceptivas (visuais, auditivas, táteis, hápticas) e cognitivas, de modo a decodificar as informações espaciais e basear nelas nossas ações. *Wayfinding* (navegação no ambiente) é o processo por meio do qual os indivíduos realizam percursos entre pontos do ambiente distantes entre si o suficiente para não serem percebidos a partir de um único olhar. Para a definição dessas rotas concorrem atributos do local (aspectos físicos e recursos comunicacionais) e da pessoa (conhecimento, capacidade de perceber e processar informações, habilidades motoras e familiaridade com o lugar ou experiência anterior em áreas semelhantes). Entretanto, mais do que tais características individuais e locacionais, o *wayfinding* depende da interação entre pessoa e ambiente em um período de tempo, possibilitando a transformação da vivência em conhecimento.

Introdução

Imagine que você chegou à frente de um grande edifício no qual nunca esteve antes. Você precisa ir a um local específico nesse prédio, mas ainda não sabe como vai fazer para chegar lá. *Wayfinding*, como o próprio termo indica, refere-se a encontrar o caminho que se está buscando no ambiente, ou "o processo de mover-se propositadamente de uma origem para um destino" (Golledge, 1999, p. 3).

Agora imaginemos outra situação. Você foi levado por alguém até uma sala específica no interior de um edifício relativamente complexo (um grande hospital, p. ex.). Embora você nunca tenha estado ali antes, a pessoa que o levou precisou sair logo, e você ainda permaneceu lá. Ao terminar sua tarefa no local, você provavelmente se perguntará em silêncio: "Como faço para sair daqui? Para qual lado está a rua? Por onde foi que eu entrei?" O processo que se inicia a partir desse momento é o *wayfinding*, cujo sucesso vai depender do resultado de um sistema bem integrado de comportamentos, operações e *design* (informação).

De modo genérico, o *wayfinding* pode ser definido como "o percurso proposital, dirigido e motivado desde a origem até a destinação final, que inicialmente está oculta da pessoa que faz o percurso, em constante interação com o ambiente em questão" (Raubal, 2008, p. 1.243). Não se limita a edifícios, mas também se aplica à malha urbana (ruas, avenidas, vielas, praças etc.) e a ambientes mais amplos. Além disso, embora em geral nos refiramos à experiência da pessoa com o ambiente à sua volta, nem sempre ele constitui uma interação exclusivamente direta, uma vez que desenhos, fotografias, mapas, aparelhos de GPS e outros dispositivos podem ser (supostamente) empregados na tarefa de "encontrar o caminho no ambiente".

Apesar de ser um método amplamente utilizado por todos os seres humanos e de ter grande significado para nossa sobrevivência cotidiana, o processamento das informações necessárias para um *wayfinding* bem-sucedido é bastante complexo, pois abrange inúmeros fatores inerentes ao ambiente, à pessoa que se comporta e, principalmente, ao processo de interação entre ambos. Ilustra essa complexidade a criação do termo "legibilidade ambiental" por Kevin Lynch (2011/1960), o pesquisador que introduziu o uso do termo *wayfinding* no sentido aqui empregado. Os estudos nessa área se baseiam em conhecimentos oriundos de vários campos do saber, podendo abranger vários outros temas da psicologia, como alguns dos que já foram publicados no primeiro volume desta série *Temas básicos em Psicologia Ambiental*, em particular os capítulos sobre *affordance* (Günther, 2011), percepção ambiental (Kuhnen & Higuchi, 2011), cognição ambiental (Higuchi, Kuhnen & Bomfim, 2011) e comportamento socioespacial humano (Pinheiro & Elali, 2011). Também o *wayfinding* é facilmente relacionável a temas de Psicologia Social, Escolar/Educacional e do Desenvolvimento, além de conhecimentos sobre a vida diária e sobre o modo de lidar com problemas quotidianos fundamentais na atividade clínica.

O que é *wayfinding*

Grande parte das informações que temos sobre o ambiente é obtida ao nos movimentarmos através dele, o que exige a definição de estratégias de ação nem sempre conscientes para nos deslocarmos de um ponto a outro, correspondendo a um processo conhecido como *wayfinding*, em português também traduzido como navegabilidade. Além das características (perceptivas, cognitivas e comportamentais) do indivíduo, essa movimentação está diretamente ligada às características do ambiente (social e físico) em que se insere e, mais do que isso, depende fortemente da relação que se estabelece entre ambos (pessoa e ambiente).

Paradoxalmente, em geral é mais comum falarmos sobre *wayfinding* quando nos sentimos perdidos ou desorientados (como no texto que introduziu este capítulo) do que quando conseguimos nos orientar e navegar bem no ambiente. Pessoas não familiarizadas com edificações complexas, como hospitais, têm maior dificuldade para encontrar o caminho de saída ou de volta a algum ponto de seu interesse, e tendem a conseguir explicar melhor as suas dificuldades, considerando que se sentirem confusas em um ambiente pouco conhecido representa desperdício de tempo, estresse e frustração (Carpman & Grant, 2002). O mesmo pode acontecer em áreas ao ar livre, onde os referenciais utilizados ligam-se à natureza local, e nem sempre são facilmente entendidos/decodificados por pessoas habituadas unicamente ao meio urbano. Ou seja, a maneira como nos comportamos nos ambientes depende, em grande parte, do quanto já os conhecemos.

Quando vivemos por muitos anos no mesmo local, sentimos esse lugar familiar e confortável como um par de chinelos velhos, situação em que a percepção é influenciada por nosso conhecimento anterior, tornando o processo perceptual mais fácil e menos dispendioso. Imagine, por exemplo, que você precisou acordar bem cedo, ainda de madrugada, para uma viagem. Ainda estava escuro quando o despertador tocou ao lado da sua cama; você estendeu a mão e o desligou, sem pensar muito, sem nem abrir os olhos. Isso é possível porque você conhece muito bem o lugar, e nem precisa da visão – tão necessária em outras situações – para agir em ambiente tão próximo e conhecido (Pinheiro, 2004). Ou seja, "quanto mais vivência de um local a pessoa tem, mais os elementos subjetivos serão decisivos para a ação final do usuário" (Elali & Pinheiro, 2013, p. 21). Esse tipo de processo perceptual é chamado de *top down* por autores da área (p. ex., McAndrew, 1993).

Por outro lado, em uma casa nova, por exemplo, é exigida do usuário atenção a cada um de seus detalhes, para que ele possa organizar sua movimentação naquele ambiente, conseguindo estabelecer caminhos e metas naquela situação. Da mesma forma, ao chegar a uma cidade desconhecida, a pessoa precisa se orientar previamente para se localizar e atingir seu destino. É o tipo de situação em que a percepção ambiental vai depender bastante dos órgãos do sentido (receptores) e de elementos indiretos, como o endereço de destino, uma linha de ônibus ou metrô, um mapa da cidade (Pinheiro, 2004). A organização desse tipo de subprocesso perceptual é fortemente baseada nos estímulos presentes no ambiente, pois não temos expectativas preestabelecidas; dependemos da seleção e filtragem dos estímulos que irão viabilizar nossa organização perceptual nesse ambiente, em um processamento mais difícil e oneroso. Esse tipo de subprocesso perceptual costuma ser identificado como *bottom up* (McAndrew, 1993).

Esses dois subprocessos perceptuais participam, muitas vezes de modo integrado e compensatório, da percepção dos ambientes. No primeiro caso, baseado nas expectativas que o percebedor tem do ambiente e, no segundo, influenciado essencialmente pelos estímulos presentes naquele ambiente, devido à inexistência de conhecimento prévio. "Na maior parte do tempo, entretanto, a percepção é o resultado de alguma combinação dos dois subprocessos ocorrendo simultaneamente" (McAndrew, 1993, p. 29).

Por razões como essas, as pessoas podem apresentar diferenças em sua capacidade de se orientar num mesmo ambiente, uma vez que possuem diferenças em seus "mapas cognitivos" daquele ambiente. Além disso, há características do próprio ambiente que podem influenciar uma melhor ou pior orientação e consequente navegabilidade (*wayfinding*), tais como: a diferenciação de um elemento, que pode contribuir para uma melhor representação ambiental; o grau de acesso visual a esse ambiente; e a complexidade do traçado espacial, diretamente relacionada à quantidade e dificuldade da informação a ser manejada (Aragonés, 2010).

Segundo a literatura no campo de *wayfinding* (Carpman & Grant, 1993; Gibson, 2009; Golledge, 1992), para o processo de navegação ambiental ser considerado "bem-sucedido" é preciso que a pessoa envolvida: (1) saiba onde está; (2) determine um destino; (3) estabeleça e siga uma rota adequada para atingir esse destino; (4) seja capaz de reconhecer o ponto de chegada ao encontrá-lo; (5) consiga reverter minimamente esse processo a fim de definir o caminho de volta ao ponto de partida. Outros trabalhos (como Carpman & Grant, 2002) sintetizam tal processo com menos passos: orientação (consciência de posicionamento do indivíduo); escolha de rota (definição do caminho); observação da rota (contínua análise do caminho durante a locomoção); reconhecimento do destino.

> Estabelecer um caminho, portanto, envolve estar consciente não só dos segmentos de rota experimentados durante um percurso, mas, também, do desenvolvimento de estratégias para reconhecer características ambientais que permitam a compensação da rota ao se perceber escolhas erradas ou ver um marco de um ângulo diferente (Golledge, 1992, p. 206).

Logo, independentemente do modo como o processo é descrito, geralmente é preciso que a pessoa decodifique informações procedentes do ambiente, tome decisões com relação a elas e implemente essas decisões. Para isso contribuem tanto suas habilidades individuais para perceber e tratar as informações quanto a presença de um sistema informativo (formal ou informal) para o qual colaboram as características do local (sua configuração espacial e os elementos referenciais presentes) e quaisquer subsídios que possam ser adicionados a ele (verbais, gráficos, sonoros, táteis ou luminosos).

O *wayfinding* deve ser compreendido como um sistema multidimensional e interconectado, que se manifesta por meio do comportamento humano, porém envolve diretamente o *design* ambiental e elementos operacionais derivados de políticas e práticas institucionais (Weisman, 1982). Para tanto, os elementos do *design* ambiental devem ser definidos de maneira a: ser facilmente reconhecidos; apoiar/fortalecer outros elementos que venham a auxiliar a movimentação das pessoas; fornecer informações precisas e consistentes relacionadas à disposição das instalações, à diferenciação interior/exterior e à presença de rotas e marcos no trajeto. Por sua vez, os elementos operacionais dizem respeito às iniciativas da instituição responsável pelo edifício ou setor urbano, sendo relacionadas à capacidade de as pessoas encontrarem seus caminhos, as quais deveriam assumir uma forma proativa (detectar dificuldades de *wayfinding* e tentar resolvê-las). Entre os pontos a serem trabalhados nesse campo encontram-se: uso de terminologia de fácil reconhecimento, treinamento de pessoal, facilidade de acesso a informações e boa qualidade de manutenção, a fim de aumentar a legibilidade do local.

Lynch (2011/1960) utiliza o termo "legibilidade ambiental" para se referir ao conjunto de características do ambiente (ou do objeto) decodificadas pelas pessoas a fim de elaborarem esquemas mentais que o represente. A legibilidade é um conceito fundamental para entendermos locais de grande complexidade e nos movimentarmos neles (como setores urbanos ou edificações de maior porte). Para ela contribuem: a sua imageabilidade (probabilidade de evocar uma imagem forte em qualquer observador), a sua identidade (reconhecimento enquanto entidade separada, no sentido de unicidade ou individualidade) e a sua permanência (duração temporal). O autor indica, ainda, cinco elementos imagéticos que promoveriam a legibilidade ambiental, facilitando a cognição ambiental e, consequentemente, o *wayfinding*: limites, vias, setores (distritos), pontos nodais (ou nós) e marcos.

É importante ressaltar que, embora o processo de *wayfinding* possa eventualmente se abastecer de elementos da cognição ambiental, ambos não são sinônimos, ou seja, não se pode confundir *wayfinding* com cognição ambiental. Como esclarece McAndrew (1993, p. 45), "mapas cognitivos são representações mentais do ambiente; *wayfinding* é o processo pelo qual as pessoas realmente navegam através de seu ambiente". Basta considerarmos a intensa presença da dimensão temporal no processo de *wayfinding* para tornar essa distinção bem clara. Enquanto a cognição ambiental é uma representação mental do ambiente e da sua estrutura, o *wayfinding* é a concatenação, logicamente ordenada, de um percurso (constituído por uma série de eventos bem ordenados com um ponto de partida e um ponto de chegada), o que, necessariamente, envolve uma passagem de tempo.

> A informação crítica para o *wayfinding* é revelada ao longo do tempo à medida que o percebedor se movimenta através do ambiente. Para ser mais específico, quando um indivíduo se movimenta por um caminho, o que é percebido é uma sucessão de cenas. Uma cena é definida como determinada porção da paisagem que pode ser vista a partir da localização da pessoa naquele momento. A visão de cada cena subsequente é obstruída por barreiras visuais, como uma fileira de árvores, uma casa, ou uma colina. Quando o percebedor faz uma curva, ultrapassa o alto da colina, ou se afasta a uma distância suficiente em relação a uma barreira visual, a cena seguinte é gradualmente revelada junto às bordas da barreira visual e, simultaneamente, a cena que se acabou de percorrer desaparece do campo de visão. [...] Uma transição indica a oportunidade inicial de o percebedor examinar a próxima cena. Recursos potenciais, ameaças à segurança, obstáculos

no caminho se tornam observáveis justamente nas transições de um percurso. Em outras palavras, transições oportunizam olhar à frente (Heft, 1983, pp. 137-138).

Em síntese, na vida cotidiana os dois processos (cognição ambiental e *wayfinding*) se alimentam mutuamente, sendo necessário mencionar, ainda, a importância de considerar a qualidade da fonte de informação que desencadeia tais processos, em especial quanto ao tipo de acesso ao ambiente, por contato direto (a experiência física em si) por contato indireto (fotografia, vídeo, relato verbal de terceiros com ou sem acesso visual ao ambiente) ou por meio de representações (mapas, esquemas de viajantes, tecnologias representacionais, como simulações computacionais e GPS).

Especificamente com relação a este último ponto, a indicação de Rivlin (2003) quanto a ser necessário que a Psicologia Ambiental volte sua atenção para o fato de que "o aumento da quantidade de tecnologia na vida das pessoas criou novas dimensões ambientais que têm impacto nas atividades cotidianas" (p. 219) é especialmente pertinente no campo do *wayfinding*, visto que estamos cada vez mais dependentes das facilitações e aparatos tecnológicos. Essa relação, aliás, constitui, por si, um campo de estudos. Antigamente os navegadores usavam representações ambientais aparentemente pouco sofisticadas aos nossos olhos (a posição dos astros, p. ex.) para se orientar pelos mares, num cenário em que sua embarcação estava cercada de água por todos os lados. Hoje, em muitas situações, acreditamos poder prescindir de informações visuais, confiando nos sofisticados recursos tecnológicos que respondem à complexidade dos ambientes em que vivemos (Aragonés, 2010). Como relacionar as imagens e outras informações que aparecem na tela do GPS do painel do carro com aquilo que se está vendo do lado de fora da janela? Quanto o ambiente simulado pode ser entendido como um protótipo do ambiente real, considerando que toda representação tem limites? Em que dimensão acontecem os nossos contatos diários nas redes sociais que frequentamos, muitas vezes com maior assiduidade do que nosso contato com alguns ambientes reais à nossa volta? Essas são algumas das questões a serem enfrentadas.

Aplicações

Diante da amplitude das questões urbanas e da imperiosa necessidade de mobilidade vivenciada na contemporaneidade, nas últimas décadas o *wayfinding* tem sido entendido como habilidade essencial à vida cotidiana, despertando o interesse de profissões como Arquitetura e Urbanismo, Design e Administração (pública e privada), tanto na escala do edifício quanto da cidade (Devlin, 2012). Nesse sentido, os pesquisadores têm se voltado para a análise de diferenças individuais e grupais quanto à legibilidade do ambiente e sua navegabilidade, com especial atenção para idosos, crianças e pessoas com deficiência, considerados mais vulneráveis aos desajustes no ambiente. Outro assunto sempre em evidência nesse campo é o trânsito que, desde o deslocamento dos pedestres até os grandes nós de tráfego urbano e transporte de cargas, costuma compreender exemplos dramáticos de *wayfinding* (fluxos intensos, necessidade de sinalização específica, previsão e viabilidade da adoção de rotas alternativas, entre outros temas).

Metodologicamente, as investigações na área de *wayfinding* recorrem a diferentes estratégias, entre as quais: perguntar às pessoas sobre o assunto; autoavaliação (incluindo relato de senso de direção e de estratégias utilizadas pela pessoa ou grupo ao movimentar-se em área familiar e não familiar); avaliação de tarefas; estimativa de distâncias; desenho de mapas acampanhados de indicações verbais ou escritas; inferências sobre as relações entre objetos ou locais.

Com base em mais de 60 títulos derivados de trabalhos focados no *wayfinding*, Carpman e Grant (2002) indicam que, em linhas gerais, nota-se uma forte distinção entre os interesses acadêmicos e profissionais nesse campo. Segundo os autores, a academia tende a analisar problemas relativos ao modo como o ambiente é percebido e (re)conhecido pelos seus usuários, interessando-se por: entender processos por meio dos quais as pessoas se movimentam entre dois pontos (incluindo o desenvolvimento de mapas cognitivos); investigar como a orientação espacial é influenciada pelas características ambientais (como forma e *layout* do edifício) e pelas características dos diversos grupos de indivíduos (faixa etária, gênero, limitações físicas); elaborar teorias e propor metodologias para analisar *wayfinding* e legibilidade em ambientes construídos; testar a utilidade de estratégias de orientação espacial. Por sua vez, as pesquisas aplicadas se voltam para: analisar a eficácia de instrumentos/ferramentas (ajudas técnicas, como mapas e sinalização) voltados para proporcionar o *wayfinding*; publicar aplicações da Teoria de Orientação Espacial e da pesquisa na forma de diretrizes de *design*; investigar problemas relacionados ao trânsito urbano; entender o papel do *wayfinding* em estudos de avaliação pós-ocupação (APO), de modo a associar as respostas obtidas a respeito da habitabilidade do local às condições de navegabilidade pelo ambiente, como também sugerido por Weisman (1981).

No campo aplicado, os estudos de *wayfinding* têm sido utilizados para: orientar propostas para desenvolvimento e detalhamento do ambiente em si (garantindo a criação de edificações com maior legibilidade, p. ex., evitando circulações labirínticas ou incorporando elementos únicos aos espaços, de modo a dotá-los de maior identidade); apoiar projetos de *design* da informação, em especial projetos de sinalização (sinalética), quer na área interna de edifícios, quer em meio urbano ou entre núcleos urbanizados (Passini, 1996). Note-se no entanto que, embora a sinalética tenha como objetivo otimizar a relação pessoa-ambiente por meio do aperfeiçoamento da maneira como o usuário adquire e interpreta informações disponibilizadas em sistemas de comunicação analógicos e digitais (cf., p. ex., http://www.revistacliche.com.br/2013/05), *wayfinding* e sinalética não são a mesma coisa (Carpman & Grant, 2002), de modo que ambos podem ser considerados, talvez, duas faces de uma mesma moeda.

Para finalizar este texto queremos retomar a ideia apresentada em seu início de que, se o *wayfinding* funciona, não é notado; porém, quando não funciona, costuma chamar a atenção. Apesar da ironia dessa situação, é justamente a consciência desse processo que se torna uma etapa importante para atingirmos a meta de reduzir ao máximo as situações constrangedoras e proporcionar a todos um ambiente que cada vez mais venha favorecer e enriquecer nossa vivência. Conforme argumentado por Kevin Lynch (2011/1960, p. 5), "na verdade, um ambiente característico e legível não oferece apenas segurança, mas também reforça a profundidade e a intensidade potenciais da experiência humana".

Referências

Aragonés, J. I. (2010). Cognición ambiental. In J. I. Aragonés & M. Amérigo (Orgs.). *Psicología Ambiental*. (3a. ed.) (pp. 43-57). Madri: Pirámide.

Carpman, J. R., & Grant, M. A. (1993). *Design that cares: planning health facilities for patients & visitors*. (2a. ed.). Chicago: American Hospital Publishing.

_____ (2002). Wayfinding: a broad view. In R. B. Bechtel & A. Churchman (Orgs.). *Handbook of Environmental Psychology*. (2a. ed.) (pp. 427-442). Nova York: Wiley.

Devlin, A. S. (2012). Environmental perception: wayfinding and spatial cognition.

In S. D. Clayton (Org.). *The Oxford Handbook of Environmental and Conservation Psychology* (pp. 41-64). Nova York: Oxford University Press.

Elali, G. A., & Pinheiro, J. Q. (2013). Investigando a experiência do habitar: algumas estratégias metodológicas. In S. B. Villa & S. W. Ornstein (Orgs.). *Qualidade ambiental na habitação: avaliação pós-ocupação* (pp. 15-35). São Paulo: Oficina de Textos.

Gibson, D. (2009). *The wayfinding handbook. Information design for public places.* Nova York: Princeton Architectural Press.

Golledge, R. G. (1992). Place recognition and wayfinding: making sense of space. *Geoforum, 23*(2), 199-214.

_____ (1999). Human cognitive maps and wayfinding. In R. G. Golledge (Org.). *Wayfinding behavior: cognitive mapping and other spatial processes* (pp. 1-45). Baltimore: Johns Hopkins University Press.

Günther, H. (2011). Affordances. In S. Cavalcante & G. A. Elali (Orgs.). *Temas básicos em Psicologia Ambiental* (pp. 21-27). Petrópolis: Vozes.

Heft, H. (1983). Wayfinding as the perception of information over time. *Population and Environment, 6*(3), 133-150.

_____ (2013). Environment, cognition, and culture: reconsidering the cognitive map. *Journal of Environmental Psychology, 33*, pp. 14-25.

Higuchi, M. I. G., Kuhnen, A., & Bomfim, Z. A. C. (2011). Cognição ambiental. In S. Cavalcante & G. A. Elali (Orgs.). *Temas básicos em Psicologia Ambiental* (pp. 105-121). Petrópolis: Vozes.

Kuhnen, A., & Higuchi, M. I. G. (2011). Percepção ambiental. In S. Cavalcante & G. A. Elali (Orgs.). *Temas básicos em Psicologia Ambiental* (pp. 250-266). Petrópolis: Vozes.

Lynch, K. (2011). *A imagem da cidade*. São Paulo: Martins Fontes. (Original publicado nos Estados Unidos em 1960).

McAndrew, F. T. (1993). *Environmental Psychology*. Pacific Grove, Califórnia: Brooks/Cole.

Passini, R. (1996). Wayfinding design: logic, application and some thoughts on universality. *Design Studies, 17*, 319-331.

Pinheiro, J. Q. (2004). Experiência ambiental de ambientes representados. In H. Günther, J. Q. Pinheiro & R. S. L. Guzzo (Orgs.). *Psicologia Ambiental: entendendo as relações do homem com seu ambiente* (pp. 169-180). Campinas: Alínea.

Pinheiro, J. Q., & Elali, G. A. (2011). Comportamento socioespacial humano. In S. Cavalcante & G. A. Elali (Orgs.). *Temas básicos em Psicologia Ambiental* (pp. 144-158). Petrópolis: Vozes.

Raubal, M. (2008). Wayfinding: affordances and agent simulation. In S. Shekhar & H. Xiong (Orgs.). *Encyclopedia of GIS* (pp. 1.243-1.246). Nova York: Springer.

Rivlin, L. G. (2003). Olhando o passado e o futuro: revendo pressupostos sobre as inter-relações pessoa-ambiente. *Estudos de Psicologia, 8*(2), 215-220.

Weisman, J. (1981). Evaluating architectural legibility: wayfinding in the built environment. *Environment and Behavior, 13*, 189-204.

_____ (1982). Wayfinding and architectural legibility: design considerations in housing environments for the elderly. In V. Regnier & J. Pynoos (Orgs.). *Housing for the elderly: satisfaction and preferences* (441-464). Nova York: Garland.

Leia também neste livro os capítulos 12 Mobilidade; 15 Perambular.

Sobre os autores

Ada Raquel Teixeira Mourão

Graduada em Administração pela Universidade Federal do Ceará, especialista em Dinâmicas Grupais e mestre em Psicologia pela Universidade de Fortaleza, doutora em Psicologia Ambiental pela Universidad de Barcelona. Professora da Universidade Federal do Piauí (UFPI) na área de Metodologia Científica e pesquisadora do Núcleo de Estudos e Pesquisas em Teorias e Práticas Pedagógicas (Nutepp/UFPI). Possui experiência em administração pública com ênfase na elaboração e coordenação de projetos sociais. Atua como investigadora na área de Psicologia Ambiental e Estudos Urbanos, principalmente em temas relacionados a espaço público, desenvolvimento urbano e social, subjetividade, identidade e conflitos urbanos.

Alessandra Sant'anna Bianchi

Graduada em Psicologia e mestre em Psicologia do Desenvolvimento pela Universidade Federal do Rio Grande do Sul, doutora em Psicologia pela Universidad de Barcelona, Espanha. Professora na Universidade Federal do Paraná, onde também é tutora do grupo PET Psicologia e coordenadora do Grupo de Pesquisa Trânsito e Transporte Sustentável no Programa de Pós-Graduação em Psicologia. Tem experiência na área de Psicologia do Trânsito, com ênfase em saúde coletiva, atuando nos temas: trânsito, saúde, prevenção e acidentes.

Ana Rosa Costa Picanço Moreira

Psicóloga pela Universidade Federal Fluminense, especialista em Psicologia Escolar/Educacional pelo Conselho Federal de Psicologia, mestre em Psicologia Social pela Universidade Gama Filho e doutora em Educação pela Universidade do Estado do Rio de Janeiro. Professora da Faculdade de Educação da Universidade Federal de Juiz de Fora, do Programa de Pós-Graduação em Educação (PPGE), do Mestrado Profissional em Gestão e Avaliação da Educação Pública (PPGP) e de cursos de graduação da Universidade Aberta do Brasil (UAB/UFJF). Pesquisadora na área de Educação, com ênfase em Educação Infantil, desenvolvimento infantil e formação de professores. Coordenadora do Grupo de Pesquisa Ambientes e Infâncias (Grupai) e membro do Grupo de Pesquisa e Estudos em Geografia da Infância (Grupegi/CNPq/UFF).

Ângela Maria da Costa Araújo

Graduada em Serviço Social, especialista em Sociologia do Desenvolvimento pela Universidade Federal do Ceará, especialista em Gestão Ambiental pela Universidade de Fortaleza (Unifor). Foi professora da Unifor, lecionando disciplinas das Ciências Sociais e Psicologia Ambiental. Integrou o Laboratório de Estudo e Relações Humano-Ambientais (Lerha). Permacultora há 17 anos, é sócia-fundadora e diretora do Instituto de Permacultura e Ecovilas do Ceará.

Ariane Kuhnen

Psicóloga, mestre em Sociologia Política, doutora em Ciências Humanas, tem pós-doutorados na Universtity of California (Davis, UCDavis, Estados Unidos) e na Université de Quebec à Montreal (UQÀM, Canadá). Professora do Departamento de Psicologia e do Programa de Pós-Graduação em Psicologia da Universidade Federal de Santa Catarina (UFSC), onde coordena o Laboratório de Psicologia Ambiental. Exerce atividades de ensino, pesquisa e extensão na área de Psicologia, com ênfase em Psicologia Educacional e Psicologia Ambiental. Especial atenção é dedicada à atuação em trabalhos interdisciplinares

Beatriz Maria Fedrizzi

Agrônoma pela Universidade Federal do Rio Grande do Sul, mestre e doutora em Paisagismo pela Swedish University of Agricultural Sciences. Professora da Universidade Federal do Rio Grande do Sul. Tem experiência na área de Inter-Relação Homem-Ambiente, com ênfase em Paisagismo e em Psicologia Ambiental; principais temas de interesse: pátio escolar, projeto paisagístico e organização espacial.

Bernardo Parodi Svartman

Psicólogo, mestre e doutor em Psicologia Social e do Trabalho pela Universidade de São Paulo. Docente em Psicologia, com ênfase em Psicologia Social Comunitária e Psicologia do Trabalho. Tem experiências de assessoria a movimentos sociais, organizações autogestionárias e ao sindicato de metalúrgicos do ABC paulista, na área da saúde do trabalhador. Atualmente investiga os movimentos sociais da cidade de São Paulo, suas organizações comunitárias e formas de enfrentar o sofrimento gerado pelos fenômenos da reificação e desenraizamento.

Bettieli Barboza da Silveira

Psicóloga pela Universidade do Vale do Itajaí (Univali), mestranda em Psicologia pela Universidade Federal de Santa Catarina, com ênfase em Saúde e Contextos de Desenvolvimento Psicológico. Membro do Laboratório de Psicologia Ambiental (Lapam/UFSC).

Claudia Marcia Lyra Pato

Pedagoga, doutora em Psicologia pela Universidade de Brasília (UnB). Professora da Faculdade de Educação e do Laboratório de Psicologia Ambiental do Instituto de Psicologia da UnB, níveis de graduação e pós-graduação. Participa de grupos de pesquisa nas áreas de Valores Humanos, Educação, Relações e Inter-relações com o Comportamento Ecológico, com interface das áreas de Psicologia Social, Psicologia Ambiental e Educação Ambiental.

Fernanda Fernandes Gurgel

Psicóloga pela Universidade Federal do Rio Grande do Norte (UFRN), doutora em Psicologia Social pela UFRN/UFPB, com estágio na Universidade Complutense de Madri (Espanha). Professora da Faculdade de Ciências da Saúde do Trairí (Facisa/UFRN) e pesquisadora associada do grupo de pesquisa Inter-Ações Pessoa-Ambiente (UFRN). Tem interesse de pesquisa nas áreas de Psicologia Social, Ambiental, Organizacional e Segurança no Trabalho.

Gleice Azambuja Elali

Arquiteta e Urbanista e Psicóloga pela Universidade Federal do Rio Grande do Norte (UFRN), tem mestrado e doutorado em Arquitetura e Urbanismo pela Universidade de São Paulo. Atualmente é docente da UFRN, com atividade de ensino e pesquisa na graduação e pós-graduação, áreas de Psicologia Ambiental e Projeto Arquitetônico. Pesquisadora vinculada aos grupos Inter-Ações Pessoa-Ambiente e Projetar (UFRN). Temas de interesse: relações pessoa-ambiente como subsídio ao projeto, avaliação e percepção ambiental, apego ao lugar.

Gustavo Martineli Massola

Psicólogo, mestre e doutor em Psicologia Social pela Universidade de São Paulo (USP). Professor do Instituto de Psicologia da USP, níveis de graduação e pós-graduação. Editor da revista Psicologia USP e membro da diretoria da Associação Brasileira de Editores Científicos de Psicologia. Atua principalmente em psicologia socioambiental, constituição psicossocial da identidade, psicologia social, e controle social.

Hartmut Günther

Estudou Psicologia nas universidades de Hamburgo e de Marburgo (Alemanha); psicólogo pelo Albion College (Michigan, EUA), mestre em psicologia experimental pela Western Michigan University (EUA) e doutor em Psicologia Social na University of California (Davis, EUA). Professor titular da Universidade de Brasília, ensina Psicologia Ambiental, Psicologia Social, Planejamento de Pesquisa e Métodos Inferenciais. Realiza pesquisas no campo de psicologia ambiental, especialmente sobre os temas qualidade de vida urbana e psicologia do trânsito.

Igor José Theodorovitz

Licenciado em Geografia pela Universidade Estadual de Ponta Grossa (Paraná), mestre em Ciências do Ambiente pela Universidade Federal do Amazonas. Docente do Centro Universitário Dinâmica das Cataratas e Faculdade Anglo-Americana (Foz do Iguaçu, Paraná). Tem experiência nas áreas de Educação e Ciências Ambientais.

Isolda de Araújo Günther

Psicóloga, licenciada e bacharel em Psicologia pela Universidade Católica de Pernambuco, mestre em Psicologia Experimental (Psicologia Social) pela Universidade Federal da Paraíba, doutora em Psicologia do Desenvolvimento pela Michigan State University (EUA), pós-doutora pela City University of New York (EUA) e pela Carl von Ossietzky Universität Oldenburg (Alemanha). Professora aposentada da UnB, mantém vínculo com a UnB como Pesquisador Colaborador Sênior. Atua em psicologia do desenvolvimento e da psicologia ambiental.

Jean-Paul Thibaud

Sociólogo, Ph.D. em Urbanismo e Planejamento, livre-docente em Pesquisa. Investigador do Cresson. Interesse de pesquisa: Teoria de Atmosferas Urbanas, percepção urbana, cultura e etnografia de espaços públicos sensíveis, metodologias qualitativas. Pesquisador sênior e diretor de pesquisa do Centre Nationnal de la Recherche Scientifique (CNRS). Fundador do Ambiances International Network (ambiances.net).

José de Queiroz Pinheiro

Psicólogo e licenciado em Psicologia pela Universidade de São Paulo (USP), mestre em Psicologia Social (USP) e doutor em Psicologia Ambiental pela Universidade do Arizona (Tucson, EUA). Professor titular na Universidade Federal do Rio Grande do Norte e coordenador do Grupo de Estudos Inter-Ações Pessoa-Ambiente. Membro do conselho editorial da Revista Estudos de Psicologia (Natal, RN) e Psyecology (antiga Medio Ambiente y Comportamiento Humano – Espanha). Atua em ensino e pesquisa na área de Psicologia Ambiental, sobretudo nos temas: relações pessoa-ambiente, comportamento e compromisso pró-ecológico, sustentabilidade e perspectiva temporal, mudanças climáticas globais e fontes renováveis de energia.

Karla Patrícia Martins Ferreira

Psicóloga, mestre em Psicologia e doutora em Educação pela Universidade Federal do Ceará, com estágio sanduíche na Université de Nantes (França); pós-doutoranda em Psicologia pela Universidade de Fortaleza. Tem experiência nas áreas de Psicologia, Educação e Saúde, com ênfase em Psicologia Fenomenológico-Existencial, Psicologia Ambiental, Psicologia Social, Psicologia da Educação, Educação Ambiental e Educação Popular.

Lana Mara Andrade Nóbrega

Doutora em Ciências Sociais pela Universidade Estadual Paulista Júlio de Mesquita Filho (Unesp/Araraquara), mestre em Psicologia pela Universidade de Fortaleza (Unifor), especialista em Teorias da Comunicação e da Imagem pela Universidade Federal do Ceará e graduada em Comunicação Social – Jornalismo pela Unifor. É professora universitária e pesquisadora nas áreas de Psicologia Ambiental, Gênero e Literatura.

Mara Ignez Campos-de-Carvalho

Psicóloga, mestre em Psicologia Experimental e doutora em Psicologia Experimental pela Universidade de São Paulo (USP); com pós-doutorado pela Rutgers – The State University of New Jersey. Professora aposentada da USP de Ribeirão Preto, com interesse pela interface entre Educação Infantil e Psicologia Ambiental, no estudo de temáticas como: organização do espaço e avaliação de qualidade em ambientes educacionais infantis, creches, crianças pequenas, arranjos espaciais e comportamentos infantis, atividades livres.

Maria Inês Gasparetto Higuchi

Psicóloga pela Pontifícia Universidade Católica do Paraná, mestre em Ecologia Humana pela Michigan State University e doutora em Antropologia Social pela Brunel University. Pesquisadora titular do Instituto Nacional de Pesquisas da Amazônia, coordenando o Laboratório de Psicologia e Educação Ambiental. Professora permanente do Mestrado em Psicologia e do Programa de Pós-Graduação em Sustentabilidade Ambiental na Amazônia (mestrado e doutorado) da Universidade Federal do Amazonas. Atua nas áreas de Psicologia Social do Ambiente, Educação Ambiental e Antropologia Social. Temas de interesse: psicologia social do ambiente, educação ambiental, processos psicossociais de crianças e adolescentes, comportamento ecológico, subjetividades socioambientais, percepção ambiental e cidadania, envolvimento comunitário nas questões socioambientais, processos de qualidade e promoção da saúde na cidade e em comunidades ribeirinhas.

Natália Parente Pinheiro

Psicóloga pela Universidade Federal do Ceará e mestre em Psicologia pela Universidade de Fortaleza (Unifor – bolsista Funcap), possui formação complementar em Orientação Profissional e de Carreira pelo Instituto do SER. Membro do Lerha – Laboratório de Estudo das Relações Humano-Ambientais. Atua como psicóloga e possui experiência em Psicologia Escolar e Educacional. Temas de interesse: Psicologia Ambiental, Educação, Trabalho, Psicologia e Sociedades Contemporâneas.

Patrícia Maria Schubert Peres

Licenciada em Ciências Biológicas, doutoranda no Programa de Pós-Graduação em Psicologia da Universidade Federal de Santa Catarina. Desde

2007 realiza intervenções pedagógicas em espaços abertos voltadas para educação ambiental e científica de crianças de Educação Infantil e Ensino Fundamental, bem como palestras e cursos de formação para professores.

Patsy Owens

Bacharel em Paisagismo pela University of Georgia, doutora em Paisagismo em Projetos Urbanos e Comunitários pela University of California (Berkeley). Professora de Paisagismo e Projeto Ambiental na University of California, departamentos de Projeto Ambiental, de Paisagismo e de Ecologia Humana (atual). Tem experiência como pesquisadora, consultora e projetista no campo de paisagismo; seus interesses de pesquisa focalizam a relação das pessoas com o espaço livre, em especial o papel do ambiente físico no desenvolvimento da saúde e do bem-estar dos jovens, e métodos para envolvimento da comunidade nas decisões projetuais.

Raquel Farias Diniz

Psicóloga pela Universidade Federal da Paraíba, mestre e doutora em Psicologia pela Universidade Federal do Rio Grande do Norte (UFRN), com bolsa SWE-CNPq na Universidade de Barcelona, junto ao Grupo PsicoSAO. Foi professora da Universidade da Integração Internacional da Lusofonia Afro-Brasileira (Unilab) e atualmente é professora do Curso de Psicologia da UFRN. Membro do Grupo de Estudos Inter-Ações Pessoa-Ambiente (Gepa/UFRN) e do Grupo de Pesquisa com Povos Indígenas (GPPI/Unilab). Atua em ensino nas áreas de História da Psicologia, Psicologia Social e Comunitária e Metodologia Científica e em ensino/pesquisa na área de Psicologia Ambiental, com os temas: estilos de vida sustentáveis, temporalidade e direito à cidade.

Robert Sommer

Psicólogo, Ph.D. em Psicologia pela University of Kansas e doutor *honoris causa* pela Tallinn Pedagogical University. Lecionou na Suécia e no Canadá; desde 1963 vinculou-se à University of California, atuando nos departamentos de Psicologia, Projeto, Artes e Retórica & Comunicação. Foi presidente da Divisão 34 da American Psychological Association (APA). Desde 2003 é professor emérito em Psicologia. Seu trabalho no campo da Psicologia Ambiental inclui pesquisa em hospitais, instituições para idosos, bibliotecas, escolas e espaços livres. Escreveu 14 livros e tem mais de 600 textos publicados. Dentre os livros destaca-se sua obra *Personal Space: The Behavioral Basis of Design* (original de 1969, publicado em português em 1973 como *Espaço pessoal: as bases comportamentais de projetos e planejamento*).

Roberta Borghetti Alves

Psicóloga pela Universidade do Vale do Itajaí (Santa Catarina), mestre e doutoranda em Psicologia pela Universidade Federal de Santa Catarina (UFSC). Membro da Comissão Nacional de Psicologia nas Emergências e Desastres do Conselho Federal de Psicologia. Temas de interesse: educação ambiental, saúde, desenvolvimento sustentável, comunidades ribeirinhas.

Sylvia Cavalcante

Graduada em Comunicação Social pela Universidade Federal do Ceará, doutora em Psicologia pela Université Louis Pasteur (Strasbourg I, França). Professora titular da Universidade de Fortaleza (Unifor), lecionando nas graduações de Psicologia e Arquitetura e Urbanismo, e no Programa de Pós-Graduação em Psicologia, onde coordena o Laboratório de Estudo das Relações Humano-Ambientais – Lerha. Em suas atividades de ensino, pesquisa e extensão enfoca a subjetividade sob a perspectiva das inter-relações pessoa-ambiente, a partir do referencial teórico da Psicologia Ambiental e da Psicologia Social. Temas de interesse: cidade, comportamentos socioespaciais humanos, sustentabilidade, processos de percepção ambiental e de vinculação ao lugar.

Terezinha Façanha Elias

Psicóloga, licenciada em Psicologia e mestre em Educação pela Universidade Federal do Ceará (UFC), doutora em Psicologia pela Universidade de Fortaleza (Unifor). Professora da Unifor, níveis de graduação e pós-graduação, atuando principalmente em Psicologia Social, Psicologia Comunitária, Psicologia Educacional-Escolar e Psicologia Ambiental. Membro do Laboratório de Estudo das Relações Humano-Ambientais – Lerha. Tem formação complementar em Biodança e vinculação com os movimentos sociais e ambientais.

Victor Hugo de Almeida

Advogado, mestre pela Faculdade de Filosofia, Ciências e Letras de Ribeirão Preto da Universidade de São Paulo (USP), doutor em Direito do Trabalho pela Faculdade de Direito da USP – Largo São Francisco. Professor de Direito do Trabalho e do Programa de Pós-Graduação em Direito (mestrado) da Universidade Estadual Paulista Júlio de Mesquita Filho (Unesp/ Campus Franca, SP).

Zenith Nara Costa Delabrida

Psicóloga, mestre e doutora em Psicologia pela Universidade de Brasília (UnB). Professora no Departamento de Psicologia da Universidade Federal de Sergipe, responsável pelas disciplinas Método (experimental e psicometria), Psicologia Ambiental e Estágio além de oferecer monografia. Tem experiência na área de psicologia clínica (abordagem comportamental) e psicologia social, com ênfase em psicologia ambiental. Conduz atualmente pesquisas principalmente nos seguintes temas: o ambiente urbano na relação dos aspectos cotidianos, o comportamento pró-ambiental e o ensino de Psicologia.

Zulmira Áurea Cruz Bomfim

Psicóloga pela Universidade Federal do Ceará, mestre em Psicologia Social e da Personalidade pela Universidade de Brasília, doutora em Psicologia Social pela Pontifícia Universidade Católica de São Paulo, com pós-doutorado pela Universidade da Coruña-Espanha. Professora da graduação em Psicologia e da pós-graduação em Psicologia da Universidade Federal do Ceará. Coordena o Laboratório de Pesquisa em Psicologia Ambiental (Locus/UFC). Temas de interesse: cidade, afetividade, mapas afetivos, comportamentos pró-ambientais, vulnerabilidade socioambiental e juventude.